ドイツ語会話フレーズブック

すぐに使える日常表現2900

独 ドイツ語

Phrase book

岩井千佳子
アンゲリカ・フォーゲル 著

※本書のCD2枚目は、1枚目と同じ袋の中の
　裏側に入っています。

はじめに

Guten Tag!

はじめに、本書を手に取っていただきましてありがとうございます。この本には日常会話で使われる様々な表現が 2900 余り掲載されています。これらはドイツ語圏に滞在する際に覚えておくと便利なフレーズであり、ふだんの生活で頻繁に聞こえてくる言い回しです。また、スラングや街で見かける標識など、知っておくと実生活に便利な表現も載せました。

この本には CD が付属しています。CD には日本語文とそれに該当するドイツ語フレーズが交互に吹き込まれていますので、テキストを見なくても意味が把握できます。これらを繰り返し聴くことで、ネイティブの発音やイントネーションが自然に身につくことと思います。

ドイツ語には地域による表現や発音の差がかなりありますが、この本では外国人が学ぶための標準的なドイツ語に焦点を合わせました。付属 CD のナレーターには北部 (Aachen) 出身の男性と南部 (München) 出身の女性が担当しております。もちろん標準ドイツ語としてのナレーションを行っておりますが、観察力の鋭い方は南北の違いを多少聴き取られるかもしれません。

最後になりましたが、ナレーターの Macko 様、久末様、そして編集担当の石塚様、大変お世話になりました。ありがとうございました。

岩井千佳子、 Angelika Vogel

目次　Inhalt

① あいさつ　16

1. 出会いのあいさつ …………………………………… **16**
   出会ったとき／朝・夜のあいさつ
2. 久しぶりに会う ……………………………………… **17**
   具合（体調）をたずねる
3. 別れのあいさつ ……………………………………… **18**
   別れるとき／週末、休暇の前に／旅行に行く人へ
4. お礼（感謝） ………………………………………… **21**
   お礼を言う／相手の行為に感謝する／お礼に対する返事
5. おわび（謝罪） ……………………………………… **23**
   謝る／遅れたことを謝る／謝りに対する返事
6. お祝い ………………………………………………… **24**
   お祝いを言う／新年・クリスマス・イースターを祝う
7. お見舞い、お悔やみ ………………………………… **26**
   お見舞いを言う／お悔やみを言う

② 社交　30

1. 出会ったときの言葉 ………………………………… **30**
   初めて会ったとき／歓迎する
2. 別れるときの言葉 …………………………………… **30**
3. 自己紹介 ……………………………………………… **31**
   自分の名前を言う／職業・専攻について／国籍・出身について／
   信仰・宗教について
4. 家族・恋人を紹介する ……………………………… **37**
   家族を紹介／恋人を紹介
5. 相手のことをたずねる ……………………………… **39**
   名前をたずねる／年齢をたずねる／誕生日・星座をたずねる／
   職業をたずねる／専攻・学歴をたずねる／家族構成をたずねる／

住まいをたずねる
6 コミュニケーション ………………………………………………………… **47**
話しかける／話に引き入れる／飲みものをすすめる／誘う／
誘いに対する返事／約束する／別れ際に

7 コミュニケーション2 ……………………………………………………… **54**
援助を求める／許可を求める／お願いする／会話中の人に声を
かける／確かめる、聞き返す

③ 感情を表す表現 58

1 プラスの感情 ……………………………………………………………… **58**
うれしい／楽しい・おもしろい／すばらしい・感動する／
安心・満足

2 マイナスの感情 …………………………………………………………… **61**
悲しい・辛い・寂しい／不安・心配／残念・気の毒／
当惑する／怒る／文句・批判

3 とっさに出るひとこと …………………………………………………… **66**
あいづち・同意／許可・承諾／疑問／待ってください／
信じられない／叫ぶ／関係ない

4 アドバイス・忠告・注意 ………………………………………………… **72**

④ 人についての話題 74

1 家族・親戚について話す ………………………………………………… **74**
夫・妻・子供について／父・母・兄弟姉妹について／祖父母・
親戚について／住まいについて／親子関係・親戚づきあい

2 相手の家族についてたずねる …………………………………………… **78**

3 恋愛関係 …………………………………………………………………… **79**
恋愛感情／好き・嫌い／交際・きっかけ／婚約・結婚／浮気・
破局／離婚・別居／再婚／うわさ

4 人柄について ……………………………………………… 86
性格／印象／品行・態度／人間関係
5 外見について ……………………………………………… 90
ルックス／どんな人？／服装／スタイル・体型／身長・体格／背・腹・脚・足／顔／髪／眼・耳・鼻・口・歯／額・ほほ・ひげ・あご・首

⑤ 色々な話題　　　104

1 趣味・スポーツについて ………………………………… 104
趣味／スポーツ／アウトドア
2 娯楽・文化について ……………………………………… 108
映画・テレビ／音楽・コンサート 他
3 ペットについて …………………………………………… 110
4 季節・気候について ……………………………………… 111
四季／天気／雨・雷雨／雪・雹／風・霧／気温／暖かい・暑い／涼しい・寒い
5 日本について ……………………………………………… 119
人口／都市／気候・自然／面積・地形／新年・クリスマス／娯楽・スポーツ／文化・料理／古典芸能／日本語の文字

⑥ 観光・娯楽　　　128

1 ホテルを予約 ……………………………………………… 128
ホテルを探す／場所をたずねる／宿泊についての質問と説明／料金・支払いについて／ホテルを予約する／料金・設備・サービスについて／到着予定について／変更・キャンセル・連絡
2 ホテルに到着 ……………………………………………… 135
チェックイン／ホテルについての質問と説明／お願いする／街へ出かける／ホテルに戻る／苦情を言う／チェックアウト／荷物を預ける

3 観光名所へ行く ·· **145**
　街でたずねる／観光局でたずねる／チケットを買う／場所を
　たずねる／道をたずねる

4 観光名所を見学する ·· **149**
　美術館・博物館へ／お城へ／街の景観／写真・ビデオの撮影

5 娯楽 ·· **154**
　映画鑑賞／観劇・コンサート

6 スポーツ観戦 ·· **156**
　サッカーを見に行く／試合を見る／試合について話す

⑦ どこかへ行く　160

1 駅で ·· **160**
　たずねる／切符を購入・予約／列車に乗る／車内で／車内で（車掌）

2 地下鉄・市電・列車に乗る ·· **166**
　たずねる／市内交通の切符

3 バス・タクシーに乗る ·· **167**
　バス／タクシー

4 飛行機に乗る ·· **170**
　空港で／機内で／到着後

⑧ 食べる・飲む　174

1 食事に行く ·· **174**
　誘う／店について話す／店を決める

2 レストランへ ·· **176**
　予約する／店に入る／テーブルに着く／メニューを見る／
　料理を注文する／飲みものを注文する／乾杯する／料理を
　味わう／子供に対して／ワイン・デザート／料理の感想／
　お店の人へ（要望、苦情）／食事の終わりに／支払う

3 料理・ビール・ワインについての話題 ………………………… **191**
　好きな料理について／ビール・ワインについて／食事について

⑨　ショッピング　　　　　　　　　　　　　　　　　　　　194

1 店を探す ……………………………………………………………… **194**
2 店で …………………………………………………………………… **195**
　品物を選ぶ／支払う／交換・配達／店員から
3 洋服を買う …………………………………………………………… **198**
　シャツ・ブラウス／ズボン・ジーンズ／スカート・ワンピース／
　セーター・コート・小物／子供用品／下着
4 バッグ・靴を買う …………………………………………………… **202**
　バッグ・かばん／靴・サンダル／店員へ
5 食品を買う …………………………………………………………… **204**
　パン・ケーキ類／ハム・肉類・魚類／簡単な買い方／チーズ・
　フルーツ・野菜

⑩　緊急事態　　　　　　　　　　　　　　　　　　　　　　212

1 助けを求める ………………………………………………………… **212**
2 困ったとき …………………………………………………………… **213**
　紛失・忘れ物／盗難・スリ／不審な人
3 突然の出来事 ………………………………………………………… **216**
4 ケガ・病気 …………………………………………………………… **217**
　医者・救急車を呼ぶ／症状について
5 車の事故・故障 ……………………………………………………… **219**
　状況説明／警官から／車の故障

⑪ 学校　222

1. 保育園・幼稚園 ……………………………………………………… 222
   入園手続き／費用・設備などについて
2. 小学校・中学校・高校 ……………………………………………… 224
   入学手続き／学校の行事について／学校への連絡／成績・進学／
   近所の人との会話
3. 大学 …………………………………………………………………… 228
   住まい／成績・試験／学費・就職／講義・昼休み／パソコン・
   インターネットについての会話

⑫ 会社　232

1. 電話での応答 ………………………………………………………… 232
   電話をかける、電話をとる／不在のとき／名前・連絡先を聞く／
   外線・内線／間違い電話のとき
2. 仕事に関する会話 …………………………………………………… 237
   依頼・確認／報告・連絡／会議・来客
3. 社内での会話 ………………………………………………………… 240
   会社の業績について／給与について／人事異動・引き継ぎ／
   仕事・勤務態度について／上司・同僚について／人間関係／
   出社・退社・休暇について
4. コンピューター関連 ………………………………………………… 245
5. 就職・転職・離職 …………………………………………………… 246

⑬ 住まい　250

1. 新居を探す …………………………………………………………… 250
   不動産屋に相談する／物件を見る／物件についての説明／物件に
   ついての質問／周囲の環境について／物件についての感想

2 新居を決める ………………………………………… **254**
　家賃・光熱費について／保証金・手数料
3 引っ越し …………………………………………… **256**
　準備／住所変更の手続き／引っ越しの作業

⑭ 家の中で　　　　　　　　　　　　　　　　　　**260**

1 1日の生活 ………………………………………… **260**
　起床、朝食／出かける／帰宅、くつろぐ／夕食／後片づけ／就寝
2 家事 ………………………………………………… **266**
　料理／洗濯・そうじ／裁縫・編み物
3 大工・庭仕事 ……………………………………… **274**
　大工／庭仕事
4 おつきあい ………………………………………… **276**
　来客・電話 他
5 インターネット …………………………………… **278**
6 携帯電話を購入 …………………………………… **278**

⑮ 街で　　　　　　　　　　　　　　　　　　　　**280**

1 街の中で …………………………………………… **280**
　たずねる／電話をかける／声をかける
2 銀行へ行く ………………………………………… **281**
3 郵便局へ行く ……………………………………… **285**
4 旅行代理店へ行く ………………………………… **287**
5 図書館へ行く ……………………………………… **288**
6 病院へ行く ………………………………………… **290**
　眼科・メガネ屋／歯科
7 薬局へ行く ………………………………………… **293**

⑯ 美容と健康　　296

1 美容 ……………………………………………………………… 296
　美容院へ行く／化粧品について

2 健康 ……………………………………………………………… 299
　健康管理／食事・ダイエット／体調・体質

3 スポーツ ………………………………………………………… 301
　体力づくり／スポーツについての話題／水泳

⑰ 病気になったら　　304

1 病院へ …………………………………………………………… 304
　最初の問診／生活習慣について

2 診察する ………………………………………………………… 306
　痛みについて／脈・血圧について／他の症状について／女性の場合

3 診察後 …………………………………………………………… 314
　結果通知／手続き

4 薬の飲み方について …………………………………………… 316

⑱ 暮らし・社会　　322

1 日常生活で使う表現 …………………………………………… 322
　時間／時計の表示／曜日・日付をたずねる／人数／割合／順番／
　年代／計算

2 時に関する話題 ………………………………………………… 328
　年／月／曜日／週・日

3 暮らしに関する話題 …………………………………………… 332
　出産・育児／福祉・社会／経済／政治

4 ニュース・出来事 ……………………………………………… 336
　事故・事件／犯罪・裁判／海外のニュース／世界情勢

⑲ レジャー・休暇　　340

1. ドライブする ……………………………………………………… 340
   レンタカーを借りる／ガソリンスタンドへ／運転中／交通規則・標識／悪天候
2. アウトドアを楽しむ ……………………………………………… 346
   レジャー／サイクリング・バイク／散歩・ハイキング／釣り・カヌー・ボート／スキー
3. 休暇を過ごす ……………………………………………………… 350
   週末・休暇の話題／祝祭日・行事の話題／特別な日

⑳ 自然・環境　　354

1. 自然環境 …………………………………………………………… 354
   ドイツについて／山・谷・丘・崖／海・川・岸・港／島・入り江・運河／畑・平地・砂漠／動物・生き物
2. 自然現象 …………………………………………………………… 359
   天候と自然／天候と災害／地震
3. 環境問題 …………………………………………………………… 361
   環境保護／資源・リサイクル／発電・エネルギー

㉑ 若者言葉・スラング　　364

1. あいづち、呼びかけ ……………………………………………… 364
2. 感情を表す言葉 …………………………………………………… 364
   驚く／怒る
3. 日常生活 …………………………………………………………… 367
   飲む・食べる 他／物／運・不運／失敗・成功／状況
4. 人に関する言葉 …………………………………………………… 371
   性格・行動・態度

|5| 体に関する言葉 ………………………………………………… **373**
|6| 男と女、キス 他 ………………………………………………… **374**
|7| ほめる、けなす …………………………………………………… **375**
　物・事をほめる、けなす／人をけなす

〈付録〉
★質問の仕方と答え方……………………………………………… **378**
　・基本的な疑問文と回答の例
　・疑問代名詞を使った疑問文と回答の例
★動詞の sagen と sprechen ……………………………………… **394**

ドイツ語の読み方・発音について

1 基本的にはローマ字読み

ドイツ語の読み方はほとんどローマ字読みで大丈夫です。例外は子音のjにウムラウト、そしていくつかの母音または子音の組み合わせのときくらいです。また、英語などとは異なり、母音の数は少なく、日本人にとって決して難しい発音ではありません。

2 地方によって異なります

ドイツ北部、南部、オーストリア、スイスなど、地域によってイントネーションや発音が多少異なります。例えば語頭に来るsが北部では「ズ」となり、南部では「ス」と濁らないことが多いようです。つまり、話す人によって、Sonntag（日曜日）は「ゾンターク」にも「ソンターク」にも聞こえます。また、語尾のgは北部では「ヒ」に、南部では「ク」に近い音に聞こえます。zwanzig（20、20の）は「ツヴァンツィヒ」にも、「ツヴァンツィク」にも聞こえるわけです。

3 覚えておこう 母音の読み方

a) ei は「アイ」と読みます。
b) eu は「オイ」と読みます。
c) u は下あごを使って強調します。
　u は「ウ」ですが、下唇を前に突き出すようにして、はっきりと発音してください。これはüと明確に区別させるためにも大切です。

4 ウムラウトはこうして発音

a) ä は「エ」と読みます。日本人の耳にはeの「エ」とほとんど同じです。
b) äu は「オイ」と読みます。
c) ü はuの口をしながら、「イ」と言います。英語のu̅（ユー）に似ています。

d) ö は o の口をしながら「エ」と言います。日本語にはない、非常に難しい発音です。これはカナでは表記できません。「エ」ではなく、「オ」でもないのです。

5 これも大切　子音の読み方

a) g は通常「グ」の音ですが、語尾の g は喉に引っかかったような「ク」に聞こえます。語によっては、「ヒ」に近い音になるときもあります。特に北ドイツでは「ヒ」の音に近く発音するようです。
b) j は、ja（ヤ）ju（ユ）jo（ヨ）と覚えておいてください。
c) ch は「ヒ」または「ハ」ですが、喉を使います。
d) sch は「シュ」、s（t）と s（p）も「シュ」ですので、スパゲッティ（spaghetti）は「シュパゲッティ」になります。
e) pf では最初に f の発音をする準備をしてから p と f を同時に発音するようにします。非常に難しい発音です。
f) tsch は「チ」になります。Tscheche（チェコ人）は「チェッケ」と読みます。

6 いつも規則通りとは限らない

　Ski は「スキー」ではなく、「シー」と読みます。これはその昔、Schi と表記したことに由来します。また、オーストリアでは現在でも Schi と綴ります。

　Orange, Garage は、フランス語の言葉が語源なので、それぞれフランス語式に「オランジュ」「ガラージュ」と読みます。このように外国語が語源の言葉はドイツ語式ではなく、元の言語での読み方がされる場合が多いのですが、いつもではありません。例えば、ドイツ人は Judo を「ユードー」と発音します。でも、私たちは正しく「ジュードー」と言いましょう。（オーストリアでは「ジュードー」と言うようです。）

出会いのあいさつ

出会ったとき

1 こんにちは。

Guten Tag!
グーテン　ターク

2 やあ（こんにちは）！

Tag!
ターク

3 こんにちは。（ドイツ南部、オーストリアで）

Grüß Gott!
グリュス　ゴット

4 やあ！

Hallo!
ハロー

朝・夜のあいさつ

1 おはようございます。

Guten Morgen!
グーテン　モルゲン

2 おはよう！

Morgen!
モルゲン

3 今晩は！

Guten Abend!
グーテン　アーベント

4 今晩は！

Abend!
アーベント

---

① あいさつ

日常会話で最初に使うのが挨拶の言葉です。友人・知人とはもちろんですが、お店に入ったとき、窓口に立ったときなどでも、まずは「こんにちは」と声をかけましょう。また、先に声をかけられたときはちゃんと挨拶を返すことが大切です。

久しぶりに会う

具合（体調）をたずねる

1 お元気ですか？

Wie geht es Ihnen?
ヴィー ゲート エス イーネン

2 ええ、ありがとう、あなたは？

Gut, danke, und Ihnen?
グート ダンケ ウント イーネン

3 元気？

Wie geht es dir?
ヴィー ゲート エス ディア

4 元気だよ、ありがとう。

Ganz gut, danke!
ガンツ グート ダンケ

5 どう？

Wie geht's?
ヴィー ゲーツ

6 何とかやってるよ。

Ja, es geht.
ヤー エス ゲート

7 元気かい？（相手が複数の場合、夫婦など）

Wie geht es euch?
ヴィー ゲート エス オイヒ

8 ああ、まあね、ありがとう。

Nicht schlecht, danke.
ニヒト シュレヒト ダンケ

9 元気かい？

Geht's gut?
ゲーツ グート

17

10 とってもいいよ。

Mir geht es ausgezeichnet.
ミア　ゲート　エス　アウスゲツアイヒネット

11 まあまあさ。風邪ひいちゃって。

Solala. Ich bin erkältet.
ソララ　イッヒ　ビン　エラケルテット

12 あまり良くないよ。眠れないんだ。

Nicht besonders. Ich schlafe schlecht.
ニヒト　ベソンダーズ　イッヒ　シュラーフェ　シュレヒト

13 どうしたんだい？ 全然元気がないじゃないか。

Was ist los mit dir? Du bist ohne Kraft und Saft.
ワス　イスト　ロス　ミット　ディア　ドゥ　ビスト　オーネ　クラフト　ウント　ザフト

別れのあいさつ

CD-1 [track3]

別れるとき

1 さようなら！

Auf Wiedersehen!
アウフ　ヴィーダーゼーエン

2 さよなら！

Tschüß!
チュース

3 じゃあ、明日！

Bis morgen!
ビス　モルゲン

4 また来週！

Bis nächste Woche!
ビス　ネヒステ　ヴォッヘ

5 じゃあね！

Mach's gut!
マハス　グート

6 じゃあまた！
Bis dann!
ビス　ダン

7 じゃあまた！
Bis bald!
ビス　バルト

8 じゃあまた！
Bis nachher!
ビス　ナッハヘア

9 じゃあまた！
Bis später!
ビス　シュペーター

10 楽しんできて！
Viel Spaß!
フィール　シュパース

11 いろいろありがとう。
Vielen Dank für alles!
フィーレン　ダンク　フュール　アーレス

12 とても楽しかったです。
Es hat uns sehr gefallen.
エス　ハット　ウンス　ゼーア　ゲファーレン

13 がんばって！(幸運を！)
Viel Glück!
フィール　グリュック

14 ではまた！(幸運を！)
Alles Gute!
アーレス　グーテ

15 お大事に！(相手が風邪をひいているときなど)
Gute Besserung!
グーテ　ベッセルンク

あいさつ

週末、休暇の前に

1 よい週末を！
Schönes Wochenende!
シェーネス　ヴォッヘンエンデ

2 よい休暇を！ （学校の夏休み等、一定期間の休み）
Schöne Ferien!
シェーネ　フェーリエン

3 よい休暇を！
Schönen Urlaub!
シェーネン　ウルラウプ

4 ありがとう、あなたもね。
Danke, gleichfalls!
ダンケ　グライヒファルズ

旅行に行く人へ

1 よい旅を！
Gute Reise!
グーテ　ライゼ

2 よいご旅行を！
Ich wünsche Ihnen eine gute Reise!
イッヒ　ヴュンシェ　イーネン　アイネ　グーテ　ライゼ

お礼（感謝）

お礼を言う

1 ありがとう。
Danke!
ダンケ

2 ありがとう。
Ich danke dir.
イッヒ ダンケ ディア

3 ありがとう。
Ich bedanke mich!
イッヒ ベダンケ ミッヒ

4 どうもありがとう。
Danke schön!
ダンケ シェーン

5 どうもありがとう。
Herzlichen Dank!
ヘルツリッヒェン ダンク

6 ありがとうございます。
Vielen Dank!
フィーレン ダンク

7 ありがとうございます。
Ich danke Ihnen.
イッヒ ダンケ イーネン

8 どうもありがとうございます。
Wir bedanken uns ganz herzlich.
ウィア ベダンケン ウンス ガンツ ヘルツリッヒ

相手の行為に感謝する

1 お手伝いいただき、ありがとうございました。

Danke für Ihre Hilfe.
ダンケ フュール イーレ ヒルフェ

2 ご親切にありがとう。

Das ist nett von Ihnen.
ダス イスト ネット フォン イーネン

3 ご親切にありがとう。

Das ist lieb von Ihnen.
ダス イスト リープ フォン イーネン

お礼に対する返事

1 どういたしまして。

Bitte!
ビッテ

2 どういたしまして。

Bitte schön!
ビッテ シェーン

3 どういたしまして。

Bitte sehr!
ビッテ ゼーア

4 どういたしまして。(お礼を言う理由なんてないですよ、の意味)

Keine Ursache!
カイネ ウルザッヘ

5 どういたしまして。(喜んでいたしました、の意味)

Gern geschehen!
ゲルン ゲシェーエン

おわび (謝罪)

謝る

1 ごめんなさい！
Es tut mir leid.
エス トゥート ミア ライド

2 ごめんなさい！
Entschuldige!
エントシュルディゲ

3 ごめんなさい！
Verzeihen Sie mir!
フェルツアイエン ジー ミア

4 ごめん！
Verzeih!
フェルツアイ

参考 すみません！
Entschuldigung!
エントシュルディグング

遅れたことを謝る

1 遅れて申し訳ありません。
Entschuldigen Sie die Verspätung bitte.
エントシュルディゲン ジー ディー フェルシュペートゥング ビッテ

2 ごめんなさい、寝過ごしてしまいました。
Ich bitte um Verzeihung, ich habe verschlafen.
イッヒ ビッテ ウム フェルツァイウンク イッヒ ハーベ フェルシュラーフェン

3 ごめん、電車に乗り遅れたんだ。
Verzeih, ich habe den Zug verpaßt.
フェルツァイ イッヒ ハーベ デン ツーク フェルパスト

4 ごめん、道を間違えちゃった。

Entschuldige, wir haben uns verlaufen.
エントシュルディゲ　ヴィア　ハーベン　ウンス　フェルラウフェン

謝りに対する返事

1 かまいませんよ。

Das macht nichts.
ダス　マハト　ニヒツ

2 どういたしまして。

Macht nichts!
マハト　ニヒツ

3 なんでもないよ。(人にぶつかったときなど。何も起こらなかった、という意味)

Nichts passiert.
ニヒツ　パッシールト

4 大丈夫です。

Alles in Ordnung.
アーレス　イン　オルドゥヌンク

お祝い

お祝いを言う

1 おめでとう！

Ich gratuliere!
イッヒ　グラトゥリーレ

2 おめでとう！

Herzlichen Glückwunsch!
ヘルツリッヒェン　グリュックヴンシュ

3 おめでとう！
Gratuliere!
グラトゥリーレ

4 おめでとう！
Alles Gute!
アーレス グーテ

5 誕生日おめでとう。
Alles Gute zum Geburtstag!
アーレス グーテ ツム ゲブルツターク

新年・クリスマス・イースターを祝う

1 明けましておめでとう！
Ein frohes neues Jahr!
アイン フローエス ノイエス ヤー

2 新年おめでとう！
Alles Beste für das neue Jahr!
アーレス ベステ フュール ダス ノイエ ヤー

3 明けましておめでとう！
Viel Glück im neuen Jahr!
フィール グリュック イン ノイエン ヤー

4 メリークリスマス！
Frohe Weihnachten!
フローエ ヴァイナハテン

5 イースターおめでとう！
Frohe Ostern!
フローエ オスターン

6 良いお年を！
Guten Rutsch!
グーテン ルッチュ

7 良いお年をお迎えください。
Einen guten Rutsch ins neue Jahr!
アイネン　グーテン　ルッチュ　インス　ノイエ　ヤー

お見舞い、お悔やみ

CD-1
[track7]

お見舞いを言う

1 お見舞い申し上げます。
Das tut mir leid.
ダス　トゥート　ミア　ライト

お悔やみを言う

1 お悔やみを申し上げます。
Es tut mir sehr leid.
エス　トゥート　ミア　ゼーア　ライト

2 ご愁傷様です。
Herzliches Beileid.
ヘルツリヒェス　バイライト

3 ご愁傷様です。
Mein aufrichtiges Beileid.
マイン　アウフリヒティゲス　バイライト

4 お父様のことで哀悼の意を表したく存じます。
Mein herzliches Beileid für Ihren Vater.
マイン　ヘルツリッヒェス　バイライト　フュール　イーレン　ファーター

カードに添える言葉

★誕生日を祝う

Alles Liebe und Gute zu Deinem Geburtstag!
(誕生日おめでとう！)

Zu Ihrem Geburtstag meine herzlichen Glückwünsche!
(お誕生日おめでとうございます。)

Herzliche Glückwünsche zu Ihrem Geburtstag!
(お誕生日おめでとうございます。)

Zu Ihrem Geburtstag gratuliere ich Ihnen herzlich und wünsche Ihnen viel Glück und Erfolg.
(お誕生日おめでとうございます。幸運と成功を心からお祈りいたします。)

Alles Gute zum Geburtstag! Ich wünsche Dir alles erdenkliche Gute, viel Freude, Gesundheit und Erfolg.
(誕生日おめでとう！　良いことがありますように！　そして楽しく、健康に日々が過ごせることを祈ります！)

★クリスマス

Ich wünsche Ihnen und Ihrer Familie ein frohes Weihnachtsfest und alles Gute, Gesundheit und Erfolg im neuen Jahr.
(あなたとご家族が幸せなクリスマスを迎えますように。そして来る年が良い年となりますように。)

★結婚を祝う

Herzlichen Glückwunsch zu Deiner Hochzeit. Wir wünschen Dir und Deinem Mann viel Freude für die gemeinsame Zukunft.
(結婚おめでとう。ご主人との幸せを祈ります。)

Zum Ihrer Hochzeit möchte ich Ihnen und Ihrer lieben Gattin meine herzlichsten Glückwünsche überbringen. Für den gemeinsamen Lebensweg wünsche ich Ihnen beiden viel Freude, Zufriedenheit und Gesundheit.
(ご結婚にあたって、あなたと奥様にお祝いの意を表したく思います。お二人の未来にご多幸とご発展をお祈り申し上げます。)

★出産を祝う

Wir freuen uns über die Geburt Deines Kindes und teilen Dein Glück.
(お子さんの誕生、おめでとう！)

Herzliche Glückwünsche zur Geburt Ihres Kindes!
(お子様の御誕生を心からお祝いいたします。)

★死亡

Mit tiefem Bedauern habe ich die Nachricht vom Tod Ihres Mannes erhalten. Zu diesem schweren Verlust spreche ich Ihnen mein aufrichtiges Beileid aus.

(ご主人がお亡くなりになったという知らせを受け、痛恨愛惜の極みです。謹んで哀悼の意を表します。)

出会ったときの言葉

初めて会ったとき

1 お会いできてうれしいです。

Ich freue mich, Sie kennen zu lernen!
イッヒ フロイエ ミッヒ ジー ケンネン ツー レルネン

2 お会いできてうれしいです。

Ich freue mich!
イッヒ フロイエ ミッヒ

3 私もうれしいです！

Ich freue mich auch!
イッヒ フロイエ ミッヒ アオホ

歓迎する

1 ようこそいらっしゃいました。

Herzlichen Willkommen!
ヘルツリッヒェン ウィルコンメン

2 お招きありがとうございます。

Vielen Dank für die Einladung.
フィーレン ダンク フュール ディー アインラードゥンク

別れるときの言葉

1 とても楽しかったです。

Es war mir ein Vergnügen.
エス ワー ミア アイン フェルクニューゲン

友人や知人に会ったとき、人を紹介されたときには握手をします。握手では相手の目を見て、相手の手をしっかりと握りましょう。男性と女性の場合は、男性は女性のほうが手を差し出すのを待つのがマナー。また、親しい間柄では肩を抱いて左右の頬を軽く触れ合うようにキスします。

2 お会いできたことをうれしく思います。

Es hat mich sehr gefreut, Sie kennen zu lernen.
エス ハット ミッヒ ゼーア ゲフロイト ジー ケンネン ツー レルネン

3 お会いできてよかった。

Es war schön, Sie zu treffen.
エス ワー シェーン ジー ツー トレッフェン

4 お知り合いになれてよかった。

Es ist schön, Sie kennen gelernt zu haben.
エス イスト シェーン ジー ケンネン ゲレルント ツー ハーベン

5 君と話すのは本当に楽しかったよ。

Mir hat es richtig Spaß gemacht, mit dir zu reden.
ミア ハット エス リヒティヒ シュパース ゲマハト ミット デア ツー レーデン

6 ご家族によろしく。

Grüße an die Familie!
グリュース アン ディー ファミーリエ

自己紹介

自分の名前を言う

1 私は鈴木といいます。

Ich heiße Suzuki.
イッヒ ハイセ スズキ

2 私の名前は池田です。

Mein Name ist Ikeda.
マイン ナーメ イスト イケダ

3 どう綴るのですか？

Wie buchstabiert man das?
ヴィー ブッフスタビールト マン ダス

4 IKEDA、池田です。

I K E D A, Ida, Kaufmann, Emil, Dora, Anna.
イケダ イーダ カウフマン エミール ドーラ アンナ

5 私の名前は阿部です、ＡＢＥです。

Mein Name ist Abe, Anna, Berta, Emil, Abe.
マイン　ナーメ　イスト　アベ　アンナ　ベルタ　エミール　アベ

6 Anna の A，Berta の B です。

A für Anna, B für Berta.
アー　フュール　アンナ　ベー　フュール　ベルタ

7 佐藤は私の苗字です。

Sato ist mein Nachname.
サトー　イスト　マイン　ナッハナーメ

8 田中は私の姓です。

Tanaka ist mein Familienname.
タナカ　イスト　マイン　ファミーリエンナーメ

9 私の下の名前は明子です。

Mein Vorname ist Akiko.
マイン　フォアナーメ　イスト　アキコ

アルファベットの伝え方

A	Anna	Q	Quelle
B	Berta	R	Richard
C	Cäsar	S	Siegfried
D	Dora	T	Theodor
E	Emil	U	Ulrich
F	Friedrich	V	Viktor
G	Gustav	W	Wilhelm
H	Heinrich	X	Xantippe
I	Ida	Y	Ypsilon
J	Julius	Z	Zacharias
K	Kaufmann	Ä	Ärger
L	Ludwig	Ch	Charlotte
M	Martha	Ö	Ökonom
N	Nordpol	Sch	Schule
O	Otto	Ü	Übermut
P	Paula		

職業・専攻について

1 私は会社員です（男性）。
Ich bin Angestellter.
イッヒ ビン アンゲシュテルター

2 私は公務員です（男性）。
Ich bin Beamter.
イッヒ ビン ベアムター

3 私は公務員です（女性）。
Ich bin Beamtin.
イッヒ ビン ベアムティン

4 私は学生です（男性）。
Ich bin Student.
イッヒ ビン シュトゥデント

5 私はまだ学校に行っています。
Ich gehe noch zur Schule.
イッヒ ゲーエ ノッホ ツル シューレ

6 私はコンピュータ会社で働いています。
Ich bin bei einer Computerfirma beschäftigt.
イッヒ ビン バイ アイナー コンピューターフィルマ ベシェフティクト

7 私は製薬分野で働いています。
Ich bin in der Pharmaindustrie tätig.
イッヒ ビン イン デア ファルマインドゥストゥリー テーティッヒ

8 私はフリーの通訳をしています。
Ich arbeite freiberuflich als Dolmetscherin.
イッヒ アルバイテ フライベルーフリッヒ アルス ドルメチャリン

9 私は国の仕事をしています。
Ich arbeite beim Staat.
イッヒ アルバイテ バイム シュタート

10 私は建設現場で働いています。

Ich arbeite auf einer Baustelle.
イッヒ　アルバイテ　アウフ　アイナー　バウシュテレ

11 私はドイツの日本企業で働いています。

Ich arbeite bei einer japanischen Firma in Deutschland.
イッヒ　アルバイテ　バイ　アイナー　ヤパーニッシェン　フィルマ　イン　ドイチュラント

12 私たちは日本のドイツ企業で働いています。

Wir arbeiten bei einer deutschen Firma in Japan.
ヴィア　アルバイテン　バイ　アイナー　ドイチェン　フィルマ　イン　ヤーパン

13 私たちは教師です。

Wir sind Lehrer.
ヴィア　ジント　レーラー

14 自分の会社を持っています。

Ich habe eine eigene Firma.
イッヒ　ハーベ　アイネ　アイゲネ　フィルマ

15 自営業です。

Ich bin selbstständig.
イッヒ　ビン　セルプストステンディッヒ

16 私は日本のある工業大学で勉強しています。

Ich studiere an einer technischen Universität in Japan.
イッヒ　シュトゥディーレ　アン　アイナー　テクニッシェン　ウニヴェルシテート　イン　ヤーパン

17 私たちは早稲田大学でドイツ文学を専攻しています。

Wir studieren deutsche Literatur an der Uni Waseda.
ヴィア　シュトゥディーレン　ドイチェ　リテラトゥール　アン　デア　ウニ　ワセダ

国籍・出身について

1 私は日本人です（男性）。

Ich bin Japaner.
イッヒ　ビン　ヤパーナー

2 私は日本人です (女性)。
Ich bin Japanerin.
イッヒ ビン　　ヤパーネリン

3 私の妻はドイツ人です。
Meine Frau ist Deutsche.
マイネ　　フラウ　イスト　　ドイチェ

4 私の夫はフランス人です。
Mein Mann ist Franzose.
マイン　　マン　イスト フランツォーゼ

5 私の恋人はスイス人です。
Mein Freund ist Schweizer.
マイン　　フロイント　イスト　シュバイツァー

6 僕の彼女はデンマーク人です。
Meine Freundin ist Dänin.
マイネ　　フロインディン　イスト　デーニン

7 ご出身は？
Woher sind Sie?
ヴォヘア　ジント　ジー

8 出身はどちらですか？
Woher seid ihr?
ヴォヘア　ザイト　イア

9 君はここの出身かい？
Bist du von hier?
ビスト ドゥ フォン ヒア

10 君たちはスイスから？
Seid ihr aus der Schweiz?
ザイト イア アウス デア　シュバイツ

11 どこでお生まれですか？
Wo sind Sie geboren?
ヴォ ジント ジー　　ゲボーレン

社交

35

12 私は日本から来ました。

Ich bin aus Japan.
イッヒ ビン アウス ヤーパン

13 私たちは東京の出身です。

Wir sind aus Tokio.
ヴィア ジント アウス トキオ

14 私は北日本の小さな港町の出身です。

Ich komme aus einer kleinen Hafenstadt in Nordjapan.
イッヒ コンメ アウス アイナー クライネン ハーフェンシュタット イン ノルトヤーパン

15 私の両親はトルコの出身ですが、私はここで生まれました。

Meine Eltern sind aus der Türkei, aber ich bin hier
マイネ エルターン ジント アウス デア トゥルカイ アーバー イッヒ ビン ヒア
geboren.
ゲボーレン

信仰・宗教について

1 私は仏教徒です。

Ich bin Buddhist.
イッヒ ビン ブッディスト

2 僕はプロテスタントだ。

Ich bin protestantisch.
イッヒ ビン プロテスタンティッシュ

3 私たちはカトリックです。

Wir sind Katholiken.
ヴィア ジント カトリーケン

4 私は仏教徒でしたが、17歳の時に洗礼を受けました。

Ich war Buddhistin, aber mit 17 habe ich mich
イッヒ ワー ブッディスティン アーバー ミット ジープツェーン ハーベ イッヒ ミッヒ
taufen lassen.
タウフェン ラッセン

家族・恋人を紹介する

家族を紹介

1 こちらは私の妻です。

Das ist meine Frau.
ダス イスト マイネ フラウ

2 こちらは私の夫です。

Das ist mein Mann.
ダス イスト マイン マン

3 これはうちの子供たちです。

Das sind meine Kinder.
ダス ジント マイネ キンダー

4 これは私の子供です。

Das ist mein Kind.
ダス イスト マイン キント

5 これは私の娘です。

Das ist meine Tochter.
ダス イスト マイネ トホター

6 久美子といいます。

Sie heißt Kumiko.
ジー ハイスト クミコ

7 これは私の息子です。

Das ist mein Sohn.
ダス イスト マイン ゾーン

8 正義といいます。

Er heißt Masayoshi.
エア ハイスト マサヨシ

9 こちらは私の母です。

Das ist meine Mutter.
ダス イスト マイネ ムッター

10 こちらは私の父です。

Das ist mein Vater.
ダス イスト マイン ファーター

11 こちらは私の両親です。

Das sind meine Eltern.
ダス ジント マイネ エルターン

恋人を紹介

1 こちらは私の恋人（女性）です。

Das ist meine Freundin.
ダス イスト マイネ フロインディン

2 こちらは私の恋人（男性）です。

Das ist mein Freund.
ダス イスト マイン フロイント

★ コラム ★

Grüß Gott!（こんにちは！）

　ミュンヘンを中心としたバイエルン地方やオーストリアでは、"Guten Tag" よりも "Grüß Gott" とあいさつするほうが一般的です。これは、Gott grüß dich の短縮形で、直訳すると「神があなたにあいさつする」ということ。朝から晩まで使えて便利なのですが、ドイツ中部や北部で使うと変な顔をされるので気をつけましょう。

相手のことをたずねる

[track12]

名前をたずねる

1 お名前は？
Wie heißen Sie?
ヴィー ハイセン ジー

2 お名前は？
Wie lautet Ihr Name bitte?
ヴィー ラウテット イーレ ナーメ ビッテ

3 マイヤーさんですか？（男性に対して）
Herr Mayer?
ヘル マイヤー

4 ホフマンさんですか？（女性に対して）
Frau Hoffmann?
フラウ ホフマン

5 君、何て名前？
Wie heißt du?
ヴィー ハイスト ドゥ

6 君はマルクスだよね？
Du bist Markus, nicht?
ドゥ ビスト マルクス ニヒト

年齢をたずねる

1 おいくつでいらっしゃいますか？
Darf ich fragen, wie alt Sie sind?
ダルフ イッヒ フラーゲン ヴィー アルト ジー ジント

2 年はいくつ？
Wie alt bist du?
ヴィー アルト ビスト ドゥ

3 34歳です。
Ich bin 34 Jahre alt.
イッヒ ビン フィールウントドライシッヒ ヤーレ アルト

4 3週間後に27になります。
Ich werde in drei Wochen 27.
イッヒ ヴェルデ イン トライ ボッヘン ジープウントツバンツィッヒ

5 あなたは何年生まれですか？
Welcher Jahrgang sind Sie?
ヴェルヒャー ヤーレガンク ジント ジー

6 私は1970年生まれです。
Ich bin Jahrgang 70.
イッヒ ビン ヤーレガング ジープツィッヒ

誕生日・星座をたずねる

1 誕生日はいつですか？
Wann haben Sie Geburtstag?
ヴァン ハーベン ジー ゲブルツタ-ク

2 10月です。
Im Oktober.
イム オクトーバー

3 私の誕生日は8月12日です。
Mein Geburtstag ist am 12. August.
マイン ゲブルツタ-ク イスト アム ツヴェルフテン アウグスト

4 何座ですか？
Was ist Ihr Sternzeichen?
ワス イスト イーア シュテルンツァイヒェン

5 天秤座です。
Ich bin Waage.
イッヒ ビン ワーゲ

6 獅子座かい？

Bist du Löwe?
ビスト ドゥ ロェーヴェ

★星座 (das Sternzeichen)

牡羊座	der Widder
牡牛座	der Stier
双子座	die Zwillinge
蟹座	der Krebs
獅子座	der Löwe
乙女座	die Jungfrau
天秤座	die Waage
蠍座	der Skorpion
射手座	der Schütze
山羊座	der Steinbock
水瓶座	der Wassermann
魚座	der Fische

★干支 (Chinesisches Horoskop)

子年	Das Jahr der Ratte
牛年	Das Jahr des Büffels
虎年	Das Jahr des Tigers
兎年	Das Jahr des Hasen
辰年	Das Jahr des Drachen
巳年	Das Jahr der Schlange
午年	Das Jahr des Pferdes
未年	Das Jahr der Schafe
申年	Das Jahr des Affen
酉年	Das Jahr des Hahns
狗年	Das Jahr des Hundes
猪年	Das Jahr des Schweins

職業をたずねる

1 お仕事は何ですか？

Was machen Sie beruflich?
ワス　マッヘン　ジー　ベルーフリッヒ

2 お仕事は何ですか？

Was sind Sie von Beruf?
ワス　ジント　ジー　フォン　ベルーフ

3 何の仕事をしてるの？

Was bist du von Beruf?
ワス　ビスト　ドゥ　フォン　ベルーフ

4 仕事をしていますか？

Arbeiten Sie?
アルバイテン　ジー

5 あなたは学生ですか？

Sind Sie Student?
ジント　ジー　シュトゥデント

6 はい、私は学生です。

Ja, ich bin Student.
ヤー　イッヒ　ビン　シュトゥデント

7 いいえ、私は学生ではありません。

Nein, ich bin kein Student.
ナイン　イッヒ　ビン　カイン　シュトゥデント

専攻・学歴をたずねる

1 何を専攻しているのですか？

Was studieren Sie?
ワス　シュトゥディーレン　ジー

2 数学を専攻しています。
Ich studiere Mathematik.
イッヒ シュトゥディーレ マテマティーク

3 専攻は何でした？
Was haben Sie studiert?
ワス ハーベン ジー シュトゥディールト

4 法律でした。
Ich habe Jura studiert.
イッヒ ハーベ ユーラ シュトゥディールト

5 私は主科目として歴史を、副科目として英語学を専攻しています。
Ich studiere Geschichte als Hauptfach und Anglistik
イッヒ シュトゥディーレ ゲシヒテ アルス ハウプトファッハ ウント アングリスティク
als Nebenfach.
アルス ネーベンファッハ

6 大学は出ていらっしゃいますか？
Haben Sie studiert?
ハーベン ジー シュトゥディールト

家族構成をたずねる

1 ご家族は？
Haben Sie Familie?
ハーベン ジー ファミーリエ

2 子供が2人います。
Ich habe zwei Kinder.
イッヒ ハーベ ツヴァイ キンダー

3 結婚していますが、子供はいません。
Ich bin verheiratet, aber wir haben keine Kinder.
イッヒ ビン フェルハイラテット アーバー ヴィア ハーベン カイネ キンダー

4 私はまだ独身です。

Ich bin noch ledig.
イッヒ ビン ノッホ レーディヒ

5 お子さんはいらっしゃいますか？

Haben Sie Kinder?
ハーベン ジー キンダー

6 ええ、息子と娘がいます。

Ja, ich habe einen Sohn und eine Tochter.
ヤー イッヒ ハーベ アイネン ゾーン ウント アイネ トホター

7 いいえ、子供はいません。

Nein, ich habe keine Kinder.
ナイン イッヒ ハーベ カイネ キンダー

8 ご兄弟はいらっしゃいますか？

Haben Sie Geschwister?
ハーベン ジー ゲシュヴィスター

9 姉が2人に兄が1人います。

Ich habe zwei Schwestern und einen Bruder.
イッヒ ハーベ ツヴァイ シュヴェスターン ウント アイネン ブルーダー

10 私には兄弟が2人います。

Ich habe zwei Brüder.
イッヒ ハーベ ツヴァイ ブリューダー

11 姉妹はありません。

Ich habe keine Schwester.
イッヒ ハーベ カイネ シュヴェスター

住まいをたずねる

1 どこにお住まいですか？

Wo wohnen Sie?
ヴォー ヴォーネン ジー

2 どこに住んでるの？

Wo wohnst du?
ヴォー ヴォーンスト ドゥ

3 どこに住んでいますか？

Wo wohnt ihr?
ヴォー ヴォーント イア

4 ベルリン市内に住んでいます。

Wir wohnen in Berlin.
ヴィア ヴォーネン イン ベルリン

5 以前はどこにお住まいでしたか？

Wo haben Sie früher gewohnt?
ヴォー ハーベン ジー フリューアー ゲヴォーント

6 今回はどちらに引っ越されたのですか？

Wohin sind Sie jetzt gezogen?
ヴォーヒン ジント ジー イエッツ ゲツォーゲン

7 どの町が一番お好きですか？

Welche Stadt gefällt Ihnen am besten?
ヴェルヒェ シュタット ゲフェルト イーネン アム ベステン

8 他にどの町にいらっしゃったことがありますか？

In welchen Städten waren Sie sonst noch?
イン ヴェルヒェン シュテッテン ワーレン ジー ゾンスト ノッホ

9 3ヵ月前からドイツに住んでいます。

Ich bin seit drei Monaten in Deutschland.
イッヒ ビン ザイト トライ モナーテン イン ドイチュラント

10 私はケルンに10年住んでいましたが今はハンブルグで暮らしています。

Ich habe 10 Jahre lang in Köln gewohnt, jetzt wohne
イッヒ ハーベ ツェーン ヤーレ ラング イン クェルン ゲヴォーント イエッツ ヴォーネ
ich in Hamburg.
イッヒ イン ハンブルク

社交

11 私は一軒家に住んでいます。

Ich wohne in einem Haus.
イッヒ　ヴォーネ　イン　アイネム　ハウス

12 私たちは賃貸マンションに住んでいます。

Wir wohnen in einer Mietswohnung.
ヴィア　ヴォーネン　イン　アイナー　ミーツヴォーヌング

13 今はホテル住まいですが、マンションを探しています。

Momentan wohnen wir in einem Hotel. Wir suchen eine Wohnung.
モメンタン　ヴォーネン　ヴィア イン　アイネム　ホテル　ヴィア　ズーヒェン
アイネ　ヴォーヌング

14 私たちは一緒に暮らしています。

Wir wohnen zusammen.
ヴィア　ヴォーネン　ツザンメン

15 一人暮らしなの？

Wohnst du alleine?
ヴォーンスト　ドゥ　アライネ

16 両親と一緒に住んでいるの？

Wohnst du bei deinen Eltern?
ヴォーンスト　ドゥ　バイ　ダイネン　エルターン

17 2人の女子学生と一緒にフラットをシェアしてます。

Ich wohne mit zwei Studentinnen in einer WG*.
イッヒ　ヴォーネ　ミット ツヴァイ　シュトゥデンティンネン　イン アイナー　ヴェーゲー

*WG = Wohngemeinschaft（共同生活）

18 私の家は君の家の半分くらいの大きさだ。

Mein Haus ist nur halb so groß wie deines.
マイン　ハウス　イスト ヌール　ハルプ ソー グロース ヴィー　ダインズ

19 彼の新しいアパートは前の倍の広さだ。

Seine neue Wohnung ist doppelt so groß wie die alte.
ゼイネ　ノイエ　ヴォーヌング　イスト　ドッペルト　ソー グロース ヴィー ディー アルテ

コミュニケーション

話しかける

社交

1 ここにはいつからですか？

Wie lange sind Sie schon hier?
ヴィー ランゲ ジント ジー ショーン ヒア

2 1週間前からです。

Seit einer Woche.
ザイト アイナー ヴォッヘ

3 2日前に着いたばかりです。

Erst seit zwei Tagen.
エルスト ザイト ツヴァイ ターゲン

4 ここが好きですか？

Gefällt es Ihnen hier?
ゲフェルト エス イーネン ヒア

5 ええ、大好きです。

Mir gefällt es sehr gut.
ミア ゲフェルト エス ゼーア グート

6 初めてこちらに来られたのですか？

Sind Sie zum ersten mal hier?
ジント ジー ツム エルステン マル ヒア

7 いいえ、一度ハンブルグに行ったことがあります。

Nein, ich war schon einmal in Hamburg.
ナイン イッヒ ワー ショーン アインマル イン ハンブルク

8 ドイツをご存知ですか？

Kennen Sie Deutschland?
ケンネン ジー ドイチュラント

47

9 ええ、バイエルン地方を旅行したことがあるので、少し知っています。

Ja, ein bisschen. Ich habe mal eine Rundreise durch Bayern gemacht.
ヤー アイン ビッシャン イッヒ ハーベ マル アイネ ルンドライゼ ドゥルヒ バイエルン ゲマハト

10 日本をご存知ですか？

Kennen Sie Japan?
ケンネン ジー ヤーパン

11 ええ、横浜に行ったことがあります。

Ja, ich war mal in Yokohama.
ヤー イッヒ ワー マル イン ヨコハマ

12 京都の金閣寺を観てみたいです。

Ich möchte gerne mal den Kinkakuji-Tempel in Kyoto besichtigen.
イッヒ メヒテ ゲルネ マル デン キンカクジ テンペル イン キョオト ベジヒティゲン

13 あとどのくらいご滞在ですか？

Wie lange bleiben Sie noch hier?
ヴィー ランゲ ブライベン ジー ノッホ ヒア

14 あと2週間です。

Noch zwei Wochen.
ノッホ ツヴァイ ヴォッヘン

15 お会いしたことがありましたっけ？

Haben wir uns schon mal gesehen?
ハーベン ヴィア ウンス ショーン マル ゲゼーエン

16 いいえ、ないと思います。

Nein, ich glaube nicht.
ナイン イッヒ グラウベ ニヒト

17 君たち知ってるの？

Kennt ihr euch?
ケント イア オイヒ

18 うん、一度パーティーで会ったことがあるんだ。

Ja, wir haben uns mal auf einem Fest kennen gelernt.
ヤー ヴィア ハーベン ウンス マル アウフ アイネム フェスト ケンネン ゲレルント

19 お互いに du で呼び合いませんか？

Wollen wir nicht du zueinander sagen?
ヴォーレン ヴィア ニヒト ドゥ ツーアインアンダー ザーゲン

話に引き入れる

1 聞いてください。

Hören Sie mal!
ヘーレン ジー マル

2 ねえ、聞いて。

Hör mal!
ヘル マル

3 ちょっと聞いてくれ。

Hör mal zu!
ヘル マル ツー

4 君に話したいことがあるんだ。

Ich muss mit dir sprechen!
イッヒ ムス ミット ディア シュプレッヘン

5 率直に話そうよ。

Sprechen wir doch frei von der Leber weg!
シュプレッヘン ヴィア ドッホ フライ フォン デア レーバー ウェック

6 見て！

Schau!
シャウ

飲みものをすすめる

1 何かお飲みになりませんか？

Möchten Sie etwas trinken?
メヒテン　ジー　エトワス　トリンケン

2 コーヒーでもいかがですか？

Haben Sie etwas Zeit für einen Kaffee?
ハーベン　ジー　エトワス　ツァイト　フュール　アイネン　カフェー

3 ええ。

Ja, gerne.
ヤー　ゲルネ

4 そうですね。

Gute Idee.
グーテ　イデー

5 ええ。

Warum nicht.
ワルム　ニヒト

6 また別の機会に。

Vielleicht ein andermal.
フィーライヒト　アイン　アンダーマル

7 もうちょっと後で。

Vielleicht später.
フィーライヒト　シュペーター

8 結構です。

Nein, Danke.
ナイン　ダンケ

誘う

1 今夜、時間ある？
Hast du heute Abend Zeit?
ハスト ドゥ ホイテ アーベント ツァイト

2 明日、一緒に食事に行きませんか？
Wollen wir morgen zusammen essen?
ヴォーレン ヴィア モルゲン ツザンメン エッセン

3 今夜、一緒に外出しませんか？
Gehen wir heute zusammen aus?
ゲーエン ヴィア ホイテ ツザンメン アウス

4 僕らと一緒に飲みに行かないかい？
Wollen wir mal zusammen was trinken gehen?
ヴォーレン ヴィア マル ツザンメン ワス トリンケン ゲーエン

5 ビールでも飲みに行かないか？（複数の相手に）
Wollt ihr ein Bier trinken gehen?
ヴォルト イア アイン ビア トリンケン ゲーエン

6 来週の月曜日に時間とれる？
Hast du am Montag nächste Woche Zeit?
ハスト ドゥ アム モンタ-ク ネヒステ ヴォッヘ ツァイト

7 週の間に一度会えますか？
Können wir uns mal während der Woche treffen?
クェンネン ヴィア ウンス マル ヴェーレント デア ヴォッヘ トレッフェン

誘いに対する返事

1 いいですよ。
Einverstanden!
アインフェルシュタンデン

社交

2 OK です。

In Ordnung!
イン オルドゥヌンク

3 いいよ、どこに行きたい？

Gerne, ja. Wohin willst du gehen?
ゲルネ ヤー ヴォーヒン ウィルスト ドゥー ゲーエン

4 いや、結構です。

Nein, ich möchte nicht.
ナイン イッヒ メヒテ ニヒト

5 わかりません。（歪曲の否定）

Ich weiß nicht.
イッヒ ヴァイス ニヒト

6 残念ながらできません。

Ich kann leider nicht.
イッヒ カン ライダー ニヒト

約束する

1 どこで会おうか？

Wo treffen wir uns?
ヴォー トレッフェン ヴィア ウンス

2 いつ会いましょうか？

Wann treffen wir uns?
ヴァン トレッフェン ヴィア ウンス

3 1時間後に噴水のところで会おう。

Lass uns in einer Stunde am Brunnen treffen.
ラス ウンス イン アイナー シュトゥンデ アム ブルンネン トレッフェン

4 ホテルの前で8時に会いましょう。

Treffen wir uns vor dem Hotel um 8 Uhr.
トレッフェン ヴィア ウンス フォア デム ホテル ウム アハト ウーア

別れ際に

1 また会えますか？

Können wir uns wiedersehen?
クェンネン ヴィア ウンス ヴィーダーゼーエン

2 電話してもよろしいですか？

Kann ich Sie anrufen?
カン イッヒ ジー アンルーフェン

3 電話していい？

Kann ich dich anrufen?
カン イッヒ ディッヒ アンルーフェン

4 電話番号をいただけますか？

Würden Sie mir Ihre Telefonnummer geben?
ヴュルデン ジー ミア イーレ テレフォンヌンマー ゲーベン

5 携帯番号を教えてくれない？

Gibst du mir deine Handynummer?
ギブスト ドゥ ミア ダイネ ハンディヌンマー

6 電話します。

Ich werde Sie anrufen.
イッヒ ヴェルデ ジー アンルーフェン

7 電話するよ。

Ich werde dich anrufen.
イッヒ ヴェルデ ディッヒ アンルーフェン

8 もし日本に来ることがあれば、うちに一度おいでよ。これが住所だから。

Falls du mal nach Japan kommst, besuche mich doch
ファールス ドゥ マル ナッハ ヤーパン コムスト ベズーヒェ ミッヒ ドッホ
einmal. Hier ist meine Adresse.
アインマル ヒア イスト マイネ アドレッセ

コミュニケーション 2

援助を求める

1 すみませんが手伝っていただけませんか？

Könnten Sie mir helfen bitte?
クェンテン　ジー　ミア　ヘルフェン　ビッテ

2 すみませんが手伝っていただけませんか？

Würden Sie so lieb sein und mir helfen?
ヴュルデン　ジー　ソー　リープ　ザイン　ウント　ミア　ヘルフェン

3 すみませんが手伝っていただけませんか？

Würden Sie so nett sein und uns helfen?
ヴュルデン　ジー　ソー　ネット　ザイン　ウント　ウンス　ヘルフェン

許可を求める

1 よろしいですか？（人の承諾を得る。タバコを吸う、前を通るなど）

Gestatten Sie?
ゲシュタッテン　ジー

2 部屋の空気を入れ替えてよいですか？

Kann ich kurz das Zimmer lüften?
カン　イッヒ　クルツ　ダス　ツィンマー　リュフテン

3 タバコを吸ってよろしいですか？

Darf ich rauchen?
ダルフ　イッヒ　ラウヘン

4 ここでタバコを吸ってよいですか？

Darf ich hier rauchen?
ダルフ　イッヒ　ヒア　ラウヘン

お願いする

1 暖房をつけてもらえますか？

Würden Sie bitte die Heizung anmachen?
ヴュルデン　ジー　ビッテ　ディー　ハイツンク　アンマッヘン

2 暖房を切ってもらえますか？

Würden Sie bitte die Heizung ausschalten?
ヴュルデン　ジー　ビッテ　ディー　ハイツンク　アウスシャルテン

3 ペンを貸してもらえますか？

Würden Sie mir bitte Ihren Stift leihen?
ヴュルデン　ジー　ミア　ビッテ　イーレン　シュティフト　ライエン

4 ちょっとペンをお借りできますか？

Darf ich kurz Ihren Stift benutzen?
ダルフ　イッヒ　クルツ　イーレン　シュティフト　ベヌッツェン

5 窓を開けてくれませんか？

Würden Sie bitte das Fenster öffnen?
ヴュルデン　ジー　ビッテ　ダス　フェンスター　オェフネン

6 窓をちょっと開けてもらえます？

Könnten Sie bitte das Fenster einen Spalt öffnen?
クェンテン　ジー　ビッテ　ダス　フェンスター　アイネン　シュパルト　オェフネン

7 窓を閉めてもらえますか？

Würden Sie bitte das Fenster schließen?
ヴュルデン　ジー　ビッテ　ダス　フェンスター　シュリーセン

8 ドアを閉めてください。(カギをかけて閉める、の意味)

Schließen Sie bitte die Tür ab!
シュリーセン　ジー　ビッテ　ディー　テューア　アプ

9 一緒に来てください。

Kommen Sie bitte mit!
コンメン　ジー　ビッテ　ミット

社交

会話中の人に声をかける

1 ちょっと（口をはさんで）よろしいですか？

Darf ich was sagen?
ダルフ　イッヒ　ワス　ザーゲン

2 人の話をさえぎらないでもらえますか。

Unterbrechen Sie mich bitte nicht!
ウンターブレッヒェン　ジー　ミッヒ　ビッテ　ニヒト

確かめる、聞き返す

1 私の言ったことがわかりましたか？

Haben Sie mich verstanden?
ハーベン　ジー　ミッヒ　フェルシュタンデン

2 はい、わかりました。

Ja, ich habe Sie verstanden.
ヤー　イッヒ　ハーベ　ジー　フェルシュタンデン

3 いいえ、わかりませんでした。

Nein, ich habe Sie nicht verstanden.
ナイン　イッヒ　ハーベ　ジー　ニヒト　フェルシュタンデン

4 私の言ったことがわかりませんでしたか？

Haben Sie mich nicht verstanden?
ハーベン　ジー　ミッヒ　ニヒト　フェルシュタンデン

5 いいえ、わかりました。

Doch, ich habe Sie verstanden.
ドッホ　イッヒ　ハーベ　ジー　フェルシュタンデン

6 はい、わかりませんでした。

Nein, ich habe Sie nicht verstanden.
ナイン　イッヒ　ハーベ　ジー　ニヒト　フェルシュタンデン

7 何をおっしゃりたいのですか？

Was wollen Sie damit sagen?
ワス　ヴォーレン　ジー　ダーミット　ザーゲン

8 どういう意味だい？

Was meinst du?
ワス　マインスト　ドゥ

社交

プラスの感情

うれしい

1 うれしいです。
Ich freue mich.
イッヒ フロイエ ミッヒ

2 うれしいです。
Das freut mich.
ダス フロイト ミッヒ

3 よくやった！
Gut gemacht!
グート ゲマハト

4 いいぞ！
Sehr gut!
ゼーア グート

5 最高！
Super!
ズーパー

6 最高！
Klasse!
クラッセ

7 最高！
Prima!
プリーマ

8 最高だ！
Das ist Spitze!
ダス イスト シュピッツェ

9 ああ、やっと！
Endlich!
エントリッヒ

---

③ 感情を表す表現

うれしかったり、腹が立ったりしたときに思わず口走ってしまう表現を集めました。スラング的な強い表現もありますが、これらについては使う時と場合に気をつけてください。外国語だと言葉の強さが今ひとつ実感できないのですが、相手には母国語ですので、こちらが思うよりずっと強く響くことがあるのです。

楽しい・おもしろい

1 楽しんでます。

Ich amüsiere mich gut.
イッヒ　アミュジーレ　ミッヒ　グート

2 おもしろいね。

Das macht Spaß!
ダス　マハト　シュパース

3 興味深い。

Interessant!
インテレサント

4 気に入りました。

Das gefällt mir.
ダス　ゲフェルト　ミア

5 いいね。(それが好きだ。)

Ich mag es.
イッヒ　マク　エス

すばらしい・感動する

1 すばらしい！

Ausgezeichnet!
アウスゲツァイヒネット

2 すばらしい！

Wunderbar!
ヴンダーバー

3 すばらしい！

Ganz gut!
ガンツ　グート

4 すばらしい！
Schön!
シェーン

5 すばらしい！
Toll!
トル

6 すばらしい！
Sehr schön!
ゼーア　シェーン

7 完璧！
Perfekt!
ペアフェクト

8 心を動かされる。
Ich bin berührt.
イッヒ　ビン　ベリュールト

9 深く印象を受けた。
Ich bin tiefst beeindruckt.
イッヒ　ビン　ティーフスト　ベアインドゥリュックト

安心・満足

1 ほっとする。
Das beruhigt mich.
ダス　ベルーイクト　ミッヒ

2 ああ、助かった。
Gott sei Dank!
ゴット　ザイ　ダンク

3 満足です。
Ich bin zufrieden.
イッヒ　ビン　ツーフリーデン

4 幸せです。
Wir sind glücklich.
ヴィア ジント グリュックリッヒ

5 望みがかなった。
Mein Wunsch ist damit erfüllt.
マイン ヴンシュ イスト ダーミット エアフュルト

マイナスの感情
[CD-1 track16]

悲しい・辛い・寂しい

1 悲しい。
Ich bin traurig.
イッヒ ビン トラウリッヒ

2 悲しい。
Wir sind traurig.
ヴィア ジント トラウリッヒ

3 悲しい。
Es ist traurig.
エス イスト トラウリッヒ

4 それは辛い。
Das tut mir weh.
ダス トゥート ミア ヴェー

5 耐えられない。
Ich halte das nicht mehr aus.
イッヒ ハルテ ダス ニヒト メーア アウス

6 耐えられない。
Das ist mir zu viel.
ダス イスト ミア ツー フィール

7 耐えられない！
Nicht auszuhalten!
ニヒト アウスツーハルテン

8 もうだめだ。

Ich bin K.O.
イッヒ ビン カー オー

9 もうだめだ。

Ich kann nicht mehr!
イッヒ カン ニヒト メーア

10 あなたに会えないのが寂しいです。

Wir vermissen Sie.
ヴィア フェルミッセン ジー

11 君に会えないのが寂しい。

Ich vermisse dich.
イッヒ フェルミッセ ディッヒ

不安・心配

1 不安です。

Ich habe Angst.
イッヒ ハーベ アングスト

2 不安だ。

Mir ist angst und bange.
ミア イスト アングスト ウント バンゲ

3 心配だ。

Ich bin besorgt.
イッヒ ビン ベゾルクト

4 怖い。

Ich fürchte mich.
イッヒ フルヒテ ミッヒ

5 荷が重すぎるよ。

Ich fühle mich überfordert.
イッヒ フューレ ミッヒ ユーバーフォルデルト

残念・気の毒

1 それは残念です。
Das ist schade.
ダス イスト シャーデ

2 残念です。
Das bedaure ich sehr.
ダス ベダウレ イッヒ ゼーア

3 残念！
Schade!
シャーデ

4 残念！
Mist!
ミスト

5 それはお気の毒に。
Das tut mir leid.
ダス トゥート ミア ライト

6 がっかりです。
Was für eine Enttäuschung!
ワス フュール アイネ エントトイシュンク

当惑する

1 そんな！
Das gibt's ja nicht!
ダス ギプツ ヤ ニヒト

2 そんな！
Das ist nicht möglich.
ダス イスト ニヒト モェーグリッヒ

3 そんな！
Das ist unmöglich.
ダス イスト ウンモェークリッヒ

4 なんてことだ！
Um Gottes Willen!
ウム ゴッテス ヴィレン

5 なんてことだ！
Donnerwetter!
ドンナーヴェッター

6 とんでもない！
Unsinn!
ウンジン

7 それについて何と言えばいいのだろう？
Was soll man dazu sagen?
ワス ゾル マン ダーツー ザーゲン

怒る

1 ひどい！
Schrecklich!
シュレックリッヒ

2 ひどい！
Sehr schlecht!
ゼーア シュレヒト

3 それには腹が立つ。
Das ärgert mich.
ダス エルゲルト ミッヒ

4 うんざりだ。
Ich habe genug.
イッヒ ハーベ ゲヌーク

5 ああ嫌だ！
Echt mühsam!
エヒト　ミューザム

6 クソ！（かなり強い表現）
Scheiße!
シャイセ

7 ちくしょう！（かなり強い表現）
Verdammt!
フェルダムト

8 ちくしょう！（かなり強い表現）
Es ist beschissen.
エス　イスト　ベシッセン

9 吐き気がするよ。（かなり強い表現）
Das kotzt mich an!
ダス　コッツト　ミッヒ　アン

文句・批判

1 君は弱虫だな。
Du bist eine Flasche.
ドゥ　ビスト　アイネ　フラッシェ

2 いったい何をしてるの？
Was machst du eigentlich?
ヴァス　マハスト　ドゥ　アイゲントリッヒ

3 なぜそんなことをするのですか？
Warum machen Sie so was?
ヴァルム　マッヘン　ジー　ゾー　ヴァス

4 頭がおかしいのか、おまえ？（かなり強い表現）
Geht's noch?
ゲーツ　ノッホ

5 君たちは2人とも自己チュウなのさ。

Ihr seid beide egoistisch.
イア ザイト バイデ エゴイスティッシュ

6 そんなことしないで！

Bitte nicht so!
ビッテ ニヒト ソー

7 君は何にもわかってない。

Du verstehst gar nichts.
ドゥ フェルシュテースト ガー ニヒツ

8 退屈だ。

Das langweilt mich.
ダス ラングワイルト ミッヒ

とっさに出るひとこと

CD-1
[track17]

あいづち・同意

1 そう、そう！

Jawohl!
ヤーヴォール

2 その通り！

Das stimmt!
ダス シュティムト

3 その通り！

Genau!
ゲナウ

4 その通り！

Ganz genau!
ガンツ ゲナウ

5 本当、その通り。

Das trifft total zu!
ダス トリフト トタール ツー

6 本当だ。
Ja, wirklich.
ヤー ヴィルクリッヒ

7 僕もそう思うよ。
Das glaube ich auch!
ダス グラウベ イッヒ アゥホ

8 あなたの言う通りです。
Sie haben recht.
ジー ハーベン レヒト

9 君は正しい。
Du hast recht.
ドゥ ハスト レヒト

10 さあね。
Ich weiß nicht.
イッヒ ヴァイス ニヒト

許可・承諾

1 どうぞ！
Bitte!
ビッテ

2 どうぞ！
Bitte schön!
ビッテ シェーン

3 どうぞ！
Bitte sehr!
ビッテ ゼーア

4 もちろん！
Selbstverständlich!
ゼルプストフェルシュテンドリッヒ

5 もちろん！
Natürlich!
ナトューリッヒ

疑問

1 本当？
Echt?
エヒト

2 本当？
Wirklich?
ヴィルクリッヒ

3 本当？
Ja?
ヤー

4 本当？
Stimmt das?
シュティムト ダス

5 本当？
Tatsächlich?
タートゼッヒリッヒ

6 本当ですか？
Ist das wahr?
イスト ダス ワー

7 信じるの？
Glaubst du das?
グラウプスト ドゥ ダス

8 信じますか？
Glauben Sie das?
グラウベン ジー ダス

9 彼女がウソをついたとは思えない。

Ich kann kaum glauben, dass sie gelogen hat.
イッヒ　カン　カウム　グラウベン　ダス　ジー　ゲローゲン　ハット

10 彼女がウソをついたとは思わない。

Ich glaube nicht, dass sie gelogen hat.
イッヒ　グラウベ　ニヒト　ダス　ジー　ゲローゲン　ハット

待ってください

1 ちょっと待って。

Eine Minute!
アイネ　ミヌーテ

2 ちょっと待って。

Einen Augenblick!
アイネン　アウゲンブリック

3 ちょっと待ってください。

Einen Moment bitte!
アイネン　モメント　ビッテ

4 待ってください。（強い表現）

Warten Sie mal !
ワルテン　ジー　マル

5 待って！（強い表現）

Warte!
ワルテ

信じられない

1 うそだ！

Das kann nicht sein!
ダス　カン　ニヒト　ザイン

2 そんなことがあるものか！
Das kann nicht wahr sein!
ダス　カン　ニヒト　ワー　ザイン

3 信じられない！
Wahnsinn!
ヴァーンジン

4 冗談はやめてくれ。
Keine Scherze!
カイネ　シェルツェ

5 それは冗談にはならないよ。
Das macht mir keinen Spaß.
ダス　マハト　ミア　カイネン　シュパース

6 まさか！　冗談でしょう！
Was Sie nicht sagen!
ワス　ジー　ニヒト　ザーゲン

7 そんなこと信じないよ。
Ich glaube dir kein Wort.
イッヒ　グラウベ　ディア　カイン　ヴォルト

叫ぶ

1 やめて！
Hör auf!
ヘーア　アウフ

2 やめてくれ！
Nein, bitte!
ナイン　ビッテ

3 やめてくれ！
Nee!
ネー

4 だまれよ。(かなり強い表現)

Halt die Klappe!
ハルト ディー クラッペ

5 だまれ！(かなり強い表現)

Schnauze!
シュナウツェ

6 うそつけ！

Quatsch!
クヴァッチュ

7 止まれ！

Halt!
ハルト

関係ない

1 私にはどうでもよい。

Das ist mir egal.
ダス イスト ミア エガール

2 僕にはどうでもいいことさ。

Das ist mir Wurst.
ダス イスト ミア ヴルスト

3 僕には関係ない。

Das ist nicht mein Bier.
ダス イスト ニヒト マイン ビア

4 あなたには関係のないことです。　(強い表現)

Das geht Sie nichts an.
ダス ゲート ジー ニヒツ アン

5 あなたは私に何も言う必要はありません。

Sie haben mir gar nichts zu sagen.
ジー ハーベン ミア ガー ニヒツ ツー ザーゲン

アドバイス・忠告・注意

CD-1
[track18]

1 君たちは私たちが置かれた状況を理解するべきだ。

Ihr müsst unsere Lage verstehen.
イア　ムスト　ウンゼレ　ラーゲ　フェルシュテーエン

2 あなたは彼女に電話をするべきです。

Sie sollten sie anrufen.
ジー　ゾルテン　ジー　アンルーフェン

3 君たちはこの本を読むべきだ。

Ihr solltet dieses Buch lesen.
イア　ゾルテット　ディーゼス　ブーフ　レーゼン

4 君たちはもうケンカをやめるべきだ。

Ihr sollt endlich aufhören zu streiten!
イア　ゾルト　エントリッヒ　アウフヘーレン　ツー　シュトライテン

5 そんな噂はこれ以上、広めるべきではない。

Wir sollten solche Gerüchte nicht weiter verbreiten.
ヴィア　ゾールテン　ゾルヒェ　ゲリュヒテ　ニヒト　ヴァイター　フェルブライテン

6 サインするべきじゃなかったね。

Du hättest nicht unterschreiben sollen.
ドゥ　ヘッテスト　ニヒト　ウンターシュライベン　ゾーレン

7 君たちは旅に出るべきじゃなかった。

Ihr hättet nicht abreisen sollen.
イア　ヘッテト　ニヒト　アブライゼン　ゾーレン

8 すぐに家に帰らなくてはいけないよ。

Du musst sofort nach Hause gehen.
ドゥ　ムスト　ゾフォルト　ナッハ　ハウゼ　ゲーエン

9 考えすぎるなよ、額にシワが寄るよ。

Denk nicht zu viel nach! Sonst kriegst du eine faltige Stirn.
デンク　ニヒト　ツー　フィール　ナッハ　ゾンスト　クリークスト　ドゥ　アイネ　ファルティゲ　シュティルン

10 そんなにだらしのない服装をするなよ。
Zieh dich doch nicht immer so nachlässig an!
ツィーエ ディッヒ ドッホ ニヒト インマー ゾー ナッハレーシク アン

11 汚い靴で私のアパートにあがらないでね。
Komm bitte nicht mit schmutzigen Schuhen in meine Wohnung!
コム ビッテ ニヒト ミット シュムッツィゲン シューエン イン マイネ ヴォーヌンク

12 彼には言葉に気をつけたほうがいいよ、かなり根にもつ奴だぜ。
Du solltest aufpassen, was du zu ihm sagst. Er ist sehr nachtragend.
ドゥ ゾルテスト アウフパッセン ワス ドゥ ツー イム ザクスト エア イスト ゼーア ナッハトラーゲント

家族・親戚について話す

夫・妻・子供について

1. 私の夫は大学で教えています。

   Mein Mann lehrt an der Uni.
   マイン　マン　レールト　アン　デア　ウニ

2. 妻は教師です。

   Meine Frau ist Lehrerin.
   マイネ　フラウ　イスト　レーレリン

3. 私の妻は働いていません。主婦です。

   Meine Frau arbeitet nicht. Sie ist Hausfrau.
   マイネ　フラウ　アルバイテット　ニヒト　ジー　イスト　ハウスフラウ

4. 私の娘はまだ幼稚園に通っています。

   Meine Tochter geht noch in den Kindergarten.
   マイネ　トホター　ゲート　ノッホ　イン　デン　キンダーガルテン

5. 私の子供たちはまだ学校に行っています。

   Meine Kinder sind noch in der Ausbildung.
   マイネ　キンダー　ジント　ノッホ　イン　デア　アウスビルディンク

6. 私の子供はまだ英語ができません。

   Mein Kind kann noch kein Englisch.
   マイン　キント　カン　ノッホ　カイン　エングリッシュ

7. 私の子供は2人とも11月に誕生日があります。

   Meine beiden Kinder haben im November Geburtstag.
   マイネ　バイデン　キンダー　ハーベン　イム　ノベンバー　ゲブルツターク

8. 私の息子は来年、高校に行く予定です。

   Mein Sohn wird nächstes Jahr ins Gymnasium gehen.
   マイン　ゾーン　ヴィルト　ネヒステス　ヤー　インス　ギムナジウム　ゲーエン

ドイツ語では「友達 (Freund/Freundin)」という言葉は「恋人」という意味にも使われます。後者の意味では所有代名詞 (mein/meine 他) が付き、また話の前後の内容でも判断されます。恋人と誤解されたくないときは ein Freund von mir / eine Freundin von mir (友人の一人) という言い方もあります。

9. 私の息子はちょうど英国で語学研修をしています。
Mein Sohn macht gerade einen Sprachaufenthalt in Großbritannien.
マイン　ゾーン　マハト　ゲラーデ　アイネン　シュプラッヘアウフエントハルト　イン
グロースブリタニエン

10. 私の孫は2歳です。
Mein Enkelkind ist zwei Jahre alt.
マイン　エンケルキント　イスト　ツヴァイ　ヤーレ　アルト

父・母・兄弟姉妹について

1. 私の母は、私を産んだとき30歳でした。
Meine Mutter war 30, als ich geboren wurde.
マイネ　ムッター　ワー　トライシック　アルス　イッヒ　ゲボーレン　ヴルデ

2. 私の母は事務所で働いています。
Meine Mutter arbeitet im Büro.
マイネ　ムッター　アルバイテット　イム　ビューロー

3. 私の父は昨年、退職しました。
Mein Vater ist letztes Jahr in Rente gegangen.
マイン　ファーター　イスト　レツテス　ヤー　イン　レンテ　ゲガンゲン

4. 私の両親は年金生活者です。
Meine Eltern sind Rentner.
マイネ　エルターン　ジント　レントナー

5. 私の両親は街はずれで小さなお店を開いています。
Meine Eltern haben einen kleinen Laden am Stadtrand.
マイネ　エルターン　ハーベン　アイネン　クライネン　ラーデン　アム　シュタットラント

6. 私の兄は私より3つ上だ。
Mein älterer Bruder ist drei Jahre älter als ich.
マイン　エルテラ　ブルーダー　イスト　トライ　ヤーレ　エルター　アルス　イッヒ

[7] 私の兄はデパートで店員として働いています。

Mein Bruder arbeitet als Verkäufer in einem Kaufhaus.
マイン　ブルーダー　アルバイテット　アルス　フェルコイファー　イン　アイネム　カウフハウス

[8] 私の妹は会社員です。

Meine Schwester ist Angestellte.
マイネ　シュヴェスター　イスト　アンゲシュテルテ

[9] 僕の弟は田舎に住んでいます。

Mein Bruder lebt auf dem Land.
マイン　ブルーダー　レープト　アウフ　デム　ラント

祖父母・親戚について

[1] 彼は義理の父親です。

Er ist mein Stiefvater.
エア　イスト　マイン　スティーフファーター

[2] 彼は父方の伯父です。

Er ist mein Onkel väterlicherseits.
エア　イスト　マイン　オンケル　フェーターリッヒャーザイツ

[3] ソフィーは従姉妹で、10歳になる。

Sophie ist meine Cousine. Sie ist 10 Jahre alt.
ソフィー　イスト　マイネ　クージーネ　ジー　イスト　ツェーン　ヤーレ　アルト

[4] 私の姪は来年、学校に行く。

Meine Nichte kommt nächstes Jahr in die Schule.
マイネ　ニヒテ　コムト　ネヒステス　ヤー　イン　ディー　シューレ

[5] 私の祖母は95歳で寝たきりです。

Meine Großmutter ist 95 Jahre alt und bettlägerig.
マイネ　グロースムッター　イスト　フュンフウントノインツィッヒ　ヤーレ　アルト　ウント　ベットレーゲリッヒ

住まいについて

1 私の姉と義兄はスイスで暮らしています。

Meine Schwester und mein Schwager leben in der Schweiz.
マイネ シュヴェスター ウント マイン シュワーガー レーベン イン デア シュヴァイツ

2 私は横浜に住んでいます。

Ich wohne in Yokohama.
イッヒ ヴォーネ イン ヨコハマ

3 私たちは大阪の近くの街に住んでいます。

Wir wohnen in einer Stadt in der Nähe von Osaka.
ヴィア ヴォーネン イン アイナー シュタット イン デア ネーエ フォン オーサカ

親子関係・親戚づきあい

1 妹とケンカしちゃった。

Ich habe mit meiner Schwester Krach bekommen.
イッヒ ハーベ ミット マイナー シュベスター クラッハ ベコンメン

2 私は姑とうまくやってます。

Ich komme gut mit meiner Schwiegermutter aus.
イッヒ コンメ グート ミット マイナー シュヴィーガームッター アウス

3 日曜日に叔母を訪ねに行こうか？

Wollen wir am Sonntag unsere Tante besuchen?
ヴォーレン ヴィア アム ソンタク ウンゼレ タンテ ベズーヘン

4 孫たちが訪ねて来た。

Wir haben Besuch von unseren Enkelkindern.
ヴィア ハーベン ベズーフ フォン ウンゼレン エンケルキンダーン

人についての話題

5 母方の叔母のアネッテとはよく会います。

Annette, meine Tante mütterlicherseits, sehe ich ab und zu.
アネッテ　マイネ　タンテ　ミュッターリッヒャーザイツ　ゼーエ　イッヒ　アップ　ウント　ツー

6 従兄弟に会うことはもうほとんどありません。

Meine Cousine sehe ich kaum mehr.
マイネ　クージーネ　ゼーエ　イッヒ　カウム　メーア

7 前夫から何にも便りはありません。

Ich habe schon lange nichts mehr von meinem Ex-Mann gehört.
イッヒ　ハーベ　ショーン　ランゲ　ニヒツ　メーア　フォン　マイネム　エクス　マン　ゲヘルト

8 彼は舅とうまく話ができなかった。

Es fiel ihm schwer, sich mit seinem Schwiegervater zu unterhalten.
エス　フィール　イム　シュヴェア　ジッヒ　ミット　ザイネム　シュヴィーガーファーター　ツー　ウンターハルテン

相手の家族についてたずねる

CD-1 [track20]

1 お母さんはいくつ？

Wie alt ist deine Mutter?
ヴィー　アルト　イスト　ダイネ　ムッター

2 今年の6月で60になるよ。

Sie wird im Juni　60.
ジー　ヴィルト　イム　ユーニ　ゼッヒツィッヒ

3 お子さんはいくつですか？

Wie alt ist Ihr Kind?
ヴィー　アルト　イスト　イーア　キント

4 ちょうど5歳になりました。

Es ist gerade fünf geworden.
エス　イスト　ゲラーデ　フュンフ　ゲヴォルデン

5 君の妹は僕と同じ年だ。

Deine jüngere Schwester ist genau so alt wie ich.
ダイネ　ユンゲレ　シュヴェスター　イスト　ゲナウ　ソー　アルト　ヴィー　イッヒ

6 君のおじいさんはいくつだい？

Wie alt ist dein Großvater?
ヴィー　アルト　イスト　ダイン　グロースファーター

7 君は義理のお姉さんとうまくやってるかい？

Kommst du gut mit deiner Schwägerin aus?
コムスト　ドゥ　グート　ミット　ダイナー　シュヴェーゲリン　アウス

8 両親はどこにお住まいですか？

Wo leben Ihre Eltern?
ヴォー　レーベン　イーレ　エルターン

9 私の両親は今、米国に住んでいます。

Meine Eltern leben heute in den Vereinigten Staaten.
マイネ　エルターン　レーベン　ホイテ　イン　デン　フェルアイニクテン　シュターテン

10 君の弟は大学に行ったの？

Hat dein Bruder studiert?
ハット　ダイン　ブルーダー　シュトゥディールト

11 いいや、大学進学試験は通ったんだけど、大学には行きたがらなかったんだ。

Nein, er hat zwar Abitur gemacht, aber er wollte nicht studieren.
ナイン　エア　ハット　ツヴァー　アビトゥール　ゲマハト　アーバー　エア　ヴォルテ　ニヒト　シュトゥディーレン

恋愛関係

CD-1 [track21]

恋愛感情

1 彼女が好きです。

Ich habe sie gerne.
イッヒ　ハーベ　ジー　ゲルネ

人についての話題

2 彼が好きです。

Ich mag ihn.
イッヒ　マク　イン

3 彼女を愛しています。

Ich liebe sie.
イッヒ　リーベ　ジー

4 彼を愛してる？

Liebst du ihn?
リープスト　ドゥ　イン

5 恋をしています。

Ich habe mich verliebt.
イッヒ　ハーベ　ミッヒ　フェルリープト

6 彼女に恋しています。

Ich bin in sie verliebt.
イッヒ　ビン　イン　ジー　フェルリープト

7 ダニエルはアンナに恋してる。

Daniel ist in Anna verliebt.
ダニエル　イスト　イン　アンナ　フェルリープト

8 彼は彼女に首っ丈のようだ。

Ich glaube, er ist total in seine Freundin verknallt.
イッヒ　グラウベ　エア　イスト　トタール　イン　ザイネ　フロインディン　フェルクナールト

9 彼女の夫はとても嫉妬深い。

Ihr Mann ist sehr eifersüchtig.
イール　マン　イスト　ゼーア　アイフェルジュヒティヒ

好き・嫌い

1 彼があなたのこと好きなのは知ってる？

Er hat dich gerne, weißt du?
エア　ハット　ディッヒ　ゲルネ　ヴァイスト　ドゥ

2 彼のことは好きだったけど、今は違います。

Ich mochte ihn mal, aber das ist vorbei.
イッヒ　モホテ　イン　マル　アーバー　ダス イスト フォアバイ

3 彼のことはもう好きではありません。

Ich mag ihn nicht mehr.
イッヒ　マク　イン　ニヒト　メーア

4 彼女は親切だけど、好みじゃない。

Sie ist nett, aber nicht mein Typ.
ジー イスト ネット　アーバー　ニヒト　マイン　テューブ

5 彼はいい人だけど、特別な感情は持っていない。

Ich finde ihn sympathisch. Aber ich empfinde nichts für ihn.
イッヒ フィンデ イン　シンパーティッシュ　アーバー イッヒ エンプフィンデ ニヒツ
フュール イン

6 私は彼のことを好きじゃない。

Ich kann ihn nicht leiden.
イッヒ　カン　イン　ニヒト　ライデン

7 彼がまた私と付き合いたがるとは正直思わなかったわ。

Ich hatte eigentlich nicht damit gerechnet, dass er wieder was von mir will.
イッヒ　ハッテ　アイゲントリッヒ　ニヒト　ダーミット　ゲレヒネット　ダス エア ヴィーダー
ワス フォン ミア ヴィル

8 あんたの恋愛問題に興味ないわ。

Deine Beziehungsprobleme interessieren mich nicht.
ダイネ　　ベツィーウンクスプロブレーメ　　インテレッシーレン　ミッヒ　ニヒト

交際・きっかけ

1 彼とは3年前から付き合っています。

Ich bin seit drei Jahren mit ihm zusammen.
イッヒ ビン ザイト トライ ヤーレン ミット イム　ツザンメン

2 彼は奥さんとディスコで知り合った。

Er hat seine Frau in einer Diskothek kennen gelernt.
エア ハット ザイネ フラウ イン アイナー ディスコテーク ケンネン ゲレルント

婚約・結婚

1 ガブリエルはマックスと婚約している。

Gabriele ist mit Max verlobt.
ガブリエレ イスト ミット マックス フェルロープト

2 ミハエルとレナーテは婚約している。

Michael und Renate sind verlobt.
ミハエル ウント レナーテ ジント フェルロープト

3 妹は先日、婚約しました。

Meine jüngere Schwester hat sich bereits verlobt.
マイネ ユンゲレ シュヴェスター ハット ジッヒ ベライツ フェルロープト

4 君たちが婚約していたのは知らなかった。

Ich habe nicht gewußt, daß ihr verlobt seid.
イッヒ ハーベ ニヒト ゲヴスト ダス イア フェルロープト ザイト

5 彼らは結婚したがっている。

Sie wollen heiraten.
ジー ヴォーレン ハイラーテン

6 ステファンはマリアと結婚した。

Stefan hat Maria geheiratet.
シュテファン ハット マリア ゲハイラテット

7 彼らは4年前に結婚した。

Sie sind seit vier Jahren verheiratet.
ジー ジント ザイト フィーア ヤーレン フェルハイラテット

8 彼女は以前は石田という名前でしたが、結婚後は山川といいます。

Früher hieß sie Ishida, seit sie verheiratet ist, heißt sie Yamakawa.

浮気・破局

1 彼は浮気した。

Er ist fremdgegangen.

2 彼女の旦那は浮気した。

Ihr Mann hat sie betrogen.

3 彼の奥さんには愛人がいる。

Seine Frau hatte einen Liebhaber.

4 彼女は若い愛人と浮気した。

Sie hat ihn mit einem jüngeren Geliebten betrogen.

5 私は前に彼と付き合ってたが、今はもう別れてます。

Ich war mal mit ihm zusammen, aber das ist vorbei.

6 今年の3月の初めに別れました。

Seit Anfang März dieses Jahres sind wir nicht mehr zusammen.

7 昔の話です。

Das ist eine alte Geschichte.

離婚・別居

1 彼らは1年前に離婚した。

Sie sind seit einem Jahr geschieden.
ジー　ジント　ザイト　アイネム　ヤー　ゲシーデン

2 私の両親は離婚しています。

Meine Eltern sind geschieden.
マイネ　エルターン　ジント　ゲシーデン

3 別居してます。

Wir haben uns getrennt.
ヴィア　ハーベン　ウンス　ゲトレント

4 彼と別居しました。

Ich habe mich von ihm getrennt.
イッヒ　ハーベ　ミッヒ　フォン　イム　ゲトレント

5 3年間別居した後、彼らは離婚した。

Nach dreijähriger Trennung haben sie sich scheiden lassen.
ナッハ　トライイェーリガー　トレンヌンク　ハーベン　ジー　ジッヒ　シャイデン　ラッセン

再婚

1 私の母は再婚しました。

Meine Mutter hat zum zweiten Mal geheiratet.
マイネ　ムッター　ハット　ツム　ツヴァイテン　マル　ゲハイラテット

2 僕の前妻は再婚したよ。

Meine Ex-Frau ist nun wieder verheiratet.
マイネ　エクス　フラウ　イスト　ヌン　ヴィーダー　フェルハイラテット

うわさ

1 彼に愛人がいるって、聞いた？

Hast du gehört, dass er eine Geliebte hat?
ハスト ドゥ ゲヘルト ダス エア アイネ ゲリープテ ハット

2 いいえ、彼の奥さんに愛人がいるって聞いたけど。

Nein, ich habe gehört, dass seine Frau einen Geliebten hat.
ナイン イッヒ ハーベ ゲヘルト ダス ザイネ フラウ アイネン ゲリープテン ハット

3 私の同僚は上司と関係があるみたい。

Ich glaube, meine Kollegin hat ein Verhältnis mit meinem Chef.
イッヒ グラウベ マイネ コレーギン ハット エイン フェルヘルトニス ミット マイネム シェフ

4 彼らは（性的な）関係がある。

Sie haben ein Verhältnis.
ジー ハーベン アイン フェルヘルトニス

5 彼の奥さんは家から出て行った。

Seine Frau ist aus dem gemeinsamen Haus ausgezogen.
ザイネ フラウ イスト アウス デム ゲマインザメン ハウス アウスゲツォーゲン

6 彼の奥さんが子供の養育権を持っている。

Seine Frau hat das Sorgerecht für die Kinder.
ザイネ フラウ ハット ダス ゾルゲレヒト フュール ディー キンダー

7 彼女の旦那は彼女に生活費を払わなくてはならない。

Ihr Mann muss ihr Unterhalt zahlen.
イーア マン ムス イア ウンターハルト ツァーレン

〈参考〉

※ pp.86〜102 の例文は CD に収録されていません。

人柄について

性格

1 彼は几帳面で責任感がある。

Er ist ordentlich und verantwortungsbewußt.
エア イスト オルデントリッヒ ウント フェルアントヴォルトゥンクスベヴスト

2 僕は彼の正直なところが好きだ。

Ich habe ihn gerne, weil er ehrlich ist.
イッヒ ハーベ イン ゲルネ ヴァイル エア エーリッヒ イスト

3 君の弟はオープンな性格だね。

Dein Bruder ist ein offener Mensch.
ダイン ブルーダー イスト アイン オッフェナー メンシュ

4 その少女はとても内向的だった。

Das Mädchen war sehr zurückhaltend.
ダス メドヒェン ワー ゼーア ツーリュックハルテント

5 彼女の前の夫はとてもおとなしく、寡黙だった。

Ihr Ex-Mann war sehr ruhig und schweigsam.
イーア エクス マン ワー ゼーア ルーイッヒ ウント シュヴァイクサム

6 子供の頃、私は全然従順じゃなかった。

Als Kind war ich nicht folgsam.
アルス キント ワー イッヒ ニヒト フォルクサム

7 僕の父親ほど頑固な人間を他に知らない。

Ich kenne keinen anderen Menschen, der so stur ist
イッヒ ケンネ カイネン アンデレン メンシェン デア ゾー シュトゥール イスト
wie mein Vater.
ヴィー マイン ファーター

8 私の同級生の一人は意地悪で自分勝手だ。

Eine meiner Schulkameradinnen ist gemein und egoistisch.
アイネ マイナー シュールカメラーディンネン イスト ゲマイン ウント
エゴイスティッシュ

印象

1 彼の奥さんはとてもエレガントだ。

Er hat eine sehr elegante Frau.
エア ハット アイネ ゼーア エレガンテ フラウ

2 彼は穏やかな、気持ちのいい人だ。

Er ist eine gemütliche, angenehme Person.
エア イスト アイネ ゲミュートリッヒェ アンゲネーメ ペルソーン

3 彼は単純な人間だけど、感じがいい。

Er ist ein einfacher Mann, aber sympathisch.
エア イスト アイン アインファーヒャー マン アーバー シンパーティッシュ

4 母は君がとても礼儀正しいと思ってるよ。

Meine Mutter meint, du bist sehr taktvoll.
マイネ ムッター マイント ドゥ ビスト ゼーア タクトフォル

5 私には彼女がとても控えめなのが気に入った。

Mir hat es gefallen, dass sie sehr bescheiden war.
ミア ハット エス ゲファーレン ダス ジー ゼーア ベシャイデン ワー

6 彼は勇気があるよ。

Ich finde, er ist mutig.
イッヒ フィンデ エア イスト ムーティッヒ

7 あの子供は甘やかされている。

Dieses Kind ist verwöhnt.
ディーゼス キント イスト フェルヴォーント

8 その子は7歳だが大人びていた。

Das Kind war mit sieben Jahren schon sehr altklug.
ダス　キント　ワー　ミット　ジーベン　ヤーレン　ショーン　ゼーア　アルトクルーク

9 彼は彼女のことをほめている。

Er spricht gut über sie.
エア　シュプリヒト　グート　ユーバー　ジー

10 彼女は彼のことを悪く言う。

Sie spricht schlecht über ihn.
ジー　シュプリヒト　シュレヒト　ユーバー　イン

11 彼はケンカっ早いところが欠点だ。

Sein Makel ist, dass er streitsüchtig ist.
ザイン　マーケル　イスト　ダス　エア　シュトライトジュヒティヒ　イスト

12 彼は大口をたたく。

Er spricht große Worte.
エア　シュプリヒト　グローセ　ヴォルテ

13 彼はなんでああいう下品なことを言うのだろう？

Warum sagt er so was ordinäres?
ワルム　ザクト　エア　ゾー　ワス　オルディネーレス

14 僕は悪い印象を与えたかな、どう思う？

Was meinst du, habe ich einen schlechten Eindruck gemacht?
ワス　マインスト　ドゥー　ハーベ　イッヒ　アイネン　シュレヒテン　アインドゥルック　ゲマハト

15 彼があんなに落ち着いていられるのがびっくりだ。

Ich staune, dass er so gelassen sein kann.
イッヒ　シュタウネ　ダス　エア　ゾー　ゲラッセン　ザイン　カン

品行・態度

1 彼の振る舞いは無骨だ。

Sein Verhalten ist etwas plump.
ザイン　フェルハルテン　イスト　エトワス　プルンプ

2 私の娘はだらしがない。

Meine Tochter ist unordentlich.
マイネ　トホター　イスト　ウンオルデントリッヒ

3 この男は恥知らずだ。

Dieser Mann ist unverschämt.
ディーザー　マン　イスト　ウンフェルシェームト

4 君はいつも僕に意地悪だった。

Du warst immer gemein zu mir.
ドゥ　ワースト　インマー　ゲマイン　ツー　ミア

5 彼は私の態度は横柄だと言った。

Er sagte, mein Verhalten sei anmaßend.
エア　ザクテ　マイン　フェルハルテン　ザイ　アンマーセント

6 彼はいい格好をしようとした。

Er wollte eine gute Figur machen.
エア　ヴォルテ　アイネ　グーテ　フィグール　マッヘン

7 彼はいいとこ取りをしたいようだ。

Er will sich nur die Rosinen herauspicken.
エア　ヴィル　ジッヒ　ヌール　ディー　ロジーネン　ヘァアウスピッケン

8 彼は簡素な生活を送っている。

Er lebt ein schlichtes Leben.
エア　レープト　アイン　シュリヒテス　レーベン

人についての話題

人間関係

1 ミハエルは人づきあいのいい奴だ。

Michael ist ein geselliger Typ.
ミハエル イスト アイン ゲセーリガー テューブ

2 クラウディアには友達がたくさんいる。

Claudia hat einen großen Freundeskreis.
クラウディア ハット アイネン グローセン フロインデンクライス

3 君たちケンカしたの？

Habt ihr euch gestritten?
ハプト イア オイヒ ゲシュトリッテン

4 私たちはいつもケンカしてます。

Wir streiten uns immer wieder.
ヴィア シュトライテン ウンス インマー ヴィーダー

5 私たちの関係は危機に面してます。(夫婦、恋人同士の関係)

Wir haben eine Beziehungskrise.
ヴィア ハーベン アイネ ベツィーウンクスクリーゼ

外見について

ルックス

1 あの女性は魅力的だ。

Diese Frau ist interessant.
ディーゼ フラウ イスト インテレッサント

2 彼女はきれいだ。

Sie ist schön.
ジー イスト シェーン

3 ハンサムな若者ね。

Er ist ein schöner Junge.
エア イスト アイン シェーナー ユンゲ

4 彼はかっこいい。

Er sieht gut aus.
エア ジート グート アウス

5 彼は父親に似ている。

Er ähnelt seinem Vater.
エア エーネルト ザイネム ファーター

6 彼はハンサムだけど、好みじゃない。

Er ist zwar hübsch, aber nicht mein Typ.
エア イスト ツヴァー ヒュプシュ アーバー ニヒト マイン テューブ

7 彼女は美人だが性格は悪い。

Sie sieht hübsch aus, hat aber keinen guten Charakter.
ジー ジート ヒュプシュ アウス ハット アーバー カイネン グーテン カラクター

8 彼が言うには、彼女はうっとりするくらいきれいだそうだ。

Er sagt, sie sei entzückend schön.
エア ザクト ジー ザイ エントツュッケント シェーン

9 彼女は子供の頃、とてもかわいかった。

Sie war als Kind sehr hübsch.
ジー ワー アルス キント ゼーア ヒュプシュ

10 彼女は冷たい美しさを持っている。

Sie ist eine kühle Schönheit.
ジー イスト アイネ キューレ シェーンハイト

11 彼の母親は昔とても魅力的だった。

Seine Mutter war mal sehr attraktiv.
ザイネ ムッター ワー マル ゼーア アトラクティフ

12 彼女が醜いと思う？

Meinst du, dass sie hässlich ist?
マインスト ドゥー ダス ジー ヘスリッヒ イスト

人についての話題

どんな人？

1 彼女ってどんな感じ？

Wie sieht sie aus?
ヴィー ジート ジー アウス

2 彼女は丸顔で、淡い、短い金髪で、青い眼が親切そうなの。

Sie hat ein rundes Gesicht, kurzes, strohblondes Haar
ジー ハット アイン ルンデス ゲジヒト クルツェス シュトローブロンデス ハー
und blaue, sympathische Augen.
ウント ブラウエ シンパーティッシェ アウゲン

3 彼はどんなふう？

Wie sieht er aus?
ヴィー ジート エア アウス

4 彼は40代半ばで、背が高くて、黒髪で眼鏡をかけています。

Er ist Mitte vierzig, groß, schwarzhaarig und trägt eine
エア イスト ミッテ フィアツィッヒ グロース シュヴァルツハーリッヒ ウント トレークト アイネ
Brille.
ブリレ

5 君のおじいさんはどういうふうだったの？

Wie hat dein Großvater ausgesehen?
ヴィー ハット ダイン グロースファーター アウスゲゼーエン

服装

1 その新しいドレスを着てると、とってもきれいよ。

Du siehst hübsch aus in deinem neuen Kleid.
ドゥ ジースト ヒュプシュ アウス イン ダイネム ノイエン クライト

2 少女はわざとだらしのない服装をしている。

Das Mädchen zieht sich absichtlich schlampig an.
ダス メドヒェン ツィート ジッヒ アプジヒトリッヒ シュランピッヒ アン

3 彼は古くさい格好をする。

Er zieht sich altmodisch an.
エア ツィート ジッヒ アルトモーディッシュ アン

4 みんながおしゃれでエレガントな格好だと、かえって気分が良くないよ。

Ich fühle mich eher unwohl, wenn alle Leute so modern und elegant gekleidet sind.
イッヒ フューレ ミッヒ エーア ウンヴォール ヴェン アーレ ロイテ ゾー モデルン
ウント エレガント ゲクライデット ジント

5 そのぼろぼろのズボンでパーティに来るのかい？

Kommst du mit diesen ausgefransten Hosen zum Fest?
コムスト ドゥ ミット ディーゼン アウスゲフランツテン ホーゼン ツム フェスト

6 彼女はどうしてあんなに趣味が悪い服を着るのだろう？

Warum kleidet sie sich so geschmacklos!
ヴァルム クライデット ジー ジッヒ ゾー ゲシュマックロス

7 僕の息子はボサボサの頭で、これが今の流行だと言う。

Mein Sohn hat ungekämmtes Haar und sagt, das sei jetzt modisch.
マイン ゾーン ハット ウンゲケムテス ハー ウント ザクト ダス ザイ イェッツ
モーディッシュ

人についての話題

スタイル・体型

1 2人ともほっそりしてて、格好いい。

Sie sind beide schlank und sehen gut aus.
ジー ジント バイデ シュランク ウント ゼーエン グート アウス

2 彼女はやせている。もっと食べるべきだ。

Sie ist dünn. Sie sollte mehr essen.
ジー イスト デュン ジー ゾルテ メーア エッセン

3 彼女は自分のスリムなラインに注意している。

Sie achtet auf ihre schlanke Linie.
ジー アハテット アウフ イーレ シュランケ リニエ

4 君はやせ細っている。
Du bist abgemagert.
ドゥ ビスト アプゲマーゲルト

5 その男は中肉中背だ。
Der Mann ist von mittlerer Gestalt.
デア マン イスト フォン ミットラー ゲシュタルト

6 彼は太っている。
Er ist dick.
エア イスト ディック

7 彼女は太めだ。
Sie ist vollschlank.
ジー イスト フォルシュランク

8 彼女は少し太っている。
Sie hat etwas Übergewicht.
ジー ハット エトワス ユーバーゲヴィヒト

9 彼女はふっくらしているが、太ってはいない。
Sie ist mollig, aber nicht dick.
ジー イスト モーリッヒ アーバー ニヒト ディック

身長・体格

1 彼は大きい。
Er ist groß.
エア イスト グロース

2 彼女は小さい。
Sie ist klein.
ジー イスト クライン

3 彼はたくましい。
Er hat Muskeln.
エア ハット ムスケルン

4 彼はたくましい体をしてる。
Er hat eine kräftige Gestalt.
エア ハット アイネ クレフティゲ ゲシュタルト

5 彼は肩幅が広い。
Er hat breite Schultern.
エア ハット ブライテ シュルターン

6 彼女の新しい恋人はたくましい体つきをしている。
Ihr neuer Freund hat eine kräftige Figur.
イーア ノイアー フロイント ハット アイネ クレフティゲ フィグーァ

7 私の伯父はずんぐりしている。
Mein Onkel ist untersetzt.
マイン オンケル イスト ウンターゼッツト

8 その男はずんぐりした体格だ。
Der Mann hat eine stämmige Figur.
デア マン ハット アイネ シュテンミゲ フィグーァ

9 男は1メートル80センチくらいだった。
Der Mann mag etwa 1,80 Meter groß gewesen sein.
デア マン マク エトワ アイネン メーター アハツィッヒ グロース ゲヴェーゼン ザイン

背・腹・脚・足

1 彼は猫背だ。
Er hat eine gebückte Haltung.
エア ハット アイネ ゲブュックテ ハルトゥンク

2 彼は腹が出ている。
Er hat einen Bauch.
エア ハット アイネン バウフ

3 彼はビール腹をしている。

Er hat einen Bierbauch.
エア ハット アイネン ビーアバウフ

4 あなたの恋人、洗濯板のお腹をしてる？

Hat dein Freund einen Waschbrettbauch?
ハット ダイン フロイント アイネン ワッシュブレットバウフ

5 彼女はほっそりとした長い脚をしている。

Sie hat schlanke, lange Beine.
ジー ハット シュランケ ランゲ バイネ

6 あいつはO脚だ。

Er hat O-Beine.
エア ハット オーバイネ

7 彼は毛深い脚をしている。

Seine Beine sind behaart.
ザイネ バイネ ジント ベハート

8 彼の足は湾曲している。

Er hat krumme Beine.
エア ハット クルンメ バイネ

顔

1 私の息子は健康的なバラ色の顔色をしている。

Mein Sohn hat ein gesundes rosiges Gesicht.
マイン ゾーン ハット アイン ゲズンデス ロージゲス ゲジヒト

2 彼は赤い髪の、ソバカス顔の少女をかわいいと思った。

Er fand das rothaarige, sommersprossige Mädchen hübsch.
エア ファント ダス ロートハーリゲ ソンマーシュプローシゲ メデヒェン ヒュプシュ

3 若者はニキビ面をしている。

Der Junge hat unreine Haut.
デア ユンゲ ハット ウンライネ ハウト

4 老人はやせ細った顔をしていた。

Der alte Mann war hager im Gesicht.
デア アルテ マン ワー ハーガー イム ゲジヒト

5 事故のため彼は顔に傷がある。

Seit seinem Unfall hat er ein vernarbtes Gesicht.
ザイト ザイネム ウンファル ハット エア アイン フェルナルプテス ゲジヒト

髪

1 彼女の髪型、好きだな。

Ihre Frisur gefällt mir.
イーレ フリズーァ ゲフェルト ミア

2 2人の姉妹は同じ金髪の巻き毛をしている。

Die beiden Geschwister haben ähnlich blonde, lockige Haare.
ディー バイデン ゲシュヴェスター ハーベン エーンリッヒ ブロンデ ロッキゲ ハーレ

3 彼女の弟は長髪を一つに結んでいる。

Ihr Bruder bindet sein langes Haar zu einem Pferdeschwanz zusammen.
イール ブルーダー ビンデット ザイン ランゲス ハー ツー アイネム プフェルデシュヴァンツ ツザンメン

4 あの黒髪の女性は大変魅力的だった。

Die brünette Frau war sehr anziehend.
ディー ブルネッテ フラウ ワー ゼーア アンツィーエント

5 この女性は豊かな髪をしている。

Diese Frau hat volles Haar.
ディーゼ フラウ ハット フォーレス ハー

6 彼女は元々きれいな、まっすぐな髪をしている。

Sie hat von Natur aus schönes glattes Haar.
ジー ハット フォン ナトゥーァ アウス シェーネス グラッテス ハー

7 彼女の髪は絹のように輝いている。
Ihr Haar glänzt wie Seide.
イール　ハー　グレンツト　ヴィー　ザイデ

8 赤ん坊の髪は柔らかくて薄い。
Ein Baby hat weiches, dünnes Haar.
アイン　ベイビー　ハット　ヴァイヒェス　デュンネス　ハー

9 彼の髪は剛毛だ。
Sein Haar ist widerspenstig.
ザイン　ハー　イスト　ヴィーダーシュペンスティッヒ

10 私の父は髪が薄い。
Mein Vater hat spärliches Haar.
マイン　ファーター　ハット　シュペーリッヒェス　ハアー

11 彼は禿げています。
Er hat eine Glatze.
エア　ハット　アイネ　グラッツェ

12 彼女はカツラを付けている。
Sie trägt eine Perücke.
ジー　トレークト　アイネ　ペリュッケ

13 彼らには2人とも白髪があります。
Sie haben beide graue Haare.
ジー　ハーベン　バイデ　グラウエ　ハーレ

14 私の祖母の髪はもう真っ白だ。
Meine Großmutter ist schon völlig ergraut.
マイネ　グロースムッター　イスト　ショーン　フェッリヒ　エアグラウト

15 彼女は白くなりかかった髪をしている。
Sie hat graumeliertes Haar.
ジー　ハット　グラウメリールテス　ハー

16 彼はもじゃもじゃの頭をしている。
Sein Haar ist struppig.
ザイン　ハー　イスト　シュトルッピッヒ

17 彼の金髪の縮れ髪はかなり目立った。

Sein blondes, gekräuseltes Haar war sehr auffällig.
ザイン　ブロンデス　ゲクロイゼルテス　ハー　ワー　ゼーア　アウフフェーリヒ

18 彼はその短く切り詰めた髪がとてもおしゃれだった。

Er lag voll im Trend mit seinem kurzgeschorenen Haar.
エア　ラク　フォル　イム　トレント　ミット　ザイネム　クルツゲショーレネン　ハー

人についての話題

眼・耳・鼻・口・歯

1 彼は青い眼をしている。

Er hat blaue Augen.
エア　ハット　ブラウエ　アウゲン

2 彼女はきれいな目をしている。

Sie hat schöne Augen.
ジー　ハット　シェーネ　アウゲン

3 私の義理の兄は緑の目をしている。

Mein Schwager hat grüne Augen.
マイン　シュワーガー　ハット　グリューネ　アウゲン

4 子供は2人とも大きな、ブルーグレーの目をしている。

Die beiden Kinder haben große, blaugraue Augen.
ディー　バイデン　キンダー　ハーベン　グローセ　ブラウグラウエ　アウゲン

5 この子は睫毛が長い。

Das Kind hat lange Wimpern.
ダス　キント　ハット　ランゲ　ウィンペルン

6 彼は耳が立っている。

Er hat abstehende Ohren.
エア　ハット　アブシュテーエンデ　オーレン

7 教師は大きい鼻をしていた。

Der Lehrer hatte eine dicke Nase.
デア　レーラー　ハッテ　アイネ　ディッケ　ナーゼ

8 私は彼女の細くて高い鼻が好きだった。
Ich mochte ihre schmale, lange Nase.
イッヒ　モヒテ　イーレ　シュマーレ　ランゲ　ナーゼ

9 彼は私の上を向いた鼻が好きだと言った。
Er sagte, er mochte meine spitze Nase.
エア　ザクト　エア　モヒテ　マイネ　シュピッツェ　ナーゼ

10 彼女は彼のかぎ鼻が好きでなかった。
Sie mochte seine Hakennase nicht.
ジー　モヒテ　ザイネ　ハーケンナーゼ　ニヒト

11 僕の前の彼女は自分で鼻が低いと思っていた。
Meine Ex-Freundin dachte, sie hätte eine flache Nase.
マイネ　エクスフロインディン　ダハテ　ジー　ヘッテ　アイネ　フラッヒェ　ナーゼ

12 男はその大きな赤い鼻で目立っていた。
Der Mann war auffällig mit seiner großen, roten Nase.
デア　マン　ワー　アウフフェーリッヒ　ミット　ザイナー　グローセン　ローテン　ナーゼ

13 彼女は厚い唇をしている。
Sie hat dicke Lippen.
ジー　ハット　ディッケ　リッペン

14 彼は薄い唇をしている。
Er hat dünne Lippen.
エア　ハット　デュンネ　リッペン

15 彼は大きな口をしている。(彼は大口を叩く。)
Er hat einen großen Mund.
エア　ハット　アイネン　グローセン　ムンド

16 少女はバラ色の口もとをしている。
Das Mädchen hat einen rosigen Mund.
ダス　メドヒェン　ハット　アイネン　ロージゲン　ムンド

17 少年は輝く白い歯をしている
Der Junge hat strahlend weisse Zähne.
デア　ユンゲ　ハット　シュトラーレント　ヴァイセ　ツェーネ

18 僕のおじいちゃんは入れ歯をしている。

Mein Opa hat ein Gebiß.
マイン　オーパ　ハット　アイン　ゲビス

額・ほほ・ひげ・あご・首

1 彼は額にシワがある。

Er hat Falten auf der Stirn.
エア　ハット　ファルテン　アウフ　デア　シュテルン

2 その男は額が広い。

Der Mann hat eine hohe Stirn.
デア　マン　ハット　アイネ　ホーエ　シュテルン

3 彼女はおでこが出ている。

Sie hat eine gewölbte Stirn.
ジー　ハット　アイネ　ゲヴォルプテ　シュテルン

4 彼はふっくらした頬をしている。

Er hat runde Wangen.
エア　ハット　ルンデ　ワンゲン

5 彼女は頬がこけている。

Sie hat hohle Wangen.
ジー　ハット　ホーレ　ワンゲン

6 私のドイツ語教師はヒゲを生やしている。

Mein Deutschlehrer hat einen Bart.
マイン　ドイチュレーラー　ハット　アイネン　バート

7 僕は毎朝ヒゲを剃る。

Ich rasiere mich jeden Morgen.
イッヒ　ラジーレ　ミッヒ　イェーデン　モルゲン

8 少女は丸い顎をしている。

Das Mädchen hat ein rundes Kinn.
ダス　メドヒェン　ハット　アイン　ルンデス　キン

9 彼女の顎はしゃくれている。

Sie hat ein vorstehendes Kinn.
ジー ハット アイン フォアシュテーエンデス キン

10 彼は短い首をしている。

Er hat einen kurzen Nacken.
エア ハット アイネン クルツェン ナッケン

11 彼はすんぐりした首をしている。

Er hat ein gedrungenen Nacken.
エア ハット アイン ゲドゥルンゲネン ナッケン

★ コラム ★
日本的表現をドイツ語で言うと？

「よろしくお願いします」
Auf eine gute Zusammenarbeit!

　これから一緒に良い仕事をしましょう、という意味。例えば、AとBとが共同でプロジェクトを立ち上げ、さあがんばりましょうと握手をする時などに適したひとことです。ちょっとかしこまった言い方です。また、ちょっと不都合があった時の「(ご理解のほどを)よろしくお願いします」には "**Wir bitten Sie um Verständnis.**"、通達事項の後での「(以上のことをご通知しますので)よろしくお願いします」の意味では "**Wir bitten Sie um Kenntnisnahme.**" がありますが、いずれも書き言葉です。

「〜のおかげ」

　「他からの援助」という意味では **Hilfe** や **Unterstützung** がありますが、具体的な援助ではなく、「精神的な支え」というニュアンスを伝えるのは **Beistand** です。もっと気軽な言い方では前置詞の **dank** があります。
"**Dank dir habe ich die Prüfung bestanden.**"（君のおかげで試験に合格した）
　また、"**Die Leute stehen hinter ihm.**"（皆が彼を助けている）と言ってもよいでしょう。

「お世話になりました」
Danke für Ihre Gastfreundschaft!

　ひとことで言えば "**Danke schön.**"（どうもありがとう）なのですが、それでは物足りないという人は、「親切なおもてなしをありがとう」という意味 "**Danke für Ihre Gastfreundschaft!**" と言ってみてはいかがでしょう？
また、「いろいろありがとう」という意味の "**Vielen Dank für alles!**" もよいでしょう。

趣味・スポーツについて

趣味

1 趣味は何ですか？

Haben Sie ein Hobby?
ハーベン　ジー　アイン　ホビィ

2 あなたの趣味は何ですか？

Welche Hobbies haben Sie?
ヴェルヒェ　ホビィス　ハーベン　ジー

3 旅行が趣味です。

Mein Hobby ist Reisen.
マイン　ホビィ　イスト　ライゼン

4 読書が趣味です。

Mein Hobby ist Lesen.
マイン　ホビィ　イスト　レーゼン

5 写真が趣味です。

Mein Hobby ist Fotografieren.
マイン　ホビィ　イスト　フォトグラフィーレン

6 コンピュータゲームが趣味です。

Mein Hobby sind Computerspiele.
マイン　ホビィ　イスト　コンピューターシュピーレ

7 料理が趣味です。

Mein Hobby ist Kochen.
マイン　ホビィ　イスト　コッヘン

8 編物が趣味です。

Mein Hobby ist Stricken.
マイン　ホビィ　イスト　シュトリッケン

9 切手を集めるのが趣味です。

Mein Hobby ist Briefmarkensammeln.
マイン　ホビィ　イスト　ブリーフマルケンサンメルン

---

⑤ 色々な話題

スポーツ観戦ならサッカーかアイスホッケーが楽しいでしょう。試合を見に行くときはスタジアムに入る前にどちらの側に行くか決めておくことが大切。立見席にはサポーターが集まり、味方チームへの熱い応援、そして相手チームへの激しいブーイングが繰り広げられますので、純粋に観戦だけしたい場合は椅子席のほうがよいかもしれません。

10 絵を描くのが趣味です。(絵の具を使って)
Mein Hobby ist Malen.
マイン　ホビィ　イスト　マーレン

11 絵を描くのが趣味です。(ペンなどで)
Mein Hobby ist Zeichnen.
マイン　ホビィ　イスト　ツァイヒネン

12 庭仕事が趣味です。
Mein Hobby ist Gartenarbeit.
マイン　ホビィ　イスト　ガルテンアルバイト

13 工作が趣味です。
Mein Hobby ist Basteln.
マイン　ホビィ　イスト　バステルン

14 チェスが好きです。
Ich spiele gerne Schach.
イッヒ　シュピーレ　ゲルネ　シャッハ

15 踊りに行くのが好きです。
Ich gehe gerne tanzen.
イッヒ　ゲーエ　ゲルネ　タンツェン

16 散歩に行くのが好きです。
Ich gehe gerne spazieren.
イッヒ　ゲーエ　ゲルネ　シュパツィーレン

スポーツ

1 サッカーをするのが好きです。
Ich spiele gerne Fußball.
イッヒ シュピーレ　ゲルネ　フースバル

2 テニスをするのが好きです。
Sie spielen gerne Tennis.
ジー　シュピーレン　ゲルネ　テニス

3 ゴルフをするのが好きです。

Ich spiele gerne Golf.
イッヒ シュピーレ ゲルネ ゴルフ

---

4 卓球をするのが好きです。

Ich spiele gerne Tischtennis.
イッヒ シュピーレ ゲルネ ティッシュテニス

---

5 野球をするのが大好きです。

Ich spiele ganz gerne Baseball.
イッヒ シュピーレ ガンツ ゲルネ ベイスボール

---

6 ジョギングに行くのが好きです。

Ich gehe gerne joggen.
イッヒ ゲーエ ゲルネ ジョッゲン

---

7 ロッククライミングに行くのが好きです。

Ich gehe gerne klettern.
イッヒ ゲーエ ゲルネ クレッテルン

---

8 クロスカントリーに行くのが好きです。

Ich gehe gerne langlaufen.
イッヒ ゲーエ ゲルネ ラングラウフェン

---

9 自転車に乗るのが好きです。

Ich fahre gerne rad.
イッヒ ファーレ ゲルネ ラート

---

10 スケートが好きです。

Ich gehe gerne schlittschuhlaufen.
イッヒ ゲーエ ゲルネ シュリットシューラウフェン

---

11 スノーボードが好きです。

Ich gehe gerne snowboarden.
イッヒ ゲーエ ゲルネ スノーボーデン

---

12 泳ぐのが好きです。

Ich schwimme gerne.
イッヒ シュヴィンメ ゲルネ

13 スキーよりスノーボードのほうがおもしろい。

Snowboard fahren macht mir mehr Spaß als Skifahren.
スノーボード　ファーレン　マハト　ミア　メーア　シュパース　アルス　シーファーレン

14 冬にはアイスホッケーをするのが好きです。

Im Winter spielen wir gerne Eishockey.
イム　ウィンター　シュピーレン　ヴィア　ゲルネ　アイスホッケー

アウトドア

1 ヨットが好きです。

Ich segele gerne.
イッヒ　セーゲレ　ゲルネ

2 サイクリングが好きです。

Ich gehe gerne radfahren.
イッヒ　ゲーエ　ゲルネ　ラートファーレン

3 私の弟はサイクリングに夢中です。

Mein Bruder ist ein leidenschaftlicher Radfahrer.
マイン　ブルーダー　イスト　アイン　ライデンシャフトリッヒャー　ラートファーラー

4 釣りに行くのが好きです。

Ich gehe gerne zum Fischen.
イッヒ　ゲーエ　ゲルネ　ツム　フィッシェン

5 スキーをするのが好きです。

Ich fahre gerne ski.
イッヒ　ファーレ　ゲルネ　シー

6 ディスコでアフタースキーを楽しみます。

In einer Diskothek genießen wir Après-Ski.
イン　アイナー　ディスコテーク　ゲニーセン　ヴィア　アプレーシー

7 登山が大好きです。

Ich bin ein leidenschaftlicher Bergsteiger.
イッヒ　ビン　アイン　ライデンシャフトリッヒャー　ベルクシュタイガー

色々な話題

107

8 自然の中でキャンプするのが好きだ。

Ich liebe es, in der Wildnis zu zelten.
イッヒ リーベ エス イン デア ウィルドニス ツー ツェルテン

9 馬に乗るのが好きです。

Ich gehe gerne reiten.
イッヒ ゲーエ ゲルネ ライテン

※ 19 章（レジャー・休暇）も参照。

娯楽・文化について

CD-1 [track23]

映画・テレビ

1 よく映画に行きます。

Ich gehe oft ins Kino.
イッヒ ゲーエ オフト インス キーノ

2 ロマンチックな映画が好きです。

Ich mag romantische Filme.
イッヒ マク ロマンティッシェ フィルメ

3 子供の頃、好きだった映画は何ですか？

Welche Filme haben Sie als Kind am liebsten angeschaut?
ヴェルヒェ フィルメ ハーベン ジー アルス キント アム リープステン アンゲシャウト

4 テレビを見るのが好きです。

Ich sehe gern fern.
イッヒ ゼーエ ゲルネ フェルン

5 映画館に行くほうがもっと好きです。

Ich gehe lieber ins Kino.
イッヒ ゲーエ リーバー インス キーノ

6 テレビを見るのは好きですか？

Sehen Sie gerne fern?
ゼーエン ジー ゲルネ フェルン

7 刑事ものが好きです。

Ich sehe gerne Krimis.
イッヒ ゼーエ ゲルネ クリミース

音楽・コンサート 他

1 クラシック音楽が好きです。

Ich höre gerne klassische Musik.
イッヒ ヘーレ ゲルネ クラッシッシェ ムジーク

2 楽器はお弾きになりますか？

Spielen Sie irgendein Instrument?
シュピーレン ジー イルゲントアイン インストゥルメント

3 ピアノを弾くのが好きです。

Ich spiele gerne Klavier.
イッヒ シュピーレ ゲルネ クラヴィア

4 私たちはバイオリンを弾くのが好きです。

Wir spielen gerne Geige.
ヴィア シュピーレン ゲルネ ガイゲ

5 彼らはフルートが趣味です。

Sie spielen gerne Flöte.
ジー シュピーレン ゲルネ フロェーテ

6 私たちは一緒に楽器を弾きます。

Wir musizieren zusammen.
ヴィア ムジツィーレン ツザンメン

7 ロックコンサートに行くのが好きです。

Ich gehe gerne ins Rockkonzert.
イッヒ ゲーエ ゲルネ インス ロックコンツェルト

8 彼はレコードプレーヤーのついた古いステレオを持っている。

Er hat eine alte Stereoanlage mit Plattenspieler.
エア ハット アイネ アルテ シュテーレオアンラーゲ ミット プラッテンシュピーラー

9 ゲーテの本『イタリア紀行』をご存知ですか？

Kennen Sie das Buch "Die Italienische Reise" von Goethe?
ケンネン　ジー　ダス　ブーフ　ディー　イタリエニッシェ　ライゼ　フォン　ゲーテ

10 白雪姫の話は知っていますか？

Kennen Sie die Geschichte von Schneewittchen?
ケンネン　ジー　ディー　ゲシヒテ　フォン　シュネーヴィットッヒェン

11 一番好きなのは芝居を観ることです。

Ich gehe am liebsten ins Theater.
イッヒ　ゲーエ　アム　リープステン　インス　テアーター

ペットについて

CD-1 [track24]

1 動物を飼われていますか？

Haben Sie Haustiere?
ハーベン　ジー　ハウスティーレ

2 猫と犬を1匹ずつ飼っています。

Ich habe eine Katze und einen Hund.
イッヒ　ハーベ　アイネ　カッツェ　ウント　アイネン　フント

3 熱帯魚に毎日餌をやっている。

Ich füttere jeden Tag meine Fische.
イッヒ　フッテレ　イェーデン　ターク　マイネ　フィッシェ

4 子供たちはモルモットをほしがっている。

Unsere Kinder wünschen sich ein Meerschweinchen.
ウンゼレ　キンダー　ヴュンシェン　ジッヒ　アイン　メールシュヴァインヒェン

5 うちのオームはうるさかったので、近所から苦情がきた。

Unser Papagei hat soviel Krach gemacht, daß die
ウンザー　パパガイ　ハット　ゾーフィール　クラッハ　ゲマハト　ダス　ディー
Nachbarn sich beschwert haben.
ナッハバーン　ジッヒ　ベシュヴェルト　ハーベン

6 うちの猫は家の中で一番暖かい場所にいる。

Unsere Katze findet immer den wärmsten Platz im Haus.
ウンゼレ　カッツェ　フィンデット　インマー　デン　ヴェルムステン　プラッツ　イム　ハウス

〈参考〉

※ pp.111 〜 127 の例文は CD に収録されていません。

季節・気候について

四季

1 どの季節が一番好きですか？

Welche Jahreszeit haben Sie am liebsten?
ヴェルヒェ　ヤーレスツァイト　ハーベン　ジー　アム　リープステン

2 泳ぐのが好きなので、私は夏が大好きです。

Ich liebe den Sommer, da ich gerne schwimmen gehe.
イッヒ　リーベ　デン　ゾンマー　ダー　イッヒ　ゲルネ　シュヴィンメン　ゲーエ

3 今日は初夏の陽気です。

Heute haben wir Frühsommerwetter.
ホイテ　ハーベン　ヴィア　フリューゾンマーヴェッター

4 毎年、秋にはハイキング旅行をします。

Wir machen jeden Herbst eine Wanderreise.
ヴィア　マッヘン　イェーデン　ヘルプスト　アイネ　ワンダーライゼ

5 私は冬に生まれました。

Ich bin im Winter geboren.
イッヒ　ビン　イム　ウィンター　ゲボーレン

6 私にとっては春が一番美しい季節です。

Der Frühling ist für mich die schönste Jahreszeit.
デア　フリューリンク　イスト　フュール　ミッヒ　ディー　シェーンステ　ヤーレスツァイト

7 夏至の後は日はだんだん短く、夜はだんだん長くなる。

Nach der Sommersonnenwende werden die Tage wieder kürzer und die Nächte länger.
ナッハ デア ゾンマーゾンネンヴェンデ ウェルデン ディー ターゲ ヴィーダー キュルツァー ウント ディー ネヒテ レンガー

天気

1 天気がいい。

Es ist sonnig.
エス イスト ゾンニッヒ

2 天気は悪いです。

Das Wetter ist schlecht.
ダス ヴェッター イスト シュレヒト

3 今日は天気が良いです。

Heute ist ein schöner Tag.
ホイテ イスト アイン シェーナー ターク

4 今日はいい天気ですね。

Wir haben wunderschönes Wetter heute.
ヴィア ハーベン ヴンダーシェーネス ヴェッター ホイテ

5 このいい天気が続くかしら？

Bleibt es so schön?
ブライプト エス ゾー シェーン

6 ここは天気が変わりやすいです。

Wir haben wechselhaftes Wetter hier.
ヴィア ハーベン ヴェックゼルハフテス ヴェッター ヒア

7 空が曇っている。

Der Himmel ist bewölkt.
デア ヒンメル イスト ベヴェルクト

8 暗くなってきた。

Es ist dunkel geworden.
エス イスト ドゥンケル ゲヴォルデン

9 天気予報は何と言っていますか？

Was sagt der Wetterbericht?
ワス ザクト デア ヴェッターベリヒト

雨・雷雨

1 まだ雨は降らない。

Es bleibt noch trocken.
エス ブライブト ノッホ トロッケン

2 もうすぐ雨が降り出すだろう。

Es wird bald anfangen zu regnen.
エス ウィルト バルド アンファンゲン ツー レグネン

3 いつから降っているのですか？

Wie lange regnet es schon?
ヴィー ランゲ レグネット エス ショーン

4 いつやむのでしょうか？

Wann hört es auf zu regnen?
ヴァン ヘールト エス アウフ ツー レクネン

5 明日は雨が降るでしょう。

Morgen wird es regnen.
モルゲン ヴィルト エス レクネン

6 北ドイツの低地では雨が続くでしょう。

Im norddeutschen Tiefland wird es für längere Zeit regnen.
イム ノルドドイチェン ティーフラント ウィルト エス フュール レンゲレ ツァイト レクネン

7 平地では今度の日曜日に雨が降るかもしれない。

Im Flachland könnte es kommenden Sonntag Regen geben.
イム フラッハラント クェンテ エス コンメンデン ゾンターク レーゲン ゲーベン

8 土砂降りだ。

Es gießt in Strömen.
エス ギースト イン ストローメン

9 山では、にわか雨や雷雨になるかもしれない。

In den Bergen können plötzlich Schauer oder Gewitter aufziehen.
イン デン ベルゲン クェンネン プレーツリッヒ シャウアー オーダー ゲヴィッター アウフツィーエン

10 蒸し暑い空気の後にはしばしば雷雨が来る。

Auf schwüle Luft folgt oft ein Gewitter.
アウフ シュヴュレ ルフト フォルクト オフト アイン ゲヴィッター

11 雷が鳴っています。

Es donnert.
エス ドンネルト

12 稲妻が光っています。

Es blitzt.
エス ブリッツト

13 雷はしばしば湿った土地にある高い建物や木に落ちる。

Blitze schlagen oft in hohe Häuser oder Bäume ein, die sich auf feuchtem Grund befinden.
ブリッツェ シュラーゲン オフト イン ホーエ ホイザー オーダー ボイメ アイン ディー ジッヒ アウフ フォイヒテム グルント ベフィンデン

雪・雹(ひょう)

1 雪が降るかもしれません。

Es könnte noch schneien.
エス クェンテ ノッホ シュナイエン

2 激しく雪が降っている。

Es schneit heftig.
エス シュナイト ヘフティッヒ

3 降雪境界が平地にまで降りてきている。

Der Schneefallgrenze sinkt bis ins Flachland.
デア シュネーファールグレンツェ ジンクト ビス インス フラッハラント

4 雪は気温0度で溶ける。

Schnee schmilzt bei Temperaturen über 0 Grad Celsius.
シュネー シュミルツト バイ テンペラトゥーレン ユーバー ヌル グラード ツェルシウス

5 雹が降るかもしれません。

Es kann noch hageln.
エス カン ノッホ ハーゲルン

6 雹は大きな被害をもたらすことがある。

Hagel kann großen Schaden anrichten.
ハーゲル カン グローセン シャーデン アンリヒテン

色々な話題

風・霧

1 風が強い。

Es ist windig.
エス イスト ウィンディッヒ

2 風が強い。

Es windet stark.
エス ウィンデット シュターク

3 風がとても冷たく、身を切るようだった。

Der Wind war sehr kalt und schneidend.
デア ウィンド ワー ゼーア カルト ウント シュナイデント

4 風が凍てつく。

Der Wind ist eisig.
デア ウィント イスト アイジッヒ

115

5 霧が出ている。

Es ist neblig.
エス イスト ネーブリッヒ

6 村は濃い霧にすっぽり包まれていた。

Das Dorf war im dichten Nebel versteckt.
ダス ドルフ ワー イム ディヒテン ネーベル フェルシュテックト

気温

1 何度ですか？

Wie viel Grad haben wir?
ヴィー フィール グラード ハーベン ヴィア

2 日陰で25度です。

25 Grad im Schatten.
フュンフウントツヴァンツィッヒ グラート イム シャッテン

3 最高気温は30度まで上がる。

Die Höchsttemperatur steigt bis auf 30 Grad.
ディー ヘッヒストテンペラトゥール シュタイクト ビス アウフ ドライシッヒ グラート

4 最低気温は零下5度以下に下がる。

Die Tiefsttemperaturen sinken unter minus 5 Grad.
ディー ティーフストテンペラトゥーレン ジンケン ウンター ミヌス フュンフ グラート

5 明日も雨模様で、気温は18度から24度である。

Morgen bleibt es regnerisch bei 18 bis 24 Grad.
モルゲン ブライプト エス レグネリッシュ バイ アハツェーン ビス フィールウントツヴァンツィッヒ グラート

暖かい・暑い

1 今日は暖かい。
Heute ist es warm.
ホイテ イスト エス ワルム

2 ここ、家の中はとても暖かい。
Es ist schön warm hier drinnen.
エス イスト シェーン ワルム ヒア ドゥリンネン

3 暑い。
Mir ist heiß.
ミア イスト ハイス

4 煮えたぎるように暑い。
Es ist kochend heiß.
エス イスト コッヘント ハイス

5 煮えたぎるように暑い。
Es ist siedend heiß.
エス イスト ジーデント ハイス

6 汗だくだよ。
Ich schwitze!
イッヒ シュヴィッツェ

7 蒸し暑くなるだろう。
Es wird heiß und schwül.
エス ウィルト ハイス ウント シュヴュル

8 このところ、うだるように暑い夏の日が続いている。
In letzter Zeit hatten wir drückend heiße Sommertage.
イン レッツター ツァイト ハッテン ヴィア ドゥリュッケント ハイセ ゾンマーターゲ

涼しい・寒い

1 今日は涼しい。
Heute ist es kühl.
ホイテ イスト エス キュール

2 夕方は涼しくなる。
Am Abend wird es kühl.
アム アーベント ウィルト エス キュール

3 寒い。
Es ist kalt.
エス イスト カルト

4 今日はかなり寒い。
Heute ist es ziemlich kalt.
ホイテ イスト エス ツィームリッヒ カルト

5 今日は寒いけど、昨日はもっと寒かった。
Heute ist es kalt, aber gestern war es kälter.
ホイテ イスト エス カルト アーバー ゲシュターン ワー エス ケルター

6 もっと寒くなるだろう。
Es wird kälter.
エス ウィルト ケルター

7 ここは冬にはとても寒くなる。
Hier wird es im Winter bitter kalt.
ヒア ウィルト エス イム ウィンター ビッター カルト

8 この1月はここ10年で最も寒い。
Wir haben den kältesten Januar seit zehn Jahren.
ヴィア ハーベン デン ケルテステン ヤヌアー ザイト ツェーン ヤーレン

9 寒くて凍りそうだ。
Ich friere!
イッヒ フリーレ

10 凍るように寒い。

Es ist eisig.
エス イスト アイシッヒ

11 部屋は驚くほど寒かった。

Das Zimmer war entsetzlich kalt.
ダス ツィンマー ワー エントセッツリッヒ カルト

12 あまり暖かくないよ。もっと暖かい格好をしろよ。

Es ist nicht warm genug. Ziehe dich noch wärmer an!
エス イスト ニヒト ワルム ゲヌーク ツィーエ ディッヒ ノッホ ウェルマー アン

日本について

人口

1 日本の人口はどのくらいですか？

Wie viele Menschen leben in Japan?
ヴィー フィーレ メンシェン レーベン イン ヤーパン

2 約1億2000万人です。

In Japan leben zirka 120 Millionen Menschen.
イン ヤーパン レーベン ツィルカ アインフンデルトツヴァンツィッヒ ミリオーネン メンシェン

3 東京の人口はどのくらいですか？

Wie viele Einwohner hat die Stadt Tokio?
ヴィー フィーレ アインヴォーナー ハット ディー シュタット トキオ

4 1100万人です。

Tokio hat 11 Millionen Einwohner.
トキオ ハット エルフ ミリオーネン アインヴォーナー

5 日本の全人口の4分の1が東京とその周辺に住んでいます。

Ein Viertel der gesamten Bevölkerung Japans wohnt in Tokio und um die Stadt herum.
アイン フィルテル デア ゲザムテン ベヴェルケルンク ヤーパンス ヴォーント イン トキオ ウント ウム ディー シュタット ヘルム

都市

1 大阪は日本の第2の都市です。

Osaka ist die zweitgrößte Stadt Japans.

2 京都は古い都で、1000年前に日本の首都でした。

Kyoto ist eine alte Kaiserstadt. Vor 1000 Jahren war es die Hauptstadt Japans.

3 京都には歴史的な建造物が多く、旅行者が訪れます。

In Kyoto gibt es viele historische Gebäude, die von Touristen besucht werden.

気候・自然

1 太平洋は日本に温暖な気候をもたらしています。

Der Pazifische Ozean trägt wesentlich zum milden Klima in Japan bei.

2 北海道以外では夏前に雨季があり、約4週間続きます。

In Japan herrscht im Frühsommer für 4 Wochen Regenzeit. Nur auf der Insel Hokkaido nicht.

3 秋には木の葉が赤や黄色に美しく色づきます。

Im Herbst färben sich die Blätter der Bäume wunderschön gelb und rot.

4 日本の冬はどのくらい寒いのですか？

Wie kalt ist es in Japan im Winter?
ヴィー カルト イスト エス イン ヤーパン イム ウィンター

5 地域によってかなり違います。北日本では零下20度になる所さえあります。東京では零下まで気温が下がることは滅多にありません。

Das ist sehr unterschiedlich. Im Norden Japan kann es
ダス イスト ゼーア ウンターシードリッヒ イム ノルデン ヤーパン カン エス
im Winter bis zu minus 20 Grad kalt werden. In
イム ウィンター ビス ツー ミヌス ツヴァンツィッヒ グラード カルト ヴェルデン イン
Tokio dagegen sinken die Temperaturen selten unter
トキオ ダーゲーゲン ジンケン ディー テンペラトゥーレン ゼルテン ウンター
Null Grad.
ヌル グラード

6 南の沖縄諸島では冬も暖かく、海水浴ができるほどです。

Auf den südlichen Okinawa-Inseln ist es auch im Winter
アウフ デン シュードリッヒェン オキナワ インセルン イスト エス アウホ イム ウィンター
so warm, dass man im Meer baden kann.
ゾー ワルム ダス マン イム メーア バーデン カン

7 日本にはどんな動物がいますか？

Welche Tiere gibt es in Japan?
ヴェルヒェ ティーレ ギプト エス イン ヤーパン

8 500種類を越える鳥がいます。また大型の哺乳類にはクマや猿、鹿に日本カモシカなどがいます。

Es gibt über 500 verschiedene Vogelarten. Und auch
エス ギプト ユーバー フュンフフンデルト フェルシーデネ フォーゲルアルテン ウント アウホ
große Säugetiere wie Bären, Affen, Sikahirsche und die
グローセ ソイゲティーレ ヴィー ベーレン アッフェン シカヒルシェ ウント ディー
japanische Ziegenantilope.
ヤパーニッシェ ツィーゲンアンティローペ

面積・地形

1 日本はドイツとほぼ同じ大きさです。

Japan ist ungefähr so groß wie Deutschland.
ヤーパン イスト ウンゲフェール ゾー グロース ヴィー ドイチュラント

2 日本の面積は 37 万 7864km² です。

Die Fläche Japans beträgt
ディー フレッヒェ ヤーパンス ベトレークト
                                                    377,864   km².
トライフンデルト ジーベンウントジープツィッヒ タウザント アハトフンデルト フィアウントゼヒツィッヒ クワドラート キロメーター

3 日本は約 37 万平方キロメートルです。

Japan ist ungefähr   370,000
ヤーパン イスト ウンゲフェー トライフンデルト ジービツィッヒ タウザント
Quadratkilometer groß.
クワドラトキロメーター グロース

4 日本はアジア大陸の東岸に沿う、島々から成ります。

Japan ist eine Inselkette, die sich an der Ostküste Asiens
ヤーパン イスト アイネ インセルケッテ ディー ジッヒ アン デア オストキュステ アージエンス
erstreckt.
エアシュトレックト

5 日本は 7000 近くの島で構成される島国です。

Zum Inselland Japan gehören nahezu   7000   kleine
ツム インセルラント ヤーパン ゲヘーレン ナーエツー ジーベンタウザント クライネ
Inseln.
インセルン

6 国土の 67％は山岳地方です。

       67   %   des Landes sind Gebirge.
ジーベンウントゼヒツィッヒ プロツェント デス ランデス ジント ゲビルゲ

7 日本の最高峰は富士山で、3776 メートルあります。

Der höchste Berg Japans ist der Berg Fuji mit
デア ヘッヒステ ベルク ヤーパンス イスト デア ベルク フジ ミット
3776   Metern.
ドライタウザント ジーベンフンデルト ゼックスウントジープツィッヒ メーターン

8 日本では地震は日常茶飯事です。

Erdbeben gehören in Japan zum Alltag.
エルドベーベン ゲヘーレン イン ヤーパン ツム アールターク

新年・クリスマス

1 日本では新年をどう祝いますか？

Wie feiert man in Japan Neujahr?
ヴィー ファイエルト マン イン ヤーパン ノイヤー

2 家を掃除し、特別な料理を作ります。大晦日または新年には神社に行き、新しい年が良い年となることを祈ります。

Wir putzen unser Haus und kochen spezielle Gerichte.
ヴィア プッツェン ウンザー ハウス ウント コッヘン シュペツィエレ ゲリヒテ
An Silvester oder an Neujahr gehen wir zum Shinto-
アン シルベスター オーダー アン ノイヤー ゲーエン ヴィア ツム シントー
Tempel, um die Götter um ein gutes neues Jahr zu bitten.
テンペル ウム ディー ゲッター ウム アイン グーテス ノイエス ヤー ツー ビッテン

3 クリスマスは日本では宗教的な意味を持ちませんが、多くの日本人が12月25日にプレゼントを交換します。

Weihnachten hat in Japan keine religiöse Bedeutung.
ヴァイナハテン ハット イン ヤーパン カイネ レリギオーゼ ベドイトゥンク
Aber viele Japaner tauschen am 25.
アーバー フィーレ ヤパーナー タウシェン アム フュンフウントツヴァンツィッヒステン
Dezember auch Geschenke aus.
デツェンバー アウホ ゲシェンコエ アウス

娯楽・スポーツ

1 将棋は日本のチェスで、2人がそれぞれ20個の駒を使って競います。

Shogi ist ein japanisches Schachspiel. Es wird von zwei
ショーギ イスト アイン ヤパーニッシェス シャッハシュピール エス ヴィルト フォン ツヴァイ
Spielern mit je 20 Steinen gespielt.
シュピーラーン ミット イェ ツヴァンツィッヒ シュタイネン ゲシュピルト

2 碁は白と黒の石を使い、縦横に19本の線が引かれた盤の上で競われます。

Go wird mit weißen und schwarzen Steinen auf einem
ゴ ヴィルト ミット ヴァイセン ウント シュヴァルツェン シュタイネン アウフ アイネム
Brett mit 19×19 Zeilen gespielt.
ブレット ミット ノインツェーン マル ノインツェーン ツァイレン ゲシュピールト

3. 折り紙は日本の紙の芸術で、ハサミやのりを使わずに、3次元の造形が作られます。

Bei der japanischen Papierfaltkunst, Origami, entstehen
バイ デア ヤパーニッシェン パピアファルトクンスト オリガミ エントシュテーエン
kunstvolle dreidimensionale Motive, ohne Hilfe von
クンストフォレ トライディメンシィオナーレ モティーヴェ オーネ ヒルフェ フォン
Schere oder Klebstoff.
シェーレ オーダー クレープシュトッフ

4. 相撲は日本式のレスリングで、国技です。

Sumo ist japanisches Ringen und ein beliebter
スモー イスト ヤパーニッシェス リンゲン ウント アイン ベリープター
Nationalsport in Japan.
ナツィオナールシュポート イン ヤーパン

5. 相撲では相手を倒すか、土俵の外に押し出すことで勝負が決まります。

Beim Sumo siegt der jenige, der seinen Gegner zuerst
バイム スモー ジークト デア イェーニゲ デア ザイネン ゲクナー ツーエルスト
zu Fall bringt oder ihn aus der Arena stößt.
ツー ファル ブリンクト オーダー イン アウス デア アレーナ シュトースト

6. 柔道は武士の自己防衛として、江戸時代に発達しました。

Judo ist als Selbstverteidigung für Samurai während der
ユードー イスト アルス ゼルプストフェルタイディグンク フュール サムライ ヴェーレント デア
Edo-Zeit entstanden.
エド ツァイト エントシュタンデン

文化・料理

1. 俳句はわずかな言葉で自然や宇宙を表現する、伝統的な詩の形式です。

Haiku ist eine traditionelle Gedichtsform, die sich mit
ハイク イスト アイネ トラディツィオネッレ ゲディヒツフォルム ディー ジッヒ ミット
sehr knappen Worten der Natur und dem Universum
ゼーア クナッペン ヴォルテン デア ナトゥーア ウント デム ウニヴェルスム
widmet.
ヴィトメット

2. 茶道は儀式的な方法でお茶を入れ、それを飲むことです。

Die Japanische Teezeremonie, Sadou, ist eine ritualisierte
ディー ヤパーニッシェ テーツェレモニー サドウ イスト アイネ リトゥアリジールテ
Art der Teezubereitung und des Teetrinkens.
アルト デア テーツーベライトゥンク ウント デス テートゥリンケンス

3. 生け花は花をいける技術で、華道とも呼ばれます。

Ikebana ist die Kunst des Blumensteckens und auch Kadou genannt.
イケバナ イスト ディー クンスト デス ブルーメンステッケンス ウント アウホ カドウ ゲナント

4. 盆栽は植木鉢で育てられ、小さいままに維持された木です。

Ein Bonsai ist ein in einem Pflanzgefäß gezogener, kleingehaltener Baum.
アイン ボンサイ イスト アイン イン アイネム プフランツゲファス ゲツォーゲナー クラインゲハルテナー バウム

5. 芸者はエンターテーメントのアーティストといえます。伝統的な踊り、歌、楽器演奏ができ、特別な高級な飲食店でお客の相手をします。

Eine Geisha ist eine Unterhaltungskünstlerin, die traditionelles Tanzen, Singen und Musikspielen beherrscht und wichtige Kunden in teuren Restaurants unterhält.
アイネ ゲイシャ イスト アイネ ウンターハルトゥンクスキュンステリン ディー トラディツィオネレス タンツェン ジンゲン ウント ムジークシュピーレン ベヘルシュト ウント ヴィヒティゲ クンデン イン トイレン レストランツ ウンターヘルト

6. 日本料理の天ぷらは、好みの材料を卵入りの小麦粉の衣をつけて油で揚げる料理です。

Beim japanischen Gericht Tempura werden beliebige Zutaten in leichtem Mehl-Ei-Teig frittiert.
バイム ヤパーニッシェン ゲリヒト テンプラ ウェルデン ベリービゲ ツーターテン イン ライヒテム メール アイ タイク フリッティールト

古典芸能

1. 歌舞伎は 400 年前に誕生しました。

Das Kabuki-Theater ist vor 400 Jahren entstanden.
ダス カブキ テアーター イスト フォア フィアフンデルト ヤーレン エントシュタンデン

色々な話題

125

2 歌舞伎は民衆にとってのエンターテーメントであり、歴史的な事柄が演じられています。

Kabuki war und ist ein unterhaltsames Volkstheater, in dem historische Ereignisse nachgespielt werden.
カブキ ワー ウント イスト アイン ウンターハルトサーメス フォルクステアーター イン デム ヒストリッシェ エッライグニッセ ナッハゲシュピールト ヴェルデン

3 文楽は江戸時代に誕生した伝統的な人形劇です。演目内容では文楽と歌舞伎は類似点が非常に多いです。

Bunraku ist ein traditionelles Puppentheater aus der Edo-Zeit. Die Spielinhalte sind Kabuki sehr ähnlich.
ブンラク イスト アイン トラディツィオネレス プッペンテアーター アウス デア エド ツァイト ディー シュピールインハルテ ジント カブキ ゼーア エーンリッヒ

4 文楽の人形は1m余りあり、一体の人形が3人によって操られます。

Die Bunraku-Puppe ist etwa einen Meter groß. Eine Puppe wird von drei Personen gespielt.
ディー ブンラク プッペ イスト エトワ アイネン メーター グロース アイネ プッペ ヴィルト フォン トライ ペルソーネン ゲシュピルト

5 能は14世紀に形成された伝統的な仮面劇で、今日までほとんど変わっていません。

Nou ist ein traditionelles Maskentheater, das im 14. Jahrhundert entstanden ist und sich bis heute kaum verändert hat.
ノー イスト アイン トラディツィオネレス マスケンテアーター ダス イム フィルツェーンテン ヤールフンデルト エントシュタンデン イスト ウント ジッヒ ビス ホイテ カウム フェレンデルト ハット

6 能では非常に単調に台詞が話され、歌われており、コーラスと音楽が伴奏されます。

Im Nou-Theater wird sehr monoton gesprochen und gesungen, begleitet von Chören und Musik.
イム ノー テアーター ヴィルト ゼーア モノトーン ゲシュプロッヒェン ウント ゲズンゲン ベグライテット フォン クォーレン ウント ムジーク

7 狂言は喜劇で、民衆に近い人物像がこっけいに描かれています。

Kyogen ist eine Komödie, in der volksnahe Personen witzig dargestellt werden.
キョーゲン イスト アイネ コメーディエ イン デア フォルクスナーエ ペルソーネン ウィツィヒ ダーゲシュテルト ヴェルデン

日本語の文字

1 日本語の文字には、漢字、ひらがな、カタカナの3種類があります。
Japanische Schriftzeichen bestehen aus drei Zeichenarten:
ヤパーニッシェ　シュリフトツァイヒェン　ベシュテーエン　アウス　トライ　ツァイヒェンアルテン
aus Kanji, Hiragana und Katakana.
アウス　カンジ　ヒラガナ　ウント　カタカナ

2 漢字は意味を持つ文字で、元々は中国から導入されました。
Kanji sind Zeichen mit inhaltlicher Bedeutung, die
カンジ　ジント　ツァイヒェン　ミット　インハルトリッヒャー　ベドイトゥンク　ディー
ursprünglich aus China stammen.
ウルシュプリュンクリッヒ　アウス　キーナ　シュタンメン

3 ひらがなとカタカナは音声文字で、日本で生まれたものです。
Hiragana und Katakana sind phonetische Zeichen. Sie
ヒラガナ　ウント　カタカナ　ジント　フォネーティッシェ　ツァイヒェン　ジー
sind in Japan entstanden.
ジント　イン　ヤーパン　エントシュタンデン

4 縦書きの場合、文章は上から下に読まれます。
Vertikal geschrieben wird ein Satz von oben nach unten
ヴェルティカル　ゲシュリーベン　ヴィルト　アイン　サッツ　フォン　オーベン　ナッハ　ウンテン
gelesen.
ゲレーゼン

5 横書きの場合、文章は左から右に読まれます。
Horizontal geschrieben wird ein Satz von links nach
ホリゾンタル　ゲシュリーベン　ヴィルト　アイン　サッツ　フォン　リンクス　ナッハ
rechts gelesen.
レヒツ　ゲレーゼン

色々な話題

ホテルを予約

ホテルを探す

1 今夜泊まる所を探しています。

Ich suche ein Einzelzimmer für heute Abend.
イッヒ ズーヘ アイン アインツェルツィンマー フュール ホイテ アーベント

2 ツインルームを探しています。

Wir suchen ein Zimmer mit zwei Betten.
ヴィア ズーヘン アイン ツィンマー ミット ツヴァイ ベッテン

3 簡素な部屋を探しています。

Ich suche ein einfaches Zimmer.
イッヒ ズーヘ アイン アインファッヒェス ツィンマー

4 今日と明日、2泊の予定で部屋を探しています。

Ich suche ein Zimmer für heute und morgen, für zwei Nächte.
イッヒ ズーヘ アイン ツィンマー フュール ホイテ ウント モルゲン フュール ツヴァイ ネヒテ

5 ここにユースホステルはありますか？

Gibt es hier eine Jugendherberge?
ギプト エス ヒア アイネ ユーゲントヘルベルゲ

6 中心地にあるホテルに泊まりたいのですが。

Ich möchte in einem zentral gelegenen Hotel übernachten.
イッヒ メヒテ イン アイネム ツェントラル ゲレーゲネン ホテル ユーバーナハテン

場所をたずねる

1 駅の近くでしょうか？

Liegt es am Bahnhof?
リークト エス アム バーンホフ

美術館や博物館は都市を中心に最近は週末などに夜遅くまで開いているところが増えています。ドイツに限らず欧州諸国では外国映画は大体その国の言葉に吹き替えられて上映されます。これは字幕を読みながらでは画面が見られないと考える人が多いためらしく、例外はスイスやオランダなど国内で複数の言語が話される国々です。

2 町の中心ですか？

Liegt es im Stadtzentrum?
リークト エス イム シュタットツェントルム

3 そのホテルは静かなところにありますか？

Liegt das Hotel in ruhiger Lage?
リークト ダス ホテル イン ルーイガー ラーゲ

4 ホテルはここから遠いですか？

Ist das Hotel weit von hier?
イスト ダス ホテル ヴァイト フォン ヒア

5 ホテルへはどう行けばよいのですか？

Wie komme ich zum Hotel?
ヴィー コンメ イッヒ ツム ホテル

6 そのホテルをこの地図の上で示してもらえませんか？

Zeigen Sie mir bitte das Hotel auf dieser Karte.
ツァイゲン ジー ミア ビッテ ダス ホテル アウフ ディーザー カルテ

宿泊についての質問と説明

1 ハルプペンションとはどういう意味ですか？

Was bedeutet Halbpension?
ワス ベドイテット ハルプペンシオン

2 朝食と夕食が含まれます。

Frühstück und Abendessen sind inbegriffen.
フリューシュトゥック ウント アーベントエッセン ジント インベグリッフェン

3 フォルペンションとはどういう意味ですか？

Was bedeutet Vollpension?
ワス ベドイテット フォルペンシオン

4 朝食、昼食、それに夕食が料金に含まれます。

Der Preis beinhaltet Frühstück, Mittag- und Abendessen.
デア プライス ベアインヘルテット フリューシュトゥック ミッタク ウント アーベントエッセン

5 フォルペンションは3食込みということです。ハルプペンションは2食だけです。

Vollpension heißt drei Mahlzeiten täglich, Halbpension
フォルペンシィオン　ハイスト　ドライ　マールツァイテン　テークリッヒ　ハルプペンシオン
nur zwei Mahlzeiten.
ヌーア　ツヴァイ　マールツァイテン

料金・支払いについて

1 50ユーロまで払えます。

Ich kann maximal 50 Euro zahlen.
イッヒ　カン　マキシマル　フュンフツィッヒ　オイロ　ツァーレン

2 朝食は込みですか？

Ist das Frühstück inbegriffen?
イスト　ダス　フリューシュトゥック　インベグリッフェン

3 高すぎます。

Das ist zu teuer.
ダス　イスト　ツー　トイアー

4 手数料を払うのですか？

Verlangen Sie Provision?
フェルランゲン　ジー　プロヴィジオーン

5 仲介料を払うのですか？

Verlangen Sie eine Vermittlungsgebühr?
フェルランゲン　ジー　アイネ　フェルミットゥルンクスゲビュール

6 クレジットカードで支払えますか？

Kann ich mit Kreditkarte zahlen?
カン　イッヒ　ミット　クレディットカルテ　ツァーレン

7 クレジットカードでお支払いできます。

Wir akzeptieren Kreditkarten.
ヴィア　アクツェプティーレン　クレディートカルテン

ホテルを予約する

1 予約してもらえますか？
Können Sie es buchen?
クェンネン ジー エス ブーヘン

2 部屋を予約してもらえますか？
Können Sie für mich ein Zimmer reservieren?
クェンネン ジー フュール ミッヒ アイン ツィンマー レゼルヴィーレン

3 2泊したいのですが、部屋はありますか？
Haben Sie ein Zimmer frei für zwei Tage?
ハーベン ジー アイン ツィンマー フライ フュール ツヴァイ ターゲ

4 バス・トイレ付きの部屋がいいのですが。
Ich möchte ein Zimmer mit Bad und Toilette.
イッヒ メヒテ アイン ツィンマー ミット バート ウント トワレッテ

5 1泊だけです。
Nur für eine Nacht.
ヌール フュール アイネ ナハト

6 6月10日にダブルルームが空いていますか？
Haben Sie ein Doppelzimmer für den 10. Juni?
ハーベン ジー アイン ドッペルツィンマー フュール デン ツェーンテン ユニ

料金・設備・サービスについて

1 一人当たりいくらになります？
Wie viel kostet das Zimmer pro Person?
ヴィー フィール コステット ダス ツィンマー プロ ペルソーン

2 追加のベットはいくらですか？
Was kostet ein Zusatzbett?
ワス コステット アイン ツーサッツベット

観光・娯楽

3 幼児用ベットはありますか？

Haben Sie ein Kinderbett?
ハーベン　ジー　アイン　キンダーベット

4 バスかシャワーはついていますか？

Hat das Zimmer ein Bad oder eine Dusche?
ハット　ダス　ツィンマー　アイン　バート　オーダー　アイネ　ドゥーシェ

5 禁煙ルームはありますか？

Haben Sie ein Nichtraucherzimmer?
ハーベン　ジー　アイン　ニヒトラウヒャーツィンマー

6 駐車場はありますか？

Hat es einen Parkplatz?
ハット　エス　アイネン　パルクプラッツ

7 1週間滞在したいのですが。特別なオファーをしてもらえますか？

Wir werden für eine Woche bleiben. Machen Sie uns ein Angebot?
ヴィア　ヴェルデン　フュール　アイネ　ヴォッヘ　ブライベン　マッヒェン　ジー　ウンス　アイン　アンゲボート

8 フロントに荷物を預けることができますか？

Können wir unser Gepäck an der Rezeption lassen?
クェンネン　ヴィア　ウンザー　ゲペック　アン　デア　レツェプツィオーン　ラッセン

9 もちろんできますよ。

Selbstverständlich können Sie das.
ゼルプストフェルステンドリッヒ　クェンネン　ジー　ダス

10 ご到着されたときに受付にお問い合わせください。

Fragen Sie an der Rezeption nach, wenn Sie angekommen sind.
フラーゲン　ジー　アン　デア　レツェプツィオーン　ナッハ　ヴェン　ジー　アンゲコンメン　ジント

到着予定について

1 車で行きます。

Wir kommen mit dem Auto.
ヴィア　コンメン　ミット　デム　アウト

2 電車で行きます。

Ich werde mit der Bahn kommen.
イッヒ　ヴェルデ　ミット　デア　バーン　コンメン

3 私たちは朝のうちに着きます。

Wir werden schon vormittags ankommen.
ヴィア　ヴェルデン　ショーン　フォアミッタクス　アンコンメン

4 夜7時くらいに到着する予定です。

Ich werde gegen　19　Uhr ankommen.
イッヒ　ヴェルデ　ゲーゲン　ノインツェーン　ウール　アンコンメン

5 お部屋に入れるのは午後3時以降です。

Sie können das Zimmer erst ab drei Uhr beziehen.
ジー　クェンネン　ダス　ツィンマー　エルスト　アプ　トライ　ウール　ベツィーエン

6 夕方6時以降に着く場合は連絡してください。

Bitte informieren Sie uns, wenn Sie nach　18　Uhr ankommen.
ビッテ　インフォルミーレン　ジー　ウンス　ヴェン　ジー　ナッハ　アハツェーン　ウール　アンコンメン

変更・キャンセル・連絡

1 旅行を延期しなくてはなりません。

Wir müssen unsere Reise verschieben.
ヴィア　ミュッセン　ウンゼレ　ライゼ　フェルシーベン

2 予約を1週間ずらせますか？

Kann ich meine Buchung eine Woche verschieben?
カン　イッヒ　マイネ　ブーフンク　アイネ　ヴォッヒェ　フェルシーベン

3 予約をキャンセルしたいのですが。

Ich möchte meine Buchung annullieren.
イッヒ　メヒテ　マイネ　ブーフンク　アヌリーレン

4 予約をキャンセルしなくてはなりません。

Wir müssen unser reserviertes Zimmer stornieren.
ヴィア　ミュッセン　ウンザー　レゼルヴィールテス　ツィンマー　シュトルニーレン

5 キャンセル料金を払わなくてはなりませんか？

Muss ich Stornogebühr zahlen?
ムス　イッヒ　シュトルノゲビュール　ツァーレン

6 電車が遅れています。

Unser Zug hat Verspätung.
ウンザー　ツーク　ハット　フェルシュペートゥンク

7 車が故障しました。

Unser Auto hat eine Panne.
ウンザー　アウト　ハット　アイネ　パンネ

8 遅れます。

Wir werden uns verspäten.
ヴィア　ヴェルデン　ウンス　フェルシュペーテン

9 子供が病気になりました。

Mein Kind ist krank geworden.
マイン　キント　イスト　クランク　ゲヴォルデン

10 今日到着できません。

Wir kommen heute nicht mehr an.
ヴィア　コンメン　ホイテ　ニヒト　メーァ　アン

11 飛行機が遅れました。夜10時くらいに着きます。

Mein Flug hat sich verspätet. Ich komme erst gegen
マイン フルーク ハット ジッヒ フェルシュペーテット イッヒ コンメ エルスト ゲーゲン
10 Uhr abends an.
ツェーン ウール アーベンズ アン

12 了解しました。

Ja, wir sind einverstanden.
ヤー ヴィア ジント アインフェルシュタンデン

ホテルに到着

CD-1
[track26]

チェックイン

1 こんにちは、どなたかいますか？

Hallo, ist jemand da?
ハロー イスト イェーマント ダー

2 チェックインしたいのですが。

Ich möchte einchecken.
イッヒ メヒテ アインチェッケン

3 たった今、案内所から予約をした者です。

Ich habe gerade vom Verkehrsbüro ein Zimmer
イッヒ ハーベ ゲラーデ フォム フェルケールスビューロー アイン ツィンマー
reservieren lassen.
レゼルヴィーレン ラッセン

4 最初に部屋を見せてもらえますか？

Können Sie mir das Zimmer zuerst zeigen?
クェンネン ジー ミア ダス ツィンマー ツーエルスト ツァイゲン

5 気に入りました。結構です。

Ja, dieses Zimmer gefällt mir.
ヤー ディーゼス ツィンマー ゲフェルト ミア

6 他の部屋はありますか？

Haben Sie auch andere Zimmer?
ハーベン ジー アウホ アンデレ ツィンマー

7 ちょっとうるさいですね。
Hier ist es etwas laut.
ヒア イスト エス エトワス ラウト

8 他の部屋も見せてもらえますか？
Können Sie mir auch andere Zimmer zeigen, bitte?
クェンネン ジー ミア アウホ アンデレ ツィンマー ツァイゲン ビッテ

9 この部屋にします。
Ja, ich nehme dieses Zimmer.
ヤー イッヒ ネーメ ディーゼス ツィンマー

10 パスポートは必要ですか？
Brauchen Sie meinen Pass?
ブラウヘン ジー マイネン パス

11 この用紙に記入してください。
Bitte füllen Sie dieses Formular aus.
ビッテ フューレン ジー ディーゼス フォルムラー アウス

12 ここにサインしてください。
Ich brauche hier Ihre Unterschrift.
イッヒ ブラウヘ ヒア イーレ ウンターシュリフト

13 カギをください。
Geben Sie mir bitte den Schlüssel.
ゲーベン ジー ミア ビッテ デン シュルッセル

14 カギをください。
Meinen Schlüssel, bitte!
マイネン シュルッセル ビッテ

15 こちらがカギです。
Hier ist Ihr Schlüssel.
ヒア イスト イーア シュルッセル

16 101号室です。（カギをもらうとき）
Zimmer Nummer 101 bitte!
ツィンマー ヌンマー フンデルトアインズ ビッテ

17 401号室です。(カギをもらうとき)

Ich wohne im Zimmer 401.
イッヒ ヴォーネ イム ツィンマー フィーアフンデルトアインス

18 2032号室です。(カギをもらうとき)

Zimmer 2032 bitte.
ツィンマー ツヴァイタウゼントツヴァイトライッシッヒ ビッテ

19 前払いになっています。

Sie müssen im voraus zahlen.
ジー ミュッセン イム フォアアウス ツァーレン

20 チェックアウトの際にお支払いください。

Sie können beim Auschecken zahlen.
ジー クェンネン バイム アウスチェッケン ツァーレン

21 現金のみです。

Wir nehmen nur Bargeld.
ヴィア ネーメン ヌーア バーゲルド

ホテルについての質問と説明

1 朝食の時間は？

Wann gibt es Frühstück?
ヴァン ギプト エス フリューシュトゥック

2 朝食は7時から10時までです。

Das Frühstück wird von 7 Uhr bis 10 Uhr serviert.
ダス フリューシュトゥック ヴィルト フォン ジーベン ウーア ビス ツェーン ウーア セルヴィールト

3 朝食はどこで取るのですか？

Wo ist der Frühstücksraum?
ヴォー イスト デア フリューシュトゥックスラウム

4 朝食は2階のホールでご準備いたします。

Das Frühstück wird im Saal im ersten Stock serviert.
ダス フリューシュトゥック ヴィルト イム サール イム エルステン シュトック セルヴィールト

5 こちらからファックスは送れますか？

Kann ich von hier aus ein Fax senden?
カン　イッヒ　フォン　ヒア　アウス　アイン　ファックス　センデン

6 ここでトラベラーズチェックを換金できますか？

Kann ich hier Reiseschecks einlösen?
カン　イッヒ　ヒア　ライゼシェックス　アインロェーゼン

7 エレベーターは使用できないのですか？

Ist der Aufzug außer Betrieb?
イスト　デア　アウフツーク　アウサー　ベトリープ

8 何時までにチェックアウトしなくてはなりませんか？

Bis wann muss ich auschecken?
ビス　ヴァン　ムス　イッヒ　アウスチェッケン

9 正午までにチェックアウトしてください。

Sie müssen bis 12 Uhr Mittag auschecken.
ジー　ミュッセン　ビス　ツヴェルフ　ウーア　ミッタク　アウスチェッケン

お願いする

1 明日7時に起こしてください。

Bitte wecken Sie mich morgen um 7 Uhr!
ビッテ　ヴェッケン　ジー　ミッヒ　モルゲン　ウム　ジーベン　ウーア

2 ドライヤーを貸してもらえませんか？

Können Sie mir einen Fön leihen?
クェンネン　ジー　ミア　アイネン　フェーン　ライエン

3 ハンガーをもう少しください。

Kann ich mehr Kleiderbügel haben, bitte?
カン　イッヒ　メーア　クライダービューゲル　ハーベン　ビッテ

4 毛布をもう1枚ください。

Bitte, geben Sie mir noch eine Decke.
ビッテ　ゲーベン　ジー　ミア　ノッホ　アイネ　デッケ

5 枕をもう一つください。

Wir brauchen noch ein Kopfkissen.
ヴィア　ブラウヘン　ノッホ　アイン　コップキッセン

---

6 テレビのリモコンはどこですか？

Wo ist die Fernbedienung vom Fernseher?
ヴォー　イスト　ディー　フェルンベディーヌンク　フォム　フェルンゼーアー

---

7 もしもし、ルームサービスですか？

Hallo, Zimmerservice?
ハロー　ツィンマーセルヴィス

---

8 こちらは501号室の山田です。

Hier ist Yamada von Zimmer 501.
ヒア　イスト　ヤマダ　フォン　ツィンマー　フュンフフンデルトアインズ

---

9 ビール2つとサンドイッチ2つ、お願いします。

Bringen Sie mir bitte zwei Bier und zwei Sandwiches.
ブリンゲン　ジー　ミア　ビッテ　ツヴァイ　ビア　ウント　ツヴァイ　サンドゥイッチス

---

10 チーズサンドとハムサンドです。

Eines mit Käse und eines mit Schinken.
アイネス　ミット　ケーゼ　ウント　アイネス　ミット　シンケン

---

11 サラミのサンドイッチはありますか？

Haben Sie ein Sandwich mit Salami?
ハーベン　ジー　アイン　サンドゥイッチ　ミット　サラーミ

---

12 どうぞ、お入りください。

Ja, kommen Sie herein!
ヤー　コンメン　ジー　ヘーライン

---

13 ここにサインしてください。

Unterschreiben Sie bitte hier.
ウンターシュライベン　ジー　ビッテ　ヒア

観光・娯楽

街へ出かける

1 このブリーフケースを金庫に預けたいのですが。

Können Sie diese Brieftasche in den Safe legen?
クェンネン　ジー　ディーゼ　ブリーフタッシェ　イン　デン　セーフ　レーゲン

2 部屋のカギはここに置いておくのですか？　（カギが複数形の場合）

Soll ich die Zimmerschlüssel hier lassen?
ゾル　イッヒ　ディー　ツィンマーシュルッセル　ヒア　ラッセン

3 はい、フロントに預けてください。

Ja, lassen Sie sie bei der Rezeption.
ヤー　ラッセン　ジー　ジー　バイ　デア　レツェプツィオーン

4 外出の際はそのままお持ちください。

Nein, nehmen Sie sie mit, wenn Sie ausgehen.
ナイン　ネーメン　ジー　ジー　ミット　ヴェン　ジー　アウスゲーエン

5 この近くに良いレストランはありますか？

Kennen Sie ein gutes Restaurant in der Nähe?
ケンネン　ジー　アイン　グーテス　レストラン　イン デア　ネーエ

6 2人用のテーブルを予約していただけますか？

Könnten Sie uns einen Tisch für zwei Personen reservieren?
クェンテン　ジー　ウンス　アイネン　ティッシュ　フュール　ツヴァイ　ペルソーネン　レゼルヴィーレン

7 タクシーを呼んでください。

Rufen Sie mir ein Taxi, bitte.
ルーフェン　ジー　ミア　アイン　タクシー　ビッテ

8 市庁舎広場への道を教えてもらえますか？

Könnten Sie mir den Weg zum Rathausplatz zeigen?
クェンテン　ジー　ミア　デン　ヴェーク　ツム　ラートハウスプラッツ　ツァイゲン

ホテルに戻る

1 メッセージは届いていませんか？

Haben Sie eine Nachricht für mich?
ハーベン　ジー　アイネ　ナッハリヒト　フュール　ミッヒ

2 郵便が届いていますか？

Gibt es Post für mich?
ギプト　エス　ポスト　フュール　ミッヒ

3 部屋のカギをなくしました。

Ich habe meinen Zimmerschlüssel verloren.
イッヒ　ハーベ　マイネン　ツィンマーシュルッセル　フェルローレン

4 部屋のカギを部屋の中に置いてきてしまいました。

Ich habe meinen Schlüssel im Zimmer liegen lassen.
イッヒ　ハーベ　マイネン　シュルッセル　イム　ツィンマー　リーゲン　ラッセン

苦情を言う

1 明かりがつきません。

Das Licht funktioniert nicht.
ダス　リヒト　フンクツィオニールト　ニヒト

2 暖房がつきません。

Die Heizung geht nicht.
ディー　ハイツゥンク　ゲート　ニヒト

3 窓がしっかり閉まりません。

Das Fenster geht nicht richtig zu.
ダス　フェンスター　ゲート　ニヒト　リヒティッヒ　ツー

4 電球が切れています。

Die Birne ist kaputt.
ディー　ビルネ　イスト　カプット

観光・娯楽

5 ドライヤーが壊れています。

Der Haartrockner funktioniert nicht.
デア　　ハールトロックナー　　フンクツィオニールト　ニヒト

6 トイレットペーパーがありません。

Es fehlt Toilettenpapier.
エス フェールト　　トワレッテンパピァ

7 トイレが詰まっています。

Die Toilette ist verstopft.
ディー　トワレッテ　イスト フェルシュトップト

8 水が流れません。

Das Wasser läuft nicht.
ダス　　ワッサー　ロイフト　ニヒト

9 お風呂が詰まっています。

Das Bad ist verstopft.
ダス　バート　イスト フェルシュトップト

10 お湯が出ません。

Wir haben kein warmes Wasser.
ヴィア　ハーバン　カイン　ワルメス　　ワッサー

11 シーツが替えられていません。

Das Leintuch ist noch nicht gewechselt worden.
ダス　ライントゥーフ イスト ノッホ　ニヒト　ゲヴェックセルト　　ヴォルデン

12 部屋が汚れています。

Das Zimmer ist schmutzig.
ダス　　ツィンマー　イスト シュムッツィッヒ

チェックアウト

1 出発します。

Wir reisen ab.
ヴィア　ライゼン　アプ

2 チェックアウトしたいのですが。

Ich möchte auschecken.
イッヒ　メヒテ　　アウスチェッケン

---

3 チェックアウトしたいのですが。

Wir möchten auschecken.
ヴィア　メヒテン　　アウスチェッケン

---

4 請求書をお願いします。

Die Rechnung bitte.
ディー　レヒヌンク　　ビッテ

---

5 電話は使われましたか？

Haben Sie telefoniert?
ハーベン　ジー　テレフォニィールト

---

6 ミニバーは使われましたか？

Haben Sie etwas aus der Mini-Bar genommen?
ハーベン　ジー　エトワス　アウス　デア　ミニ　バー　　ゲノンメン

---

7 ミニバーからは何も取りませんでした。

Wir haben nichts aus der Mini-Bar konsumiert.
ヴィア　ハーベン　　ニヒツ　アウス　デア　ミニ　バー　コンスミィールト

---

8 現金ですか、クレジットカードですか？

Zahlen Sie bar oder mit Kreditkarte?
ツァーレン　ジー　バー　オーダー　ミット　クレディットカルテ

---

9 現金で払います。

Ich möchte bar zahlen.
イッヒ　　メヒテ　　バー　ツァーレン

---

10 このカードで払います。

Ich möchte mit dieser Karte zahlen.
イッヒ　　メヒテ　　ミット　ディーザー　カルテ　ツァーレン

---

11 サインをお願いします。

Ihre Unterschrift bitte.
イーレ　ウンターシュリフト　　ビッテ

観光・娯楽

143

12 ここにサインしてください。

Bitte unterschreiben Sie hier.
ビッテ　ウンターシュライベン　ジー　ヒア

13 こちらが控えです。

Hier ist die Quittung für Sie.
ヒア　イスト　ディー　クヴィットゥンク　フュール　ジー

14 計算がおかしいです。

Die Rechnung stimmt nicht.
ディー　レヒヌンク　シュティムト　ニヒト

15 ちょっとおかしいです。

Da stimmt etwas nicht.
ダー　シュティムト　エトワス　ニヒト

16 私は電話をかけていません。

Ich habe nicht telefoniert.
イッヒ　ハーベ　ニヒト　テレフォニィールト

荷物を預ける

1 荷物を預かってもらえませんか？

Können wir unser Gepäck bei Ihnen lassen?
クェンネン　ヴィア　ウンザー　ゲペック　バイ　イーネン　ラッセン

2 4時頃に戻ります。

Wir kommen gegen vier Uhr zurück.
ヴィア　コンメン　ゲーゲン　フィーア　ウール　ツーリュック

3 出発は夜です。

Wir reisen erst am Abend ab.
ヴィア　ライゼン　エルスト　アム　アーベント　アプ

4 このホテルはとても良かったです。

Es hat uns hier sehr gefallen.
エス　ハット　ウンス　ヒア　ゼーア　ゲファーレン

観光名所へ行く

CD-1 [track27]

街でたずねる

1 ここに観光局はありますか？

Gibt es hier ein Fremdenverkehrsamt?
ギプト エス ヒア アイン フレムデンフェルケールスアムト

2 ツーリスト・インフォメーションがどこかご存知ですか？

Wissen Sie, wo die Touristeninformation ist?
ヴィッセン ジー ヴォー ディー トゥーリステンインフォルマツィオーン イスト

3 この近くにタバコの自動販売機はありますか？

Wissen Sie, wo es in der Nähe einen Zigarettenautomaten gibt?
ヴィッセン ジー ヴォー エス イン デア ネーヘ アイネン ツィガレッテンアウトマーテン ギプト

観光局でたずねる

1 この町の地図はありますか？

Haben Sie einen Stadtplan?
ハーベン ジー アイネン シュタットプラン

2 この地方の地図もありますか？

Haben Sie eine Karte der Region?
ハーベン ジー アイネ カルテ デア レギオーン

3 交通網の地図もありますか？

Haben Sie auch einen Plan über die Verkehrsverbindungen?
ハーベン ジー アウホ アイネン プラーン ユーバー ディー フェルケールスフェルビンドゥンゲン

4 町の地図をください。

Ich hätte gerne einen Stadtplan.
イッヒ ヘッテ ゲルネ アイネン シュタットプラン

5 どんな観光名所があるのでしょうか？

Welche Sehenswürdigkeiten gibt es hier?
ヴェルヒェ　ゼーエンスヴュルディッヒカイテン　ギプト エス ヒア

6 街のツアーはありますか？

Gibt es eine Stadtführung?
ギプト エス アイネ　シュタットフュールンク

7 こちらではロマンチック街道へのツアーを企画していますか？

Bieten Sie eine Pauschalreise zur Romantischen Straße an?
ビーテン ジー アイネ　パウシャルライゼ　ツール　ロマンティッシェン　シュトラッセ アン

8 ロマンチック街道はヴュルツブルグからフュッセンへの道です。

Die Romantische Straße führt von Würzburg nach Füssen.
ディー　ロマンティッシェ　シュトラッセ フュールト フォン ヴュルツブルク　ナッハ　フュッセン

9 街道沿いに城や教会、館などがあります。

Dort gibt es viele Schlösser, Kirchen und Burgen.
ドート ギプト エス フィーレ　シュロッサー　キルヒェン　ウント　ブルゲン

10 博物館の一覧はありますか？

Haben Sie ein Verzeichnis der Museen?
ハーベン　ジー アイン フェルツァイヒニス　デア　ムゼーエン

11 はい、でも 1.5 ユーロします。

Ja, aber das kostet einen Euro fünfzig.
ヤー　アーバー　ダス コステット　アイネン　オイロ フュンフツィッヒ

12 フェスティバルが催される週の行事予定表はありますか？

Haben Sie einen Veranstaltungskalender für die
ハーベン　ジー　アイネン　フェルアンシュタルトゥンクスカレンダー　フュア ディー
Festwoche?
フェストヴォッヘ

13 ここで両替できますか？

Kann ich hier Geld wechseln?
カン　イッヒ ヒア　ゲルド　ヴェクセルン

14 いいえ、でもそこの角に銀行がありますよ。

Nein, aber dort an der Ecke ist eine Bank.
ナイン　アーバー　ドート　アン　デア　エッケ　イスト　アイネ　バンク

チケットを買う

1 マイナウ島行きのチケットを1枚買いたいのですが。

Ich möchte ein Ticket für das Schiff zur Insel Mainau kaufen.
イッヒ　メヒテ　アイン　ティケット　フュール　ダス　シッフ　ツール　インセル　マイナウ　カウフェン

2 ヘーレンシームゼー城行きの船はいつ出港しますか？

Wann fährt ein Schiff zum Schloss Herrenchiemsee?
ヴァン　フェールト　アイン　シッフ　ツム　シュロース　ヘーレンキームゼー

3 乗船時間はどのくらいでしょうか？

Wie lange dauert die Überfahrt?
ヴィー　ランゲ　ダウエルト　ディー　ユーバーファールト

場所をたずねる

1 美術館にはどう行けばよいのでしょう？

Bitte, wie komme ich zum Kunstmuseum?
ビッテ　ヴィー　コンメ　イッヒ　ツム　クンストムゼーウム

2 古代文化博物館はどこかご存知ですか？

Wissen Sie, wo das Antikenmuseum liegt?
ヴィッセン　ジー　ヴォー　ダス　アンティーケンムゼーウム　リークト

3 場所を地図で示してもらえますか？

Können Sie mir das auf der Karte zeigen?
クェンネン　ジー　ミア　ダス　アウフ　デア　カルテ　ツァイゲン

観光・娯楽

147

4 すぐ近くですよ。

Das liegt ganz in der Nähe.
ダス　リークト　ガンツ　イン　デア　ネーエ

5 あそこです。塔のある建物です。

Das ist dort drüben. Das Gebäude mit dem Turm.
ダス　イスト　ドート　ドリューベン　ダス　ゲボイデ　ミット　デム　トゥルム

6 ここですよ。でも今日は閉まっています。

Das ist hier. Aber heute ist es geschlossen.
ダス　イスト　ヒア　アーバー　ホイテ　イスト　エス　ゲシュロッセン

7 知りません。

Das kenne ich nicht.
ダス　ケンネ　イッヒ　ニヒト

8 土地の者でないので。

Ich bin nicht von hier.
イッヒ　ビン　ニヒト　フォン　ヒア

9 申し訳ないのですが、助けてあげられません。

Es tut mir leid, aber ich kann Ihnen nicht helfen.
エス　トゥート　ミア　ライト　アーバー　イッヒ　カン　イーネン　ニヒト　ヘルフェン

道をたずねる

1 博物館への道を知っていますか？

Kennen Sie den Weg zum Landesmuseum?
ケンネン　ジー　デン　ヴェーク　ツム　ランデスムゼーウム

参考 3番目の交差点を左に曲がってください。

Biegen Sie bitte an der dritten Kreuzung links ab.
ビーゲン　ジー　ビッテ　アン　デア　ドリッテン　クロイツンク　リンクス　アプ

2 まっすぐ行って、2番目の信号を右に曲がりなさい。

Gehen Sie geradeaus, dann biegen Sie an der zweiten Ampel rechts ab.
ゲーエン　ジー　ゲラデアウス　　ダン　ビーゲン　ジー　アン　デア　ツヴァイテン　アンペル　レヒツ　アプ

3 道を間違えましたね。ここからは遠いですよ。

Sie haben sich verlaufen. Das ist weit von hier.
ジー　ハーベン　ジッヒ　フェルラウフェン　ダス　イスト　ヴァイト　フォン　ヒア

4 戻らなくてはなりません。

Sie müssen zurück.
ジー　ミュッセン　ツーリュック

5 歩いていくつもりですか？

Wollen Sie zu Fuß gehen?
ヴォーレン　ジー　ツー　フス　ゲーエン

6 市電で行くのが一番よいです。

Am besten fahren Sie mit der Trambahn.
アム　ベステン　ファーレン　ジー　ミット　デア　トラムバーン

7 バスに乗ったほうがいいですよ。

Besser nehmen Sie den Bus.
ベッサー　ネーメン　ジー　デン　ブス

8 5分かかります。

Es dauert nur fünf Minuten.
エス　ダウエルト　ヌーァ　フュンフ　ミヌーテン

観光名所を見学する

美術館・博物館へ

1 大人1枚、ください。

Einmal Erwachsene, bitte.
アインマル　エアヴァッハゼネ　ビッテ

2 特別展の入場券を2枚ください。

Zwei Eintrittskarten für die Sonderausstellung, bitte.
ツヴァイ　アイントリッツカルテン　フュール ディー　ゾンダーアウスシュテールンク　ビッテ

3 このチケットで常設展もご覧になれますよ。

Mit dieser Karte können Sie auch die Dauerausstellung besichtigen.
ミット ディーザー　カルテ　クェンネン　ジー　アウホ ディー ダウアーアウスシュテールンク
ベジヒティゲン

4 どのくらい時間がかかりますか？

Wie lange dauert sie?
ヴィー　ランゲ　ダウエルト ジー

5 英語のパンフはありますか？

Haben Sie eine Broschure in englischer Sprache?
ハーベン　ジー　アイネ　ブロシューレ　イン エングリッシャー シュプラッヒェ

6 日本語のガイドがありますか？

Gibt es eine japanische Führung?
ギプト エス アイネ　ヤパーニッシェ　フューールンク

7 何時に始まりますか？

Wann beginnt sie?
ヴァン　ベギント ジー

8 展覧会は何時からですか？

Wann ist die Ausstellung geöffnet?
ヴァン　イスト ディー アウスシュテールンク　ゲエフネット

9 このバックを持ち込んでもよいですか？

Darf ich meine Tasche mit in die Ausstellung nehmen?
ダルフ イッヒ　マイネ　タッシェ ミット イン ディー アウスシュテールンク　ネーメン

10 そのバックはクロークに預けなくてはなりません。

Sie müssen Ihre Tasche an der Garderobe abgeben.
ジー　ミュッセン イーレ　タッシェ アン デア　ガルデローベ　アプゲーベン

11 貴重品は入れないでください。

Lassen Sie bitte keine Wertsachen drin.
ラッセン　ジー　ビッテ　カイネ　ヴェルトザッヘン　ドゥリン

お城へ

1 ルードゥイッヒ2世のノイシュヴァンシュタイン城も見学しよう。

Besichtigen wir auch das Schloss Neuschwanstein von König Ludwig dem Zweiten!
ベジヒティゲン　ヴィア　アウホ　ダス　シュロス　ノイシュヴァンシュタイン　フォン
クェーニッヒ　ルードゥイッヒ　デム　ツヴァイテン

2 お城を見物したいのですが。

Wir möchten das Schloss besichtigen.
ヴィア　メヒテン　ダス　シュロス　ベジヒティゲン

3 入場料は9ユーロ、割引だと6ユーロ。

Der Eintritt kostet 9 Euro, 6 Euro ermäßigt.
デア　アイントリット　コステット　ノイン　オイロ　ゼックス　オイロ　エアメーシクト

4 子供は入場無料です。

Kinder haben freien Eintritt.
キンダー　ハーベン　フライエン　アイントリット

5 これはどういう建築様式ですか？

Welcher Baustil ist das?
ヴェルヒャー　バウスティル　イスト　ダス

6 城内のガイドはどのくらい続くのですか？

Wie lange dauert die Führung durch das Schloss?
ヴィー　ランゲ　ダウエルト　ディー　フュールンク　ドゥルヒ　ダス　シュロス

7 日本語のガイドもありますか？

Gibt es auch eine Führung auf Japanisch?
ギプト　エス　アウホ　アイネ　フュールンク　アウフ　ヤパーニッシュ

観光・娯楽

8 残念ながらありません。英語だけです。ただ、日本語のオーディオ・ガイドがございます。

Leider nicht. Nur auf Englisch. Aber wir haben einen Audio-Guide auf Japanisch.

9 日本語の目録がありますか？

Haben Sie einen Katalog in japanischer Sprache?

10 お城が閉まるのは何時ですか？

Wann schließt das Schloss?

11 みやげ物屋はどこですか？

Wo ist das Souvenirgeschäft?

街の景観 他

1 この街はユネスコから認定された世界遺産だ。

Dieses Städtchen ist von der UNESCO anerkanntes Weltkulturerbe.

2 あそこの高い建物は何ですか？

Was ist das für ein hohes Haus dort drüben?

3 この街で一番高い建物の高さはどのくらいですか？

Wie hoch ist das höchste Gebäude der Stadt?

4 この教会は15世紀に建てられた。

Diese Kirche wurde im 15. Jahrhundert erbaut.

5 修道院は830年に建立されたそうだ。

Das Kloster soll um 830 gegründet worden sein.
ダス　クロースター　ゾル　ウム　アハトフンデルトドライシッヒ　ゲグリュンデット　ヴォルデン　ザイン

6 風景はすばらしかった。

Die Landschaft war faszinierend.
ディー　ランドシャフト　ワー　ファッスツィニーレント

7 この風景が好きだ。

Ich liebe diese Landschaft.
イッヒ　リーベ　ディーゼ　ランドシャフト

8 その絵は自然の景観を表しているそうだ。

Das Bild soll die Naturlandschaft darstellen.
ダス　ビルト　ゾル　ディー　ナトゥールランドシャフト　ダーシュテーレン

9 これらはドイツのアマチュアおよびプロカメラマンの作品です。

Das hier sind die Werke von deutschen Amateur- und Profifotografen.
ダス　ヒア　ジント　ディー　ヴェルケ　フォン　ドイチェン　アマトゥーア　ウント　プロフィフォトグラーフェン

観光・娯楽

写真・ビデオの撮影

1 ここで写真を撮ってもかまいませんか？

Darf ich hier fotografieren?
ダルフ　イッヒ　ヒア　フォトグラフィーレン

2 写真を撮ってもよいですが、ストロボは使わないでください。

Ja, Sie können hier fotografieren, aber ohne Blitz.
ヤー　ジー　クェンネン　ヒア　フォトグラフィーレン　アーバー　オーネ　ブリッツ

3 ここでビデオを撮ってもよろしいですか？

Darf ich hier filmen?
ダルフ　イッヒ　ヒア　フィルメン

<u>4</u> ここでビデオは撮れません。

Nein, Sie dürfen hier nicht filmen.
ナイン　ジー　デュルフェン　ヒア　ニヒト　フィルメン

娯楽

CD-1
[track29]

映画鑑賞

<u>1</u> 朝の上映では入場料が安くなる。

Matinéevorstellungen sind günstiger.
マティネーフォァシュテールンゲン　ジント　ギュンスティガー

<u>2</u> 君は学生だから割引になるよ。

Als Student bekommst du Ermäßigung.
アルス　シュトゥデント　ベコムスト　ドゥ　エァメーシグンク

<u>3</u> 最後の上映は何時からですか？

Wann beginnt die letzte Vorstellung?
ヴァン　ベギント　ディー　レツテ　フォアシュテールンク

<u>4</u> アストラでは今日は何をやってるの？

Was läuft heute im Astra?
ワス　ロイフト　ホイテ　イム　アストラ

<u>5</u> ジョニー・デップの出ている映画だよ。

Dort läuft ein Film mit Jonny Depp.
ドート　ロイフト　アイン　フィルム　ミット　ジョニー　デップ

<u>6</u> 字幕つきかい？

Ist der Film mit Untertiteln?
イスト　デア　フィルム　ミット　ウンターティーテルン

<u>7</u> いいや、吹き替えだよ。

Nein, er ist synchronisiert.
ナイン　エア　イスト　シンクロニジィールト

<u>8</u> この映画は映画館で大当たりだった。

Der Film war ein Kassenschlager im Kino.
デア　フィルム　ワー　アイン　カッセンシュラーガー　イム　キーノー

9 この監督は一度アカデミー賞を受賞した。
Dieser Regisseur hat schon einen Oscar gewonnen.
ディーザー　レジソーア　ハット　ショーン　アイネン　オスカー　ゲヴォンネン

10 この映画はベルリンの映画祭に出品された。
Der Film ist auf dem letzten Berlinale-Festival gelaufen.
デア　フィルム　イスト　アウフ　デム　レツテン　ベルリナーレ　フェスティヴァル　ゲラウフェン

11 どの映画が気に入りましたか？
Was ist Ihr Lieblingsfilm?
ワス　イスト　イーァ　リープリンクスフィルム

観光・娯楽

観劇・コンサート

1 市立劇場では何を公演していますか？
Was wird im Stadttheater gespielt?
ワス　ウィルト　イム　シュタットテアーター　ゲシュピールト

2 チケットはどこで手に入りますか？
Wo bekommt man die Karten?
ヴォー　ベコムト　マン　ディー　カルテン

3 当日券はまだありますか？
Gibt es noch Karten an der Abendkasse?
ギプト　エス　ノッホ　カルテン　アン　デア　アーベントカッセ

4 アリーナ席では 28 列にまだ 2 つ席が空いてます。
Wir haben noch zwei freie Parkettplätze in der Reihe 28.
ヴィア　ハーベン　ノッホ　ツヴァイ　フライエ　パルケットプレッツェ　イン　デア　ライエ
アハトウントツヴァンツィッヒ

5 割引はありますか？
Haben Sie ermäßigte Karten?
ハーベン　ジー　エアメーシクテ　カルテン

155

6 明日の夜8時のコンサートを2枚お願いします。

Bitte zwei Karten für das Konzert morgen Abend um 20 Uhr.
ビッテ ツヴァイ カルテン フュール ダス コンツェルト モルゲン アーベント ウム ツヴァンツィッヒ ウーア

7 上演時間はどのくらいですか？

Wie lange dauert die Vorstellung?
ヴィー ランゲ ダウエルト ディー フォアシュテールンク

スポーツ観戦

CD-2 [track1]

サッカーを見に行く

1 サッカーはしますか？

Spielen Sie Fußball?
シュピーレン ジー フースバール

2 いいえ、でも、観戦するのは大好きです。

Nein, aber ich schaue gerne zu.
ナイン アーバー イッヒ シャウエ ゲルネ ツー

3 どっちのチームを応援するかい？

Für welche Mannschaft bist du?
フュール ヴェルヒェ マンシャフト ビスト ドゥ

4 バイエルン・ミュンヘンだよ。

Ich bin für die Bayern.
イッヒ ビン フュール ディー バイエルン

5 お気に入りはどの選手？

Wer ist dein Lieblingsspieler?
ヴェア イスト ダイン リープリンクスシュピーラー

6 ロナルドさ。

Mein Lieblingsspieler ist Ronaldo.
マイン リープリンクスシュピーラー イスト ロナルド

郵便はがき

1 1 2 - 0 0 0 5

恐れ入りますが
62円切手を
お貼り下さい

東京都文京区水道2-11-5

明日香出版社 行
プレゼント係

感想を送って頂いた方10名様に
毎月抽選で図書カード（500円）をプレゼント！

ご注文はこちらへ

※別途手数料・送料がかかります。（下記参照）
※お支払いは〈代金引換〉です。（クロネコヤマト）

ご注文	1500円以上　手数料230円
合計金額（税込）	1500円未満　手数料230円＋送料300円

ご注文書籍名	冊　数

弊社WEBサイトからもご意見、
ご感想の書き込みが可能です！

明日香出版社HP http://www.asuka-g.co.jp

愛読者カード 弊社WEBサイトからもご意見、ご感想の書き込みが可能です

この本のタイトル					月　日頃ご購入
ふりがな お名前		性別	男女	年齢	歳

ご住所　郵便番号（　　　　　）　電話（　　　　　　）

　　　　都道
　　　　府県

メールアドレス

商品を購入する前にどんなことで悩んでいましたか？
_____

何がきっかけでこの商品を知りましたか？　① 店頭で　② WEBで　③ 広告で
_____

商品を知ってすぐに購入しましたか？しなかったとしたらなぜですか？
_____

何が決め手となってこの商品を購入しましたか？
_____

実際に読んでみていかがでしたか？
_____

ご意見、ご感想をアスカのホームページで公開してもよいですか？
① 名前を出してよい　② イニシャルならよい　③ 出さないでほしい
①と②を選択していただき誠に有難うございます。
ホームページに いいね！ と twitter があります。
ぜひポチッをお願い致します。

●その他ご意見・出版して欲しいテーマなど

●感想をお聞かせ下さい
① 価格（高い・安い・ちょうど良い）　③ レイアウト（見にくい・見やすい）
② 装丁（悪い・良い・普通）　　　　　④ 総評（悪い・良い・普通）

＊ご記入いただいた個人情報は厳重に管理し、小社からのご案内や商品の発送以外の目的で使用することはありません。

7 立見席はいくらだい？

Was kostet der Stehplatz?
ワス　コステット　デア　シュテープラッツ

試合を見る

1 審判がフリーキックを指示した。

Der Schiedsrichter hat auf Freistoß entschieden.
デア　シーツリヒター　ハット アウフ フライシュトース　エントシーデン

2 審判はファウルを見逃したよ。

Der Schiedsrichter hat ein Foul übersehen.
デア　シーツリヒター　ハット アイン ファウル ユーバーゼーエン

3 あれ、オフサイドじゃないの？

War es kein Abseits?
ワー　エス　カイン　アブザイツ

4 買収されてるぜ！

Schiebung!
シーブンク

5 あいつ、わざとファウルに見せかけてる！

Das war eine Schwalbe, er hat ein Foul vorgetäuscht!
ダス　ワー　アイネ　シュヴァルベ　エア ハット アイン ファウル　フォァゲトイシュト

6 前半が終了だ。

Die erste Spielzeit ist vorbei.
ディー エルステ シュピールツァイト イスト フォアバイ

7 ゴールの度に大歓声が起こった。

Bei jedem Tor gab es großen Jubel.
バイ イェーデン トーァ ガプ エス グローセン ユーベル

観光・娯楽

8 反則が出ると審判はすぐに選手にイエローカードを出した。

Sofort nach dem Foul zeigte der Schiedsrichter dem Spieler die gelbe Karte.

9 試合は引き分けだった。

Das Spiel war unentschieden.

10 ボルシア・ドルトムントがバイエルン・ミュンヘンに1対0で勝った。

Borussia Dortmund gewann gegen Bayern München mit 1 zu 0.

11 試合の後、選手たちはユニフォームを交換した。

Nach Beendigung des Spiels tauschten die Spieler ihre Trikots.

12 霧のため試合は中止になった。

Das Spiel ist wegen Nebel abgesagt worden.

試合について話す

1 昨夜の試合を見たかい？

Hast du das Spiel von gestern gesehen?

2 手に汗を握ったよ。

Das war ganz spannend.

3 すばらしいゴールだったね。

Er hat ein tolles Tor geschossen.

4 結局ペナルティまでもつれこんだ。
Das Spiel wurde mit Elfmeterschiessen entschieden.
ダス　シュピール　　ヴルデ　　ミット　　エルフメーターシィーセン　　エントシィーデン

5 ゴールキーパーはよくやったよね。
Der Torwart war gut, oder?
デア　トールワルト　ワー　グート　オーダー

観光・娯楽

駅で

たずねる

1 切符はどこで買えますか？

Wo kann ich den Fahrschein kaufen?
ヴォー カン イッヒ デン ファールシャイン カウフェン

2 この切符はいつまで有効ですか？

Wie lange ist diese Karte gültig?
ヴィー ランゲ イスト ディーゼ カルテ ギュルティッヒ

3 ミラノに行きたいのですが。時刻表はありますか？

Ich möchte nach Mailand fahren. Haben Sie einen Fahrplan?
イッヒ メヒテ ナッハ マイランド ファーレン ハーベン ジー アイネン ファールプラン

4 細かいお金はありますか？ この10ユーロ札を両替したいのですが。

Haben Sie zufällig Kleingeld? Ich möchte diesen 10 Euroschein wechseln.
ハーベン ジー ツーフェーリッヒ クラインゲルド イッヒ メヒテ ディーゼン ツェーン オイロシャイン ヴェクセルン

5 この荷物を預けたいのですが。

Ich möchte dieses Gepäck aufgeben.
イッヒ メヒテ ディーゼス ゲペック アウフゲーベン

6 コインロッカーはどこですか？

Wo finde ich bitte Schließfächer?
ヴォー フィンデ イッヒ ビッテ シュリースフェッヒャー

7 この自動切符販売機の使い方を教えてもらえますか？

Können Sie mir erklären, wie man diesen Fahrkartenautomat bedient?
クェンネン ジー ミア エアクレーレン ヴィー マン ディーゼン ファールカルテンアウトマート ベディーント

---

⑦ どこかへ行く

ドイツ、スイスなどの公共交通機関には様々な割引制度があります。バーンカード（独）やハルプタックス（スイス）は、一定の金額を最初に払うことで、1〜2年間の乗車券が半額などの割引になるサービス。また、ドイツ鉄道ではホームページで割引乗車券をオンラインで発売、日本からも注文でき、かなりお得なものもあります。

切符を購入・予約

1 ケルンまで往復1枚ください。

Eine Rückfahrkarte nach Köln, bitte.
アイネ　リュックファールカルテ　ナッハ　クェルン　ビッテ

2 往復切符をください。

Hin und zurück, bitte.
ヒン　ウント　ツーリュック　ビッテ

3 ウィースバーデンまで、片道1枚、1等で、禁煙車を。

Eine einfache Fahrkarte nach Wiesbaden, erste Klasse, Nichtraucher.
アイネ　アインファッヒェ　ファールカルテ　ナッハ　ウィースバーデン　エルステ　クラッセ
ニヒトラウハー

4 バーンカードはお持ちですか？

Haben Sie eine BahnCard?
ハーベン　ジー　アイネ　バーンカード

5 いいえ、持っていません。

Nein, habe ich nicht.
ナイン　ハーベ　イッヒ　ニヒト

6 2等に2席、予約したいのですが。

Ich möchte zwei Plätze in der zweiten Klasse reservieren.
イッヒ　メヒテ　ツヴァイ　プレッツェ　イン　デア　ツヴァイテン　クラッセ　レセルヴィーレン

7 喫煙車ですか、禁煙車ですか？

Raucher oder Nichtraucher?
ラウハー　オーダー　ニヒトラウハー

8 禁煙車両を。

Nichtraucher, bitte.
ニヒトラウハー　ビッテ

どこかへ行く

9 高齢者向けの割引がありますか？

Gibt es eine Ermäßigung für Senioren?
ギプト エス アイネ エアメーシグンク フュール セニオーレン

10 乗り換えなくてはいけませんか？

Muss ich umsteigen?
ムス イッヒ ウムシュタイゲン

11 フランクフルトでデュッセルドルフへの乗り継ぎがありますか？

Habe ich in Frankfurt Anschluss nach Düsseldorf?
ハーベ イッヒ イン フランクフルト アンシュルース ナッハ デュッセルドルフ

12 ドイツにお住みで、よく列車を利用されるのなら、バーンカードが便利でしょう。

Wenn Sie in Deutschland wohnen und häufig mit der
ヴェン ジー イン ドィチュラント ヴォーネン ウント ホイフィッヒ ミット デア
Bahn reisen, dann kann für Sie eine BahnCard sinnvoll
バーン ライゼン ダン カン フュール ジー アイネ バーンカード ジンフォル
sein.
ザイン

13 バーンカード50をお持ちでしたら、乗車券が半額になります。

Mit der Bahn Card 50 zahlen Sie nur die Hälfte
ミット デア バーン カード フュンフツィッヒ ツァーレン ジー ヌーア ディー ヘルフテ
des normalen Tarifs.
デス ノルマーレン タリフス

列車に乗る

1 この列車はバーゼル行きですか？

Ist das der Zug nach Basel?
イスト ダス デア ツーク ナッハ バーゼル

2 はい、そうです、バーゼル行きです。

Ja, das ist der Zug nach Basel.
ヤー ダス イスト デア ツーク ナッハ バーゼル

3 これは直行列車ですか？

Ist das ein Direktzug?
イスト ダス アイン ディレクトツーク

4 ニュールンベルグ行きの列車はどこから発車しますか？

Von welchen Gleis fährt der Zug nach Nürnberg?
フォン ヴェルヒェン グライス フェールト デア ツーク ナッハ ニュールンベルク

5 10番線です。

Von Gleis 10.
フォン グライス ツェーン

6 ハンブルグには何時に着きますか？

Wann kommt der Zug in Hamburg an?
ヴァン コムト デア ツーク イン ハンブルク アン

7 1時40分に着きます。

Er kommt um ein Uhr vierzig an.
エア コムト ウム アイン ウール フィルツィッヒ アン

8 列車は20分遅れています。

Der Zug hat 20 Minuten Verspätung.
デア ツーク ハット ツヴァンツィッヒ ミヌーテン フェルシュペートゥング

9 列車は時刻表通りに運行しています。

Der Zug fährt fahrplanmäßig.
デア ツーク フェールト ファールプランメッシヒ

10 車掌に聞いてみなさい。

Am besten fragen Sie den Schaffner.
アム ベステン フラーゲン ジー デン シャフナー

どこかへ行く

車内で

1 この列車には食堂車がついていますか？

Hat dieser Zug einen Speisewagen?
ハット ディーザー ツーク アイネン シュパイゼワーゲン

2 食堂車はありますか？

Gibt es hier einen Speisewagen?
ギプト エス ヒア アイネン シュパイゼワーゲン

3 ここでタバコは吸えないよ。禁煙車両だから。

Du darfst hier nicht rauchen. Wir sind im Nichtraucher-Abteil.
ドゥ ダルフスト ヒア ニヒト ラウヒェン ヴィア ジント イム ニヒトラウハー アプタイル

4 ここは空いていますか？

Ist hier noch frei?
イスト ヒア ノッホ フライ

5 ここに座ってもよろしいですか？

Können wir uns hier setzen?
クェンネン ヴィア ウンス ヒア ゼッツェン

6 この席はまだ空いていますか？

Ist der Platz hier noch frei?
イスト デア プラッツ ヒア ノッホ フライ

7 空いてますよ、どうぞ。

Ja, der ist frei. Bitte!
ヤー デア イスト フライ ビッテ

8 いいえ、だれかいますよ。

Nein, hier sitzt schon jemand.
ナイン ヒア ジッツト ショーン イェーマント

9 あなたのそばの席に座ってよろしいですか？

Darf ich mich zu Ihnen setzen?
ダルフ イッヒ ミッヒ ツー イーネン ゼッツェン

10 失礼ですが、この席は予約してあるのですが。

Entschuldigung. Wir haben diese Plätze reserviert.
エントシュルディグング ヴィア ハーベン ディーゼ プレッツェ レセルヴィールト

車内で(車掌)

1 皆さん、乗車券を拝見いたします。

Guten Tag, die Fahrausweise bitte.
グーテン　ターク　ディー　ファールアウスヴァイゼ　ビッテ

2 新しくお乗りになった方はいらっしゃいますか?

Ist hier jemand zugestiegen?
イスト　ヒア　イェーマント　ツーゲシュティーゲン

3 追加料金が必要です。

Sie müssen den Zuschlag bezahlen.
ジー　ミュッセン　デン　ツーシュラーク　ベツァーレン

4 この列車はもうすぐミュンヘンに到着します。

Meine Damen und Herren, wir kommen in München an.
マイネ　ダーメン　ウント　ヘーレン　ヴィア　コンメン　イン　ミュンヘン　アン

5 終点です。どなた様もお降りください。

Endstation. Bitte alle aussteigen!
エンドスタツィオン　ビッテ　アーレ　アウスシュタイゲン

6 ウィーンに行かれる方はお乗り換えください。

Reisende nach Wien sind gebeten, umzusteigen.
ライゼンデ　ナッハ　ウィーン　ジント　ゲベーテン　ウムツーシュタイゲン

★ コラム ★

電車、バスでのマナー

ドイツでは2人掛けや4人掛けのシートがよくありますが、空席を見つけたら、無言で座るのではなく、そばに座っている人に "**Ist hier noch frei?**"(ここは空いていますか?)等と一言声をかけましょう。空いていれば "**Ja, bitte.**"(ええ、どうぞ)、もし既に誰かがいるのなら "**Nein, hier ist besetzt.**"(ふさがっています)とか、"**Nein, da ist jemand.**"(いいえ、誰かいますよ)と言ってくれるはずです。

また、バスや市電を降りる時、出口をふさぐように人が立っていて、通れなくて困る時には "**Steigen Sie aus?**"(降りますか?)とたずねましょう。もし降りる人なら "**Ja, ich steige aus.**"(ええ、降りますよ)、降りないのなら "**Entschuldigung!**"(失礼!)と言って、脇にどいてくれるでしょう。

地下鉄・市電・列車に乗る

CD-**2**
[track3]

たずねる

1 一番近い地下鉄の駅はどこでしょう？

Wo ist bitte die nächste U-Bahnstation?
ヴォー イスト ビッテ ディー ネヒステ ウーバーンスタツィオーン

2 遠いですか？

Ist das weit?
イスト ダス ヴァイト

3 中央駅にはどの市電が行きますか？

Welche Straßenbahn fährt zum Hauptbahnhof?
ヴェルヒェ シュトラッセンバーン フェールト ツム ハウプトバーンホフ

4 降りますか？（出入り口に立っている人に対して）

Steigen Sie aus?
シュタイゲン ジー アウス

5 ここで降りるのですか？

Muss ich hier aussteigen?
ムス イッヒ ヒア アウスシュタイゲン

6 ここで乗り換えなさい。

Sie müssen hier umsteigen.
ジー ミュッセン ヒア ウムシュタイゲン

市内交通の切符

1 一日に４回以上、バスか市電を使うなら、一日乗車券がお得です。

Wenn Sie mehr als vier mal am Tag mit dem Bus oder
ヴェン ジー メーア アルス フィア マル アム ターク ミット デム ブス オーダー
der Tram fahren, dann kann sich eine Tageskarte lohnen.
デア トラム ファーレン ダン カン ジッヒ アイネ ターゲスカルテ ローネン

2 回数券を買いなさい。

Kaufen Sie eine Mehrfahrtenkarte.
カウフェン　ジー　アイネ　　メールファールテンカルテ

3 回数券は自動販売機でも購入できます。

Die Mehrfahrtenkarte können Sie auch an einem
ディー　　メールファールテンカルテ　　クェンネン　ジー　アウホ　アン　アイネム
Automaten lösen.
アウトマーテン　ロェーゼン

4 何日もここに滞在するなら、1週間の定期を買いなさい。

Wenn Sie mehrere Tage hier bleiben, dann kaufen Sie
ヴェン　ジー　メーレレ　ターゲ　ヒア　ブライベン　　ダン　カウフェン　ジー
besser eine Wochenkarte.
ベッサー　アイネ　　ヴォッヘンカルテ

5 この街に2週間以上滞在するのなら、1ヵ月の定期が有利ですよ。

Ein Monatsabo kann sich lohnen, wenn Sie länger als
アイン　モナーツアボ　　カン　ジッヒ　ローネン　　ヴェン　ジー　レンガー　アルス
zwei Wochen in dieser Stadt wohnen.
ツヴァイ　ヴォッヘン　イン　ディーザー　シュタット　ヴォーネン

6 この自販機は故障しています。

Dieser Automat ist außer Betrieb.
ディーザー　アウトマート　イスト　アウサー　ベトリープ

バス・タクシーに乗る

CD-2
[track4]

バス

1 バス停はどこですか？

Wo ist die　　　Bushaltestelle,　　bitte?
ヴォー　イスト　ディー　ブスハルテシュテッレ／ブスハルテシュテッレ　ビッテ

2 一番近いバス停はどこですか？

Wo ist die nächste Bushaltestelle?
ヴォー　イスト　ディー　　ネヒステ　　ブスハルテシュテッレ

167

3 バスにはどこで乗れますか？

Wo kann ich einen Bus nehmen?
ヴォー　カン　イッヒ　アイネン　ブス　ネーメン

---

4 このバスはどこ行きですか？

Wohin fährt dieser Bus?
ヴォーヒン　フェールト　ディーザー　ブス

---

5 このバスは中央駅に行きますか？

Fährt dieser Bus zum Hauptbahnhof?
フェールト ディーザー　ブス　ツム　ハウプトバーンホフ

---

6 いくつ目の停留所になりますか？

Wie viele Haltestellen sind das?
ヴィー フィーレ　ハルテシュテレン　ジント　ダス

---

7 どのくらい時間がかかりますか？

Wie lange dauert die Fahrt?
ヴィー　ランゲ　ダウエルト　ディー ファールト

---

8 降りるときを教えてもらえますか？

Sagen Sie mir bitte, wann ich aussteigen muss.
ザーゲン　ジー　ミア　ビッテ　ヴァン　イッヒ アウスシュタイゲン　ムス

---

9 すみませんが、マクシミリアン通りに着いたら教えてもらえませんか？

Bitte, geben Sie mir Bescheid, wenn wir in der
ビッテ　ゲーベン　ジー　ミア　ベシャイト　ヴェン ヴィア イン デア
Maximilianstrasse ankommen.
マキシミリアンシュトラッセ　　アンコンメン

---

10 降りるときは、このボタンを押しなさい。

Wenn Sie aussteigen möchten, müssen Sie diesen Knopf
ヴェン　ジー　アウスシュタイゲン　メヒテン　ミュッセン　ジー　ディーゼン　クノプフ
drücken.
ドュリュッケン

タクシー

1 この近くのタクシー乗り場はどこですか？

Wo ist der nächste Taxistand?
ヴォー イスト デア ネヒステ タクシーシュタンド

2 どちらまで？

Wohin möchten Sie?
ヴォーヒン メヒテン ジー

3 中央駅までお願いします。

Zum Hauptbahnhof, bitte.
ツム ハウプトバーンホフ ビッテ

4 ホテルレーヴェまで。

Zum Hotel Löwe, bitte.
ツム ホテル ロェーヴェ ビッテ

5 東駅まで、いくらかかりますか？

Was kostet die Fahrt zum Ostbahnhof ?
ワス コステット ディー ファールト ツム オストバーンホフ

6 急いでるんですが、20分で空港まで行けますか？

Wir haben es eilig. Können wir in 20 Minuten am Flughafen sein?
ヴィア ハーベン エス アイリッヒ クェンネン ヴィア イン ツヴァンツィッヒ ミヌーテン アム フルークハーフェン ザイン

参考 次の交差点で左に曲がってください。

Biegen Sie bitte an der nächsten Kreuzung links ab.
ビーゲン ジー ビッテ アン デア ネヒステン クロイツゥンク リンクス アプ

7 ここで停めてください。降ります。

Halten Sie bitte hier an. Wir steigen aus.
ハルテン ジー ビッテ ヒア アン ヴィア シュタイゲン アウス

8 着きましたよ。

Hier sind wir.
ヒア　ジント　ヴィア

9 15ユーロ30セントです。

15 Euro 30 bitte.
フュンフツェーン　オイロ　トライシッヒ　ビッテ

10 はい、どうぞ。お釣りは取っといてください。

Bitte schön. Es stimmt so.
ビッテ　シェーン　エス　シュティムト　ソー

11 お釣りは取っといてください。

Behalten Sie den Rest.
ベハルテン　ジー　デン　レスト

飛行機に乗る

CD-2 [track5]

空港で

1 お荷物はいくつですか？

Wie viele Gepäckstücke haben Sie?
ヴィー　フィーレ　ゲペック シュトゥッケ　ハーベン　ジー

2 スーツケース一つだけです。

Nur einen Koffer.
ヌーア　アイネン　コッファー

3 このカバンは機内に持ち込みたいのですが。

Diese Tasche möchte ich ins Flugzeug mitnehmen.
ディーゼ　タッシェ　メヒテ　イッヒ　インス　フルークツォイク　ミットネーメン

4 そのバッグは大きすぎます。預けなくてはいけません。

Diese Tasche ist zu groß. Sie müssen sie abgeben.
ディーゼ　タッシェ　イスト　ツー　グロース　ジー　ミュッセン　ジー　アプゲーベン

機内で

1 私の席はどこですか？

Zeigen Sie mir meinen Platz, bitte?
ツァイゲン ジー ミア マイネン プラッツ ビッテ

2 日本語の新聞か雑誌がありますか？

Haben Sie eine japanische Zeitung oder Zeitschrift?
ハーベン ジー アイネ ヤパーニッシェ ツァイトゥンク オーダー ツァイトシュリフト

3 席を替わってもいいですか？

Kann ich den Platz wechseln?
カン イッヒ デン プラッツ ヴェックセルン

4 ここはかなり寒いです。もう1枚毛布をください。

Hier ist sehr kalt. Geben Sie mir noch eine Decke bitte?
ヒア イスト ゼーア カルト ゲーベン ジー ミア ノッホ アイネ デッケ ビッテ

5 私のバッグを荷物棚に入れてもらえますか？

Verstauen Sie bitte meine Tasche im Gepäckfach?
フェルシュタウエン ジー ビッテ マイネ タッシェ イム ゲペックファッハ

6 オレンジジュースをください。

Geben Sie mir bitte einen Orangensaft.
ゲーベン ジー ミア ビッテ アイネン オランジェンザフト

7 白ワインをいただけますか。

Ich hätte gerne einen Weißwein.
イッヒ ヘッテ ゲルネ アイネン ヴァイスワイン

8 ビールをください。

Ein Bier, bitte.
アイン ビア ビッテ

9 お魚とビーフのどちらにしますか？

Möchten Sie Fisch oder Rind?
メヒテン ジー フィシュ オーダー リンド

どこかへ行く

171

10 ビーフをお願いします。

Rindfleisch, bitte.
リンドフライシュ　ビッテ

11 気分が悪いです。薬はありますか？

Mir ist übel. Haben Sie Medikamente?
ミア イスト ユーベル　ハーベン ジー　メディカメンテ

12 お腹がすきました。スナックをもらえますか？

Ich habe Hunger. Kann ich einen Snack bekommen?
イッヒ ハーベ フンガー　カン イッヒ アイネン スネック ベコンメン

13 のどが渇きました。お水をもらえますか？

Ich habe Durst. Kann ich ein Glas Wasser bekommen?
イッヒ ハーベ ドゥルスト　カン イッヒ アイン グラース ワッサー ベコンメン

14 今どこを飛んでいますか？

Wo befinden wir uns gerade?
ヴォー ベフィンデン ヴィア ウンス ゲラーデ

15 時間通りに着きますか？

Kommen wir planmäßig an?
コンメン ヴィア プラーンメーッシッヒ アン

到着後

1 この後、ベルリンまで飛ばなくてはならないのですが。

Ich muss weiter nach Berlin fliegen.
イッヒ ムス ヴァイター ナッハ ベルリーン フリーゲン

2 ボーディングパスをお見せください。

Zeigen Sie mir bitte Ihren Boarding-Pass.
ツァイゲン ジー ミア ビッテ イーレン ボーディング パス

3 ルフトハンザの窓口に行ってください。

Gehen Sie bitte zum Lufthansa-Schalter.
ゲーエン ジー ビッテ ツム ルフトハンザ シャルター

4 バッグが破損しました。

Meine Tasche ist beschädigt.
マイネ　タッシェ　イスト　ベシェーディクト

5 スーツケースが見つかりません。

Ich finde meinen Koffer nicht.
イッヒ　フィンデ　マイネン　コッファー　ニヒト

6 どんなスーツケースですか？

Wie sieht Ihr Koffer aus?
ヴィー　ジート　イア　コッファー　アウス

7 グレーの、樹脂製のものです。

Das ist ein grauer Koffer aus Kunststoff.
ダス　イスト　アイン　グラウアー　コッファー　アウス　クンストシュトフ

8 布製の黒い旅行カバンです。

Es ist eine schwarze Reisetasche aus Stoff.
エス　イスト　アイネ　シュヴァルツェ　ライゼタッシェ　アウス　シュトフ

9 この用紙に記入してください。

Füllen Sie bitte dieses Formular aus.
フューレン　ジー　ビッテ　ディーゼス　フォルムラー　アウス

10 荷物が見つかったらご連絡します。

Wir informieren Sie, wenn Ihr Gepäck aufgetaucht ist.
ヴィア　インフォルミーレン　ジー　ヴェン　イア　ゲペック　アウフゲタウフト　イスト

どこかへ行く

食事に行く

誘う

1. 食事に行きましょうか？

   Gehen wir essen?
   ゲーエン ヴィア エッセン

2. 今日は外に食事に行こう。

   Heute gehen wir auswärts essen.
   ホイテ ゲーエン ヴィア アウスヴェルツ エッセン

3. ピザ屋に行くんだ、君も来いよ。

   Komm, wir gehen in eine Pizzeria.
   コム ヴィア ゲーエン イン アイネ ピッツェリーア

4. 角のインビスで何かちょっと食べない？

   Essen wir eine Kleinigkeit am Imbiss an der Ecke?
   エッセン ヴィア アイネ クライニッヒカイト アム インビス アン デア エッケ

5. 今日はおごりますよ。

   Heute lade ich Sie ein.
   ホイテ ラーデ イッヒ ジー アイン

6. おごるよ。

   Ich lade dich ein.
   イッヒ ラーデ ディッヒ アイン

店について話す

1. 郷土料理のおいしいお店はどこにありますか？

   Wo gibt es hier ein gutes Restaurant mit regionaler Küche?
   ヴォー ギプト エス ヒア アイン グーテス レストラン ミット レギオナーラー キュッヒェ

ドイツでおいしいものはポークやビーフの肉料理、そしてソーセージ類にパン。北ドイツでは魚のムニエルなども美味。旅先のレストランではその地域の料理を試してみてはいかがでしょう。ソーセージ類は市場またはお肉屋さんの中にあるインビスがお勧め。また、小腹が空いた時はパン屋さんを覗きましょう。

2 値段の安いお店を知っていますか？

Kennen Sie ein preiswertes Restaurant?
ケンネン　ジー　アイン　プライスヴェルテス　レストラン

3 気の利いた店を知らないかい？

Kennst du hier ein nettes Lokal?
ケンスト　ドゥ　ヒア　アイン　ネッテス　ロカール

4 いい日本料理店を知ってる。

Ich kenne ein gutes japanisches Restaurant.
イッヒ　ケンネ　アイン　グーテス　ヤパーニッシェス　レストラン

5 この店のカツはおいしいらしい。

Die Schnitzel in diesem Lokal sollen gut sein.
ディー　シュニッツェル　イン　ディーゼム　ロカール　ゾーレン　グート　ザイン

6 隣の立ち食いスナックに行って来るよ。

Ich gehe schnell zum Wurststand nebenan.
イッヒ　ゲーエ　シュネル　ツム　ヴルストシュタンド　ネーベンアン

7 僕らは町の真ん中の飲み屋に行く。

Wir gehen in eine Kneipe in der Stadtmitte.
ヴィア　ゲーエン　イン　アイネ　クナイペ　イン　デア　シュタットミッテ

店を決める

1 まずはメニューを見て、入るかどうか決めよう。

Lass uns zuerst die Karte anschauen. Dann entscheiden
ラス　ウンス　ツーエルスト　ディー　カルテ　アンシャウエン　ダン　エントシャイデン
wir, ob wir reingehen oder nicht.
ヴィア　オプ　ヴィア　ラインゲーエン　オーダー　ニヒト

2 ここには食べたいものがない。

Ich finde hier nichts, was ich essen möchte.
イッヒ　フィンデ　ヒア　ニヒツ　ワス　イッヒ　エッセン　メヒテ

3 僕はあそこのレストランに行きたい。

Ich würde lieber in die Wirtschaft dort drüben gehen.
イッヒ　ヴュルデ　リーバー　イン ディー　ヴィルトシャフト　ドート ドリューベン　ゲーエン

4 私はどうでもいいわ。ここで食べてもいいし。

Mir ist es egal. Wir können auch hier essen.
ミア イスト エス エガール　ヴィア　クェンネン　アウホ　ヒア　エッセン

5 ここに入ろうか？

Wollen wir hier rein gehen?
ヴォーレン　ヴィア　ヒア　ライン　ゲーヘン

レストランへ

CD-2 [track7]

予約する

1 テーブルを2名で予約してください。

Ich hätte gerne einen Tisch für zwei Personen reserviert.
イッヒ　ヘッテ　ゲルネ　アイネン　ティッシュ フュール ツヴァイ　ペルゾーネン　レゼルヴィールト

2 私の名前でテーブルを予約できますか？

Können Sie einen Tisch auf meinen Namen bestellen?
クェンネン　ジー　アイネン　ティッシュ アウフ　マイネン　ナーメン　ベシュテーレン

店に入る

1 何名様ですか？

Wie viele Personen?
ヴィー　フィーレ　ペルゾーネン

2 何名様ですか？

Wie viele sind Sie?
ヴィー　フィーレ　ジント　ジー

3 2人です。

Wir sind zu zweit.
ヴィア　ジント　ツー　ツヴァイト

4 予約はされましたか？

Haben Sie einen Tisch reserviert?
ハーベン　ジー　アイネン　ティッシュ　レゼルヴィールト

5 ええ、予約してあります。

Ja, wir haben einen Tisch reserviert.
ヤー　ヴィア　ハーベン　アイネン　ティッシュ　レゼルヴィールト

6 山田の名前で予約してあります。

Ich habe einen Tisch auf den Namen Yamada reserviert.
イッヒ　ハーベ　アイネン　ティッシュ　アウフ　デン　ナーメン　ヤマダ　レゼルヴィールト

7 いいえ、予約していません。

Nein, wir haben keinen Tisch reserviert.
ナイン　ヴィア　ハーベン　カイネン　ティッシュ　レゼルヴィールト

8 申し訳ありませんが、ただいま満席です。

Es tut mir leid, aber wir haben keinen freien Tisch.
エス　トゥート　ミア　ライト　アーバー　ヴィア　ハーベン　カイネン　フライエン　ティッシュ

9 申し訳ありませんが、満席です。

Es tut mir leid, aber alle Tische sind besetzt.
エス　トゥート　ミア　ライト　アーバー　アーレ　ティッシュ　ジント　ベゼッツト

テーブルに着く

1 こちらへどうぞ。

Bitte, kommen Sie hierher.
ビッテ　コンメン　ジー　ヒアヘア

2 お好きなところにお座りください。

Bitte setzen Sie sich, wohin Sie wollen!
ビッテ　ゼッツェン　ジー　ジッヒ　ヴォーヒン　ジー　ヴォーレン

3 ここは空いていますか？

Ist dieser Tisch noch frei?
イスト　ディーザー　ティッシュ　ノッホ　フライ

4 おタバコはお吸いになりますか？

Rauchen Sie?
ラウヘン　ジー

5 喫煙席をお願いします。

Wir sind Raucher.
ヴィア　ジント　ラウハー

6 禁煙席をお願いします。

Wir sind Nichtraucher.
ヴィア　ジント　ニヒトラウハー

7 子供用の椅子はありますか？

Haben Sie Kinderstühle?
ハーベン　ジー　キンダーシュトゥーレ

8 トイレはどこですか？

Wo sind die Toiletten bitte?
ヴォー　ジント　ディー　トワレッテン　ビッテ

メニューを見る

1 おすすめは何ですか？

Was würden Sie mir empfehlen?
ワス　ヴュルデン　ジー　ミア　エンプフェーレン

2 ここの名物は何ですか？

Was ist die Spezialität von hier?
ワス　イスト　ディー　スペツァリテート　フォン　ヒア

3 この地方の名物料理はどれでしょう？

Was sind die für die Region typischen Gerichte?
ワス　ジント　ディー　フュール　ディー　レギオーン　テュピッシェン　ゲリヒテ

4 これはどういう料理ですか？

Welche Art von Küche ist das?
ヴェルヒェ　アルト　フォン　キュッヒェ　イスト　ダス

5 ワインメニューをお願いします。

Bringen Sie mir bitte die Weinkarte.
ブリンゲン　ジー　ミア　ビッテ　ディー　ヴァインカルテ

6 食前酒はいかがですか？

Möchten Sie einen Aperitif？
モェヒテン　ジー　アイネン　アペリティフ

7 そうですね、白ワインをグラスでお願いします。

Ja, bringen Sie mir bitte ein Glas Weißwein.
ヤー　ブリンゲン　ジー　ミア　ビッテ　アイン　グラス　ヴァイスヴァイン

8 僕にはビールを。

Für mich, ein helles Bier, bitte.
フュール　ミッヒ　アイン　ヘレス　ビア　ビッテ

9 オレンジジュースをください。

Geben Sie mir ein Glas Orangensaft, bitte.
ゲーベン　ジー　ミア　アイン　グラス　オランジェンザフト　ビッテ

10 食事ではなく、飲みものだけいただきたいのですが。

Wir möchten nur etwas trinken.
ヴィア　モェヒテン　ヌーァ　エトワス　トリンケン

料理を注文する

1 お願いします！

Bedienung, bitte!
ベディーヌンク　ビッテ

2 何にいたしますか？

Was hätten Sie gerne?
ワス　ヘッテン　ジー　ゲルネ

3 何にいたしますか？

Was darf es sein?
ワス　ダルフ　エス　ザイン

4 何にいたしますか？

Was wünschen Sie?
ワス　ヴュンシェン　ジー

5 鮭のグリルにします。

Ich nehme gegrillten Lachs.
イッヒ　ネーメ　ゲグリルテン　ラックス

6 今日のスープとマッシュポテトつきのローストポークをください。

Ich möchte eine Tagessuppe und einen Schweinebraten mit Kartoffelpüree.
イッヒ　モェヒテ　アイネ　ターゲススッペ　ウント　アイネン　シュヴァイネブラーテン　ミット　カルトッフェルピュレー

7 サラダとウィーン風カツレツをください。

Ich hätte gerne einen Salat und ein Wienerschnitzel.
イッヒ　ヘッテ　ゲルネ　アイネン　サラート　ウント　アイン　ヴィーナーシュニッツェル

8 トマトソースのかかったパスタがほしいのですが。

Ich möchte Nudeln mit Tomatensose.
イッヒ　モェヒテ　ヌーデルン　ミット　トマーテンゾーセ

9 申し訳ありませんが、売り切れです。

Das haben wir leider nicht mehr.
ダス　ハーベン　ヴィア　ライダー　ニヒト　メーア

10 このサラダをメインとして取ることはできますか？

Kann ich diesen Salat als Hauptspeise bekommen?
カン　イッヒ　ディーゼン　ザラート　アルス　ハウプトシュパイゼ　ベコンメン

11 子供には少ない量をお願いします。

Für das Kind bitte eine kleine Portion.
フュール　ダス　キント　ビッテ　アイネ　クライネ　ポルツィオーン

12 じゃがいものスープはありますか？

Haben Sie Kartoffelsuppe?
ハーベン　ジー　カルトッフェルズッペ

13 いいえ、トマトスープだけです。
Nein, wir haben nur Tomatensuppe.
ナイン　ヴィア　ハーベン　ヌール　トマーテンズッペ

14 これにします。
Ich nehme das.
イッヒ　ネーメ　ダス

15 これを試してみよう。
Ich möchte das probieren.
イッヒ　モェヒテ　ダス　プロビーレン

16 ステーキはどのように焼きましょうか？
Wie möchten Sie Ihr Steak?
ヴィー　モェヒテン　ジー　イーア　スティク

17 ウェルダンでお願いします。
Gut durchgebraten, bitte.
グート　ドゥルヒゲブラーテン　ビッテ

18 レアで。
Blutig, bitte.
ブルーティッヒ　ビッテ

19 ミディアムで。
Rosa, bitte.
ローザ　ビッテ

20 付け合わせは何がよろしいですか？
Was möchten Sie als Beilage?
ワス　メヒテン　ジー　アルス　バイラーゲ

21 焼きジャガイモを。
Ich hätte gerne Bratkartoffeln.
イッヒ　ヘッテ　ゲルネ　ブラートカルトッフェルン

22 ゆでジャガイモを。
Ich möchte Salzkartoffeln, bitte.
イッヒ　メヒテ　ザルツカルトッフェルン　ビッテ

23 ライスを。
Ich möchte Reis.
イッヒ　メヒテ　ライス

24 パスタを。
Nudeln, bitte.
ヌーデルン　ビッテ

25 フレンチフライをお願いします。
Ich würde gerne Pommes nehmen.
イッヒ　ヴュルデ　ゲルネ　ポムメス　ネーメン

26 前菜はいかがですか？
Möchten Sie eine Vorspeise?
モェヒテン　ジー　アイネ　フォアシュパイゼ

27 いいえ、結構です。
Nein, danke.
ナイン　ダンケ

28 いいえ、結構です。（以上です。）
Nein danke, das ist alles.
ナイン　ダンケ　ダス　イスト　アーレス

飲みものを注文する

1 お飲みものは何にしますか？
Was möchten Sie trinken?
ワス　メヒテン　ジー　トリンケン

2 何を飲みましょうか？
Was wollen wir trinken?
ワス　ヴォーレン　ヴィア　トリンケン

3 飲みものは白ワインをいただきます。
Zu trinken möchten wir eine Flasche Weißwein, bitte.
ツー　トリンケン　メヒテン　ヴィア　アイネ　フラッシェ　ヴァイスヴァイン　ビッテ

4 お店のワインを。

Wir nehmen den Hauswein.
ヴィア　ネーメン　デン　ハウスヴァイン

5 ピルス（ビール）を。

Ein Pils, bitte.
アイン ピルス ビッテ

6 赤ワインをグラスで。

Ich hätte gerne ein Glas Rotwein.
イッヒ　ヘッテ　ゲルネ　アイン　グラス　ロートヴァイン

7 （同席の男性を指して）　こちらにはビールを。

Für den Herrn ein Bier.
フュール　デン　ヘーレン　アイン　ビア

8 （同席の女性を指して）　こちらにはロゼをグラスで。

Für die Dame ein Glas Rosé.
フュール ディー　ダーメ　アイン　グラス　ロゼ

9 ここの地方のワインが飲みたいのですが。

Ich möchte einen Wein aus dieser Region.
イッヒ　メヒテ　　アイネン　ヴァイン　アウス ディーザー　レギオーン

10 どのワインが中辛ですか？

Welcher Wein ist halbtrocken?
ヴェルヒェ　ヴァイン イスト　ハルプトロッケン

11 ビールは瓶ですか、それとも生ですか？

Ist das Bier aus der Flasche oder aus dem Fass?
イスト ダス　ビア　アウス デア　フラッシェ　オーダー アウス　デム　ファス

12 炭酸の入っていないミネラルウオーターを。

Mineralwasser ohne Kohlensäure, bitte.
ミネラルワッサー　　　オーネ　　コーレンゾイレ　　ビッテ

食べる・飲む

乾杯する

1 乾杯！
Prost!
プロースト

2 乾杯！
Zum Wohl!
ツム　ヴォール

3 乾杯！
Gesundheit!
ゲスンドハイト

料理を味わう

1 お召し上がりください。(食事を出した後で)
Ich wünsche Ihnen einen guten Appetit.
イッヒ　ヴュンシェ　イーネン　アイネン　グーテン　アペティート

2 いただきます。(相手またはお互いに言う)
Guten Appetit!
グーテン　アペティート

3 いい匂いだ。
Es riecht gut.
エス　リーヒト　グート

4 お済みですか？
Sind Sie fertig?
シント　ジー　フェルティッヒ

5 いいえ、まだです。
Nein, noch nicht.
ナイン　ノッホ　ニヒト

子供に対して

1 きれいに全部食べなさい。

Iß deinen Teller auf!
イス　ダイネン　テーラー　アウフ

2 おとなしくしていなさい。

Sei schön lieb!
ザイ　シェーン　リープ

ワイン・デザート

1 この赤ワインは甘口だ。

Dieser Rotwein ist lieblich.
ディーザー　ロートヴァイン　イスト　リープリッヒ

2 このワインはスパイシーだ。

Der Wein ist sehr würzig.
デア　ヴァイン　イスト　ゼーァ　ヴュルツィッヒ

3 このワインはまだ若い。

Dieser Wein ist noch jung.
ディーザー　ヴァイン　イスト　ノッホ　ユンク

4 デザートはいかがですか？

Möchten Sie einen Nachtisch?
メヒテン　ジー　アイネン　ナッハティッシュ

5 デザートのメニューをお持ちいたしましょうか？

Soll ich Ihnen die Dessert-Karte bringen?
ゾル　イッヒ　イーネン　ディー　デセルト　カルテ　ブリンゲン

6 コーヒーを1杯ください。

Bringen Sie mir bitte eine Tasse Kaffee.
ブリンゲン　ジー　ミア　ビッテ　アイネ　タッセ　カフェー

7 もう一切れケーキはどう？

Möchtest du noch ein Stück Kuchen?
メヒテスト　ドゥ　ノッホ　アイン　シュトゥック　クーヒェン

料理の感想

1 肉がやわらかい。

Das Fleisch ist zart.
ダス　フライシュ　イスト　ツァート

2 肉が硬い。

Das Fleisch ist zäh.
ダス　フライシュ　イスト　ツェー

3 肉はピリッと味がつけてある。

Das Fleisch ist pikant gewürzt.
ダス　フライシュ　イスト　ピカント　ゲヴュルツト

4 サラダがしゃきしゃきしている。

Der Salat ist knackig.
デア　ザラート　イスト　クナッキッヒ

5 サラダが新鮮でない。

Der Salat ist nicht frisch.
デア　ザラート　イスト　ニヒト　フリッシュ

6 サラダドレッシングは酸っぱすぎる。

Die Salatsoße ist zu sauer.
ディー　ザラートゾーセ　イスト　ツー　ザウアー

7 野菜が煮えすぎています。

Das Gemüse ist verkocht.
ダス　ゲミューゼ　イスト　フェルコッホト

8 スープは煮えたぎっていた。

Die Suppe war siedend heiß.
ディー　ズッペ　ワー　ジーデント　ハイス

9 料理が脂っぽい。

Das Essen ist zu fettig.
ダス　エッセン　イスト　ツー　フェッティヒ

10 この料理はちょっと苦い。

Das Essen schmeckt etwas bitter.
ダス　エッセン　シュメックト　エトワス　ビッター

11 なんか変なにおいがします。

Es riecht komisch.
エス　リーヒト　コーミッシュ

12 このケーキは私には甘すぎます。

Der Kuchen ist mir zu süß.
デア　クーヒェン　イスト　ミア　ツー　シュース

13 食事はおいしくなかった。

Das Essen hat mir nicht geschmeckt.
ダス　エッセン　ハット　ミア　ニヒト　ゲシュメックト

14 料理はとてもおいしかったです。

Wir haben sehr gut gegessen.
ヴィア　ハーベン　ゼーア　グート　ゲゲッセン

15 おいしかったです。

Das Essen hat mir geschmeckt.
ダス　エッセン　ハット　ミア　ゲシュメックト

お店の人へ（要望）

1 もう一度、メニューを見たいのですが。

Kann ich noch mal die Speisekarte sehen?
カン　イッヒ　ノッホ　マル　ディー　シュパイゼカルテ　ゼーエン

2 もう少しパンがほしいのですが。

Können wir etwas mehr Brot haben?
クェンネン　ヴィア　エトワス　メーア　ブロート　ハーベン

3 新しいスプーンを持って来ていただけませんか。

Bringen Sie mir einen neuen Löffel, bitte.
ブリンゲン　ジー　ミア　アイネン　ノイエン　ロェッフェル　ビッテ

---

4 塩とコショウをください。

Bringen Sie uns bitte noch Salz und Pfeffer.
ブリンゲン　ジー　ウンス　ビッテ　ノッホ　ザルツ　ウント　プフェッファー

---

5 水道の水をいただけますか。

Ich hätte gerne ein Glas Leitungswasser.
イッヒ　ヘッテ　ゲルネ　アイン　グラス　ライトゥンクスヴァッサー

お店の人へ (苦情)

1 ナイフがありません。

Es fehlt noch ein Messer.
エス　フェールト　ノッホ　アイン　メッサー

---

2 これは注文していません。

Ich habe das nicht bestellt.
イッヒ　ハーベ　ダス　ニヒト　ベシュテルト

---

3 料理が塩辛いです。

Das Essen ist versalzen.
ダス　エッセン　イスト　フェルザルツェン

---

4 肉に火が通っていません。

Das Fleisch ist nicht durch.
ダス　フライシュ　イスト　ニヒト　ドゥルヒ

---

5 お皿が汚れています。

Der Teller ist schmutzig.
デア　テーラー　イスト　シュムッツィッヒ

---

6 髪の毛が入っていますよ！

Da ist ein Haar drin!
ダー　イスト　アイン　ハー　ドゥリン

7 料理に髪の毛が入っています。

Es ist ein Haar im Essen.
エス イスト アイン ハー イム エッセン

食事の終わりに

1 お口に合いましたか？

Hat Ihnen das Essen geschmeckt?
ハット イーネン ダス エッセン ゲシュメックト

2 ええ、とてもおいしかったです。

Ja, es war sehr gut.
ヤー エス ワー ゼーァ グート

3 食後酒を頼みましょうか？

Wollen wir noch einen Verdauungsschnaps trinken?
ヴォーレン ヴィア ノッホ アイネン フェルダウウンクスシュナップス トリンケン

4 食べすぎました。

Ich habe zu viel gegessen.
イッヒ ハーベ ツー フィール ゲゲッセン

5 タバコを吸ってもよろしいですか？

Darf ich rauchen?
ダルフ イッヒ ラウヘン

支払う

1 お勘定をお願いします。

Können wir zahlen?
クェンネン ヴィア ツァーレン

2 お勘定をお願いします。

Ich möchte zahlen, bitte.
イッヒ メヒテ ツァーレン ビッテ

3 すみせん、お勘定を。（ウェイターに）

Herr Ober, Zahlen, bitte.
ヘル　オーバー　ツァーレン　ビッテ

---

4 全部でいくらですか？

Was macht das zusammen?
ワス　マハト　ダス　ツザンメン

---

5 全部、一緒に払います。

Alles zusammen, bitte.
アーレス　ツザンメン　ビッテ

---

6 別々に払います。私はカツとピルスビールです。

Wir zahlen getrennt. Ich zahle ein Schnitzel und ein Pils.
ヴィア　ツァーレン　ゲトレント　イッヒ　ツァーレ　アイン　シュニッツェル　ウント　アイン　ピルス

---

7 計算がおかしいと思うのですが。

Ich glaube, die Rechnung stimmt nicht.
イッヒ　グラウベ　ディー　レヒヌンク　シュティムト　ニヒト

---

8 クレジットカードで払えますか？

Kann ich mit Kreditkarte zahlen?
カン　イッヒ　ミット　クレディットカルテ　ツァーレン

---

9 いいえ、現金のみ扱っています。

Nein, wir nehmen nur Bargeld.
ナイン　ヴィア　ネーメン　ヌーア　バーゲルド

---

10 領収書をお願いします。

Eine Quittung, bitte.
アイネ　グヴィットゥンク　ビッテ

---

11 お釣りは取っておいてください。

Es stimmt so.
エス　シュティムト　ゾー

---

12 （チップを渡しながら）これはあなたに。

Das ist für Sie.
ダス　イスト　フュール　ジー

料理・ビール・ワインについての話題

CD-2 [track8]

好きな料理について

1 ドイツ料理は好きですか？

Mögen Sie deutsche Küche?
モェーゲン ジー ドイチェ キュッヒェ

2 どんなドイツ料理が好きですか？

Welche deutschen Gerichte essen Sie am liebsten?
ウェルヒェ ドイチェン ゲリヒテ エッセン ジー アム リープステン

3 焼きソーセージが好きです。

Ich esse gerne Bratwürste.
イッヒ エッセ ゲルネ ブラートヴュルステ

4 ローストポークが一番好きです。

Am liebsten esse ich Schweinebraten.
アム リープステン エッセ イッヒ シュヴァイネブラーテン

5 アイスバイン*のサワークラウト添えを食べたことがありますか？

(＊豚骨付き肉の塩ゆで)

Haben Sie schon einmal Eisbein mit Sauerkraut gegessen?
ハーベン ジー ショーン マル アイスバイン ミット ザウアークラウト ゲゲッセン

6 中華料理は好きですか？

Essen Sie gerne chinesisch?
エッセン ジー ゲルネ シネージッシュ

7 私はイタリア料理のほうが好きです。

Ich esse lieber italienisch.
イッヒ エッセ リーバー イタリエニッシュ

8 君たちはスペイン料理は好きかい？

Eßt ihr gerne spanisch?
エスト イーァ ゲルネ シュパーニッシュ

191

9 君たちはフランス料理に詳しいかい？

Kennt ihr euch mit der französischen Küche gut aus?
ケント　イーア　オイヒ　ミット　デア　フランツェージッシェン　キュッヒェ　グート　アウス

ビール・ワインについて

1 ドライな白ワインが好きです。

Ich trinke gerne trockenen Weißwein.
イッヒ　トリンケ　ゲルネ　トロッケネン　ヴァイスヴァイン

2 東ドイツでは黒ビールがよく飲まれます。

Schwarzbier ist in Ostdeutschland beliebt.
シュヴァルツビア　イスト　イン　オストドイチュラント　ベリープト

3 南ドイツでは白ビールが飲まれます。(Weizenbier = Weißbier)

In Süddeutschland wird Weizenbier getrunken.
イン　ジュートドイチュラント　ヴィルト　ヴァイツェンビア　ゲトルンケン

4 ケルンではケルシュビールが飲まれます。

In Köln wird Kölsch ausgeschenkt.
イン　クェルン　ヴィルト　クェルシュ　アウスゲシェンクト

5 ベルリンの白ビールはバイエルンの白ビールと違う味です。

Berliner Weisse schmeckt anders als Weißbier in Bayern.
ベルリナー　ヴァイセ　シュメックト　アンダース　アルス　ヴァイスビア　イン　バイエルン

6 ピルスビールは普通のビールよりちょっと苦い。

Ein Pils schmeckt etwas bitterer als ein normales Bier.
アイン　ピルス　シュメックト　エトワス　ビッタラー　アルス　アイン　ノルマーレス　ビア

7 アルトビールとは古いビールではなく、昔の製造方法によって作られたビールです。

Altbier ist kein altes Bier, sondern ein Bier nach alten
アルトビア　イスト　カイン　アルテス　ビア　ゾンデルン　アイン　ビア　ナッハ　アルテン
Brauverfahren.
ブラウフェルファーレン

8 旅しているときはその地方地方のビールを飲むのが好きです。

Ich trinke gerne Bier aus der Region, wenn ich verreise.
イッヒ　トリンケ　ゲルネ　ビア　アウス　デア　レギオーン　ヴェン　イッヒ　フェルライゼ

食事について

1 朝食はお済みですか？

Haben Sie schon gefrühstückt?
ハーベン　ジー　ショーン　ゲフリューシュトゥックト

2 お昼を食べに行きます。

Wir gehen Mittag essen.
ヴィア　ゲーエン　ミッタク　エッセン

3 夕食はいつ食べるのですか？

Wann essen Sie zu Abend?
ヴァン　エッセン　ジー　ツー　アーベント

4 ピザを頼もうか？

Wollen wir eine Pizza bestellen?
ヴォーレン　ヴィア　アイネ　ピッツァ　ベシュテーレン

5 ちょっと何か食べたいのだけど。

Ich möchte eine Kleinigkeit essen.
イッヒ　メヒテ　アイネ　クライニッヒカイト　エッセン

6 何かまだ食べたいかい？

Wollt ihr noch etwas essen?
ヴォルト　イア　ノッホ　エトワス　エッセン

7 彼はグルメだ。

Er ist ein Feinschmecker.
エア　イスト　アイン　ファインシュメッカー

8 彼女は味にうるさい。

Sie hat eine spitze Zunge.
ジー　ハット　アイネ　シュピッツェ　ツンゲ

⑨ ショッピング

店を探す

1 この近くにデパートはありますか？

Gibt es ein Kaufhaus in der Nähe?
ギプト エス アイン カウフハウス イン デア ネーエ

2 お店は何時まで開いていますか？

Wie lange sind die Geschäfte offen?
ヴィー ランゲ ジント ディー ゲシェフテ オッフェン

3 （お店は）朝何時に開きますか？

Wann machen die Geschäfte auf?
ヴァン マッヒェン ディー ゲシェフテ アウフ

4 9時に開きます。

Sie öffnen um 9 Uhr.
ジー エフネン ウム ノイン ウール

5 何時に閉まりますか？（お店の人に）

Wann schließen Sie?
ヴァン シュリーセン ジー

6 夜8時です。

Wir schließen um 20 Uhr.
ヴィア シュリーセン ウム ツヴァンツィッヒ ウール

7 祭日に開いているお店はありますか？

Gibt es ein Geschäft, das am Feiertag
ギプト エス アイン ゲシェフト ダス アム ファイアーターク
geöffnet ist?
ゲエフネット イスト

8 みやげ物屋はどこでしょうか？

Wo gibt es Souvenir-Läden, bitte?
ヴォー ギプト エス スーヴニール レーデン ビッテ

小売店では売り子さんに希望を言って商品を見せてもらうのが普通で、商品を勝手に手に取るのはマナー違反です。もっと気楽に買物をしたい方はデパートやスーパーなどの大型店で。開店時間は普通、朝9時から夕方8時、土曜は夕方6時、またはお昼過ぎに閉まるところもあります。日曜、祭日はお休みです。

店で

品物を選ぶ

1 それを見せてもらえます？

Darf ich das mal sehen, bitte?
ダルフ イッヒ ダス マル ゼーエン ビッテ

2 これをいただきます。

Ich nehme das.
イッヒ ネーメ ダス

3 贈り物用に包んでもらえますか？

Könnten Sie mir das als Geschenk verpacken?
クェンテン ジー ミア ダス アルス ゲシェンク フェルパッケン

支払う

1 お支払いはレジでお願いします。

Zahlen Sie bitte an der Kasse.
ツァーレン ジー ビッテ アン デア カッセ

2 クレジットカードで払えますか？

Kann ich mit Kreditkarte zahlen?
カン イッヒ ミット クレディートカルテ ツァーレン

3 このカードは受け付けておりません。

Diese Karte akzeptieren wir nicht.
ディーゼ カルテ アクツェプティーレン ヴィア ニヒト

4 カードでのお支払いはできません。

Wir akzeptieren keine Karten.
ヴィア アクツェプティーレン カイネ カルテン

5 現金のみです。

Wir nehmen nur Bargeld.
ヴィア　ネーメン　ヌーァ　バーゲルド

6 レシートをください。

Geben Sie mir eine Quittung, bitte.
ゲーベン　ジー　ミア　アイネ　クヴィットゥンク　ビッテ

7 分割払いにできますか？

Kann ich im Raten zahlen?
カン　イッヒ　イム　ラーテン　ツァーレン

8 今50ユーロの手付けだけで、残りは配達のときにお支払いください。

Sie müssen jetzt nur einen Anzahlung von 50
ジー　ミュッセン　イェッツ　ヌーァ　アイネン　アンツァールンク　フォン　フュンフツィッヒ
Euro machen. Den Rest bezahlen Sie bei Lieferung.
オイロ　マッヒェン　デン　レスト　ベツァーレン　ジー　バイ　リーフェルンク

交換・配達

1 別の物と取り替えてもらえますか？　これがレシートです。

Ich möchte das umtauschen. Hier ist die Quittung.
イッヒ　メヒテ　ダス　ウムタウシェン　ヒア　イスト　ディー　クヴィットゥンク

2 配達してもらえますか？

Liefern Sie das auch nach Hause?
リーフェルン　ジー　ダス　アオホ　ナッハ　ハウゼ

3 配達にはどのくらい時間がかかりますか？

Wie lange dauert die Lieferung?
ヴィー　ランゲ　ダウエルト　ディー　リーフェルンク

店員から

1 その商品はちょうど売り切れです。

Dieser Artikel ist bereit ausverkauft.
ディーザー　アルティクェル　イスト　ベライト　アウスフェルカウフト

2 その本は残念ながら絶版です。

Das Buch ist leider vergriffen.
ダス　ブーフ　イスト　ライダー　フェルグリッフェン

3 お試しになりませんか？

Möchten Sie die Sachen probieren?
メヒテン　ジー　ディー　ザッヒェン　プロビーレン

4 この棚にあるものだけです。(他のものはありません。)

Wir haben nur noch das, was hier im Regal liegt.
ヴィア　ハーベン　ヌール　ノッホ　ダス　ワス　ヒア　イム　レガール　リークト

ショッピング

★ コラム ★

服・靴のサイズ

　平均的なドイツ人の身長は男性で **180cm** 弱、女性で **170cm** 弱とのこと。普通のデパートなどで売られている服の多くは日本人には大きすぎます。**Kaufhaus**（デパート）や **Supermarkt**（スーパー）で探すのはあきらめて、イタリアやフランスのブランド物を扱っている **Boutique**（ブティック）などを探すほうがよいようです。

　洋服のサイズ（**die Größe**）は他の欧州諸国と同じように **36**、**38**、**40** などで表されますが、ドイツのサイズはフランスやイタリアのものより、同じサイズ数でも大きいので注意。ドイツサイズの **34** がイタリアサイズの **40** くらい、日本の **9** 号にあたります。

　靴のサイズは **36**（約 **23.5cm**）、**37**（約 **24cm**）というふうに、イタリアなど他のヨーロッパ諸国と同じ表記です。ただし **36** より小さいサイズの靴はあまりお目にかかりません。女性でも **40 〜 42**（約 **25 〜 26cm**）くらいのサイズの人が多いようです。(注：服や靴のサイズ表記および実際の大きさは、メーカーやデザインによって多少異なります。)

洋服を買う

CD-2 [track11]

シャツ・ブラウス

1 短い袖の青いシャツを探しています。

Ich suche ein blaues Hemd mit kurzen Ärmeln.
イッヒ ズーヒェ アイン ブラウエス ヘムド ミット クルツェン アルメルン

2 このブラウスは絹ですか？

Ist diese Bluse aus Seide?
イスト ディーゼ ブルーゼ アウス ザイデ

3 襟が気に入りません。

Der Kragen gefällt mir nicht.
デア クラーゲン ゲフェルト ミア ニヒト

4 立ち襟のシャツはありますか？

Haben Sie Hemden mit Stehkragen?
ハーベン ジー ヘムデン ミット シュテークラーゲン

5 お腹のところがゆるすぎる。

Es ist am Bauch zu weit.
エス イスト アム バウフ ツー ヴァイト

6 このシャツの色違いはありますか？

Haben Sie dieses Hemd auch in einer anderen Farbe?
ハーベン ジー ディーゼス ヘムド アウホ イン アイナー アンデレン ファルベ

7 このシャツは肩のところがきつい。

Das Hemd ist an der Schulter zu eng.
ダス ヘムド イスト アン デア シュルター ツー エンク

8 丸首のシャツを探しています。

Ich suche ein Shirt mit rundem Ausschnitt.
イッヒ ズーヘ アイン シャート ミット ルンデム アウスシュニット

9 こういうシャツでVネックのはありますか？

Haben Sie so ein Shirt, aber mit V-Ausschnitt?
ハーベン ジー ゾー アイン シャート アーバー ミット ファウ アウスシュニット

ズボン・ジーンズ

1 黒いズボンを探しているのですけど。
Ich suche eine schwarze Hose.
イッヒ ズーヘ アイネ シュヴァルツェ ホーゼ

2 サブリナパンツはどこにありますか？
Wo haben Sie Caprihosen?
ヴォー ハーベン ジー カープリホーゼン

3 このズボンをはいてみたいのですが。
Kann ich diese Hose probieren?
カン イッヒ ディーゼ ホーゼ プロビィーレン

4 どうぞ、こちらにおいでください。
Sicher, kommen Sie hierher.
ジッヒャー コンメン ジー ヒアヘア

5 このズボンは大きすぎます。
Diese Hose ist mir zu weit.
ディーゼ ホーゼ イスト ミア ツー ヴァイト

6 きついです。
Sie ist mir zu eng.
ジー イスト ミア ツー エンク

7 このジーンズは似合っています。
Diese Jeans passt mir gut.
ディーゼ ジーンズ パスト ミア グート

8 幅が広すぎます。もっと細いのを探しています。
Sie ist zu weit. Ich suche etwas engeres.
ジー イスト ツー ヴァイト イッヒ ズーヘ エトワス エンゲレス

9 このズボンの裾を上げてもらえます？
Können Sie diese Hose kürzen?
クェンネン ジー ディーゼ ホーゼ キュルツェン

スカート・ワンピース

1 このスカートは短すぎます。もう少し長いのを探しています。

Der Rock ist zu kurz. Ich suche einen etwas längeren.
デア　ロック　イスト　ツー　クルツ　イッヒ　ズーヘ　アイネン　エトワス　レンゲレン

2 ひざ丈のプリーツスカートを探しているのですけど。

Ich suche einen knielangen Faltenrock.
イッヒ　ズーヘ　アイネン　クニーランゲン　ファルテンロック

3 スリットが深すぎます。

Der Schlitz ist zu groß.
デア　シュリッツ　イスト　ツー　グロース

4 そのスカート、お似合いですよ。

Der Rock steht Ihnen gut.
デア　ロック　シュテート　イーネン　グート

5 腰のところがちょっときつい。

Er ist an der Hüfte ein bisschen eng.
エア　イスト　アン　デア　ヒュフテ　アイン　ビッシャン　エンク

6 このワンピースはきついです。

Das Kleid ist mir zu eng.
ダス　クライド　イスト　ミア　ツー　エンク

7 このワンピースに合う短いジャケットを探しているのです。

Ich suche ein Jäckchen für dieses Kleid.
イッヒ　ズーヘ　アイン　ヤックヒェン　フュール　ディーゼス　クライド

8 この色は好みではありません。

Die Farbe gefällt mir nicht.
ディー　ファルベ　ゲフェルト　ミア　ニヒト

9 この色は私には明るすぎます。

Die Farbe ist mir zu hell.
ディー　ファルベ　イスト　ミア　ツー　ヘル

10 化繊が好きじゃない。

Ich mag keine Synthetikstoffe.
イッヒ　マク　カイネ　シンテティクシュトッフェ

セーター・コート・小物

1 ウィンドーにあるセーターを試着したいのですけど。

Ich möchte den Pullover anprobieren, den Sie im Schaufenster ausgestellt haben.
イッヒ　メヒテ　デン　プルオーバー　アンプロビーレン　デン　ジー　イム
シャウフェンスター　アウスゲシュテルト　ハーベン

参考 ダブルの合わせのコートを探しています。

Ich suche einen zweitreihigen Mantel.
イッヒ　ズッヘ　アイネン　ツヴァイトライイゲン　マンテル

2 詰め物はポリエステルですよね？

Das Futter ist aus Polyester, oder?
ダス　フッター　イスト　アウス　ポリエスター　オーダー

3 ベルトはどこですか？

Wo haben Sie Gürtel?
ヴォー　ハーベン　ジー　ギュルテル

4 このスカーフが気に入りました。

Das Halstuch gefällt mir.
ダス　ハルストゥーフ　ゲフェルト　ミア

5 プレゼントでネクタイを探しています。

Ich suche eine Krawatte als Geschenk.
イッヒ　ズーヘ　アイネ　クラヴァッテ　アルス　ゲシェンク

子供用品・下着

1 子供の下着がほしいのですけど。

Ich brauche Unterwäsche für meine Kinder.
イッヒ　ブラウヒェ　ウンターヴェッシェ　フュール　マイネ　キンダー

2 綿 100 パーセントですか？

Ist das reine Baumwolle?
イスト　ダス　ライネ　バウムヴォレ

3 冬用に厚いストッキングが要るのです。

Ich brauche eine dicke Strumpfhose für den Winter.
イッヒ　ブラウヘ　アイネ　ディッケ　シュトゥルンプホーゼ　フュール　デン　ウィンター

4 これは自分で洗うことができますか？

Kann man das normal waschen?
カン　マン　ダス　ノルマール　ワッシェン

5 クリーニングに出さなければなりませんか？

Muss man das reinigen lassen?
ムス　マン　ダス　ライニゲン　ラッセン

バッグ・靴を買う

CD-2
[track12]

バッグ・かばん

1 このハンドバッグはいくらですか？

Was kostet diese Handtasche?
ワス　コステット　ディーゼ　ハンドタッシェ

2 そのバッグはとても素敵です。

Die Tasche ist schick.
ディー　タッシェ　イスト　シック

3 内側にポケットが2つ付いています。

Sie hat zwei Innentaschen.
ジー　ハット　ツヴァイ　インネンタッシェン

4 これはプラスチックですよね。

Ich glaube, sie ist aus Kunststoff.
イッヒ　グラウベ　ジー　イスト　アウス　クンストシュトッフ

5 本皮のリュックサックを探しています。

Ich suche einen Rucksack aus echtem Leder.
イッヒ　ズーヘ　アイネン　ルックサック　アウス　エヒテム　レーダー

6 旅行カバンはどこにありますか？

Wo haben Sie Reisetaschen?
ヴォー　ハーベン　ジー　ライゼタッシェン

7 このスーツケースは防水ですか？

Ist dieser Koffer wasserdicht?
イスト　ディーザー　コッファー　ワッサーディヒト

靴・サンダル

1 ヒールの低いサンダルを探しているのですが。

Ich suche Sandalen mit niedrigen Absatz.
イッヒ　ズーヘ　サンダーレン　ミット　ニードゥリゲン　アブサッツ

2 このブーツでサイズ36はありますか？　（36⇒約23.5 cm）

Haben Sie diese Stiefel auch in Größe 36?
ハーベン　ジー　ディーゼ　シュティーフェル　アウホ　イン　グローセ　ゼックスウントトライッシッヒ

3 私の靴のサイズは37です。　（37⇒23.5 cm〜24 cm位）

Ich habe Schuhgröße 37.
イッヒ　ハーベ　シューグレーセ　ジーベンウントトライシッヒ

4 あなたの足は小さすぎます。子供向けの靴を探してみてください。

Ihre Füße sind zu klein. Versuchen Sie es mal in der
イーレ　フュッセ　ジント　ツー　クライン　フェルズーヘン　ジー　エス　マル　イン　デア
Kinderabteilung.
キンダーアプタイルンク

店員へ

1 鏡はどこですか？

Wo gibt es einen Spiegel?
ヴォー　ギプト　エス　アイネン　シュピーゲル

2 大きさはちょうど良いけど、色が気に入らないです。

Die Größe ist in Ordnung, aber die Farbe gefällt mir nicht.
ディー グローセ イスト イン オルドゥヌンク アーバー ディー ファルベ ゲフェルト ミア ニヒト

3 ここ汚れてますよ。値引きしてくれませんか？

Das ist etwas schmutzig. Bekomme ich Rabatt?
ダス イスト エトヴァス シュムッツィッヒ ベコンメ イッヒ ラバット

4 チャックが動かないです。

Der Reißverschluss ist kaputt.
デア ライスフェルシュルース イスト カプット

食品を買う

CD-2 [track13]

パン・ケーキ類

1 白パンを1ポンドください。

Geben Sie mir bitte ein Pfund Weißbrot.
ゲーベン ジー ミア ビッテ アイン プフント ヴァイスブロート

2 ブレツェル一つください。

Eine Brezel bitte.
アイネ ブレーツェル ビッテ

3 パンを半分ください。

Ich hätte gerne einen halben Laib Brot.
イッヒ ヘッテ ゲルネ アイネン ハルベン ライプ ブロート

4 そのパンを薄切りにしてもらえますか。

Bitte schneiden Sie das Brot in dünne Scheiben.
ビッテ シュナイデン ジー ダス ブロート イン デュンネ シャイベン

5 全粒粉の小さなパンはありますか？

Haben Sie Vollkornbrötchen?
ハーベン ジー フォルコルンブレートヒェン

6 ライ麦パンをください。

Geben Sie mir ein Roggenbrot bitte.
ゲーベン ジー ミア アイン ロッゲンブロート ビッテ

7 その小さい黒パンを一つください。

Eines von diesen dunklen Brötchen bitte.
アイネス フォン ディーゼン ドゥンクレン ブレートヒェン ビッテ

8 その後ろの棚にあるパンを一つください。

Ein Brot bitte, aus dem Regal dort hinten.
アイン ブロート ビッテ アウス デム レガール ドート ヒンテン

9 チーズのせクロワッサンを温めてください。

Können Sie mir das Käsecroissant aufwärmen?
クェンネン ジー ミア ダス ケーゼクロワッサン アウフヴェルメン

10 このケーキは生クリームですか、バタークリームですか？

Ist diese Torte mit Sahne oder mit Creme gemacht?
イスト ディーゼ トルテ ミット ザーネ オーダー ミット クレーム ゲマハト

ハム・肉類・魚類

1 生ハムを300グラムください。

Geben Sie mir 300 Gramm Rohschinken, bitte.
ゲーベン ジー ミア ジーベンウントドライシッヒ グラム ローシンケン ビッテ

2 牛ひきを500グラムください。

Ich möchte ein halbes Kilo gehacktes Rindfleisch.
イッヒ メヒテ アイン ハルベス キロ ゲハックテス リンドフライシュ

3 このサラミはイタリアのですか？

Ist diese Salami aus Italien?
イスト ディーゼ サラーミ アウス イターリエン

4 このサラミは辛いですか？

Ist diese Salami scharf ?
イスト ディーゼ サラーミ シャーフ

ショッピング

205

5 200グラムくらいの牛ステーキを4枚ください。

Ich möchte vier Stück Rinderschnitzel zu je
イッヒ　メヒテ　フィーア　シュトゥック　リンダーシュニッツェル　ツー　イェー
200 g.
ツヴァイフンデルト　グラム

6 ローストポークにはどの肉がいいでしょうかね？

Welches Fleisch empfehlen Sie mir für einen
ヴェルヒェス　フライシュ　エンプフェーレン　ジー　ミア　フュール　アイネン
Schweinebraten?
シュヴァイネブラーテン

7 鳥のモモを3本ください。

Geben Sie mir drei Hühnerschenkel bitte.
ゲーベン　ジー　ミア　トライ　ヒューナーシェンケル　ビッテ

8 その肉をごく薄く切ってもらえます？

Würden Sie mir das Fleisch bitte ganz dünn aufschneiden?
ヴュルデン　ジー　ミア　ダス　フライシュ　ビッテ　ガンツ　デュン　アウフシュナイデン

9 生で食べられる魚はありますか？

Haben Sie Fisch, den man roh essen kann?
ハーベン　ジー　フィッシュ　デン　マン　ロー　エッセン　カン

簡単な買い方

1 それ一つください。

Das hier bitte.
ダス　ヒア　ビッテ

2 それください。(自分と離れた物を指して)

Das dort drüben bitte!
ダス　ドート　ドリューベン　ビッテ

3 これください。(自分に近い物を指して)

Das hier vorne bitte!
ダス　ヒア　フォルネ　ビッテ

4 これを一つください。(自分の近くにある物を指して)

Eines von diesen hier bitte.
アイネス フォン ディーゼン ヒア ビッテ

チーズ・フルーツ・野菜

1 エメンタールチーズを200グラムください。

Bitte geben Sie mir 200 Gramm Emmentaler.
ビッテ ゲーベン ジー ミア ツヴァイフンデルト グラム エメンターラー

2 山羊のチーズが少しほしいのですが。

Ich hätte gerne ein kleines Stück Schafskäse.
イッヒ ヘッテ ゲルネ アイン クライネス シュトゥック シャーフケーゼ

3 もうちょっと少なめに。

Etwas weniger bitte.
エトワス ヴェーニガー ビッテ

4 もうちょっと多めに。

Etwas mehr bitte.
エトワス メーア ビッテ

5 サクランボを半キロください。

Ein halbes Kilo Kirschen bitte.
アイン ハルベス キーロ キルシェン ビッテ

6 サラダ菜を一つください。

Einen Kopfsalat bitte.
アイネン コプフサラート ビッテ

7 トマトを1箱もらいますよ。

Ich nehme eine Kiste Tomaten.
イッヒ ネーメ アイネ キステ トマーテン

8 このアスパラガスはドイツのですか?

Ist der Spargel aus Deutschland?
イスト デア シュパーゲル アウス ドイチュラント

食料品

★肉類 (Fleisch)

肉	Fleisch	(中性名詞)
ハム	Schinken	(男性名詞)
サラミ	Salami	(女性名詞)
ベーコン	Speck	(男性名詞)
ソーセージ	Wurst	(女性名詞)
小さなソーセージ	Würstchen	(中性名詞)
薄切りソーセージ	Aufschnitt	(男性名詞)
レバーペースト	Leberwurst	(女性名詞)
豚	Schwein	(中性名詞)
牛	Rind	(中性名詞)
子牛	Kalb	(中性名詞)
鶏	Huhn	(中性名詞)
鶏	Hühnchen	(中性名詞)
うさぎ	Kaninchen	(中性名詞)
ラム	Lamm	(中性名詞)
首肉	Hals	(男性名詞)
腿肉	Keule	(女性名詞)
背肉	Rücken	(男性名詞)

★魚貝類 (Fische und Meeresfrüchte)

鮭	Lachs	(男性名詞)
マス	Forelle	(女性名詞)
サバ	Makrele	(女性名詞)
ニシン	Hering	(男性名詞)
うなぎ	Aal	(男性名詞)
平目	Butt	(男性名詞)

カレイ	Scholle	（女性名詞）
アンコウ	Seeteufel	（男性名詞）
鱈	Dorsch	（男性名詞）
鱈	Kabeljau	（男性名詞）
鮫	Hai	（男性名詞）
ロブスター	Hummer	（男性名詞）
エビ	Garnele	（女性名詞）
エビ	Krabbe	（女性名詞）
カニ	Krebs	（男性名詞）
タコ、イカ	Tintenfisch	（男性名詞）
貝	Muschel	（女性名詞）
牡蠣	Austern	（女性名詞）
帆立貝	Jakobsmuschel	（女性名詞）

★乳製品（Milchprodukte）

牛乳	Milch	（女性名詞）
卵	Ei	（中性名詞）
チーズ	Käse	（男性名詞）
ヨーグルト	Jogurt	（男性名詞）
生クリーム	Sahne	（女性名詞）
アイスクリーム	Eis	（中性名詞）

★穀類、豆類（Getreide und Bohnen）

小麦粉	Mehl	（中性名詞）
パン粉	Paniermehl	（中性名詞）
麺類	Teigwaren	（女性名詞、複数形）
米	Reis	（男性名詞）
穀物	Getreide	（中性名詞）
豆	Bohne	（女性名詞）

ショッピング

ナッツ	Nuss	(女性名詞)
ピーナツ	Erdnuss	(女性名詞)
えんどう豆	Erbse	(女性名詞)

★野菜 (Gemüse)

トマト	Tomate	(女性名詞)
ナス	Aubergine	(女性名詞)
ニンジン	Karotte	(女性名詞)
ニンジン	Möhre	(女性名詞)
ジャガイモ	Kartoffel	(女性名詞)
玉ねぎ	Zwiebel	(女性名詞)
ニンニク	Knoblauch	(男性名詞)
ショウガ	Ingwer	(男性名詞)
ブロッコリー	Brokkoli	(男性名詞)
ネギ	Lauch	(男性名詞)
アサツキ	Schnittlauch	(男性名詞)
カボチャ	Kürbis	(男性名詞)
キャベツ	Kohl	(男性名詞)
白菜	China-Kohl	(男性名詞)
サラダ菜	Kopfsalat	(男性名詞)
カブ	Rübe	(女性名詞)
大根	Rettich	(男性名詞)
キュウリ	Gurke	(女性名詞)
トウモロコシ	Mais	(男性名詞)
パセリ	Petersilie	(女性名詞)
ほうれんそう	Spinat	(男性名詞)
ズッキーニ	Zucchini	(女性名詞)

★果物（Obst）

果物	Obst	（中性名詞）
りんご	Apfel	（男性名詞）
いちじく	Feige	（女性名詞）
ナシ	Birne	（女性名詞）
サクランボ	Kirsche	（女性名詞）
アンズ	Aprikose	（女性名詞）
プラム	Pflaume	（女性名詞）
モモ	Pfirsich	（男性名詞）
イチゴ	Erdbeere	（女性名詞）
ラズベリー	Himbeere	（女性名詞）
パイナップル	Ananas	（女性名詞）
オレンジ	Orange	（女性名詞）
グレープフルーツ	Grapefruit	（女性名詞）
バナナ	Banane	（女性名詞）
キウイ	Kiwi	（女性名詞）

★調味料（Gewürze）

砂糖	Zucker	（男性名詞）
塩	Salz	（中性名詞）
コショウ	Pfeffer	（男性名詞）
マヨネーズ	Mayonnaise	（女性名詞）
酢	Essig	（男性名詞）
醤油	Sojasoße	（女性名詞）
香辛料	Gewürze	（女性名詞）
カラシ	Senf	（男性名詞）
油	Öl	（中性名詞）

ショッピング

助けを求める

1 助けて！
Hilfe!
ヒルフェ

2 助けてください！
Bitte helfen Sie mir!
ビッテ ヘルフェン ジー ミア

3 警察を呼んでください！
Rufen Sie die Polizei, bitte!
ルーフェン ジー ディー ポリツァイ ビッテ

4 警察はどこですか？
Wo ist die Polizeistation, bitte?
ヴォー イスト ディー ポリツァイスタツィオン ビッテ

5 助けが必要です。
Ich brauche Hilfe.
イッヒ ブラウヘ ヒルフェ

6 急いでいます。
Ich beeile mich.
イッヒ ベアイレ ミッヒ

7 急いでいます。
Ich habe es eilig.
イッヒ ハーベ エス アイリッヒ

8 急いでください！
Bitte beeilen Sie sich!
ビッテ ベアイレン ジー ジッヒ

9 非常事態です！
Das ist ein Notfall!
ダス イスト アイン ノートファール

---

⑩ 緊急事態

緊急時の電話番号は、ドイツでは110（警察）、112（消防、救急）、オーストリアでは133（警察）、122（消防）、144（救急）の他、112が共通の緊急事態番号として使われます。スイスでは112と117（警察）118(消防)144(救急)の他、主に山岳地方で利用されるヘリコプターによる救助隊（REGA）を呼ぶ1414があります。

10 あなたの携帯をお借りできますか？

Kann ich mit Ihrem Handy anrufen?
カン　イッヒ　ミット　イーレム　ヘンディ　アンルーフェン

困ったとき

CD-2 [track15]

紛失・忘れ物

1 パスポートをなくしました。

Ich habe meinen Pass verloren.
イッヒ　ハーベ　マイネン　パス　フェルローレン

2 傘が見つかりません。

Ich finde meinen Regenschirm nicht.
イッヒ　フィンデ　マイネン　レーゲンシルム　ニヒト

3 タクシーに書類カバンを忘れました。

Ich habe einen Aktenkoffer im Taxi liegen lassen.
イッヒ　ハーベ　アイネン　アクテンコッファー　イム　タクシー　リーゲン　ラッセン

4 地下鉄の遺失物係はどこでしょうか？

Wo ist das Fundbüro der U-Bahn?
ヴォー　イスト　ダス　フンドビューロ　デア　ウーバーン

5 私のバッグを見ましたか？

Haben Sie meine Tasche gesehen?
ハーベン　ジー　マイネ　タッシェ　ゲゼーエン

盗難・スリ

1 盗まれました。

Man hat mich bestohlen.
マン　ハット　ミッヒ　ベシュトーレン

2 財布を盗まれました。

Mein Geldbeutel ist gestohlen worden.
マイン　ゲルドボイテル　イスト　ゲシュトーレン　ヴォルデン

3 カメラを盗まれました。

Mein Fotoapparat ist gestohlen worden.
マイン　フォトアパラート　イスト　ゲシュトーレン　ヴォルデン

---

4 泥棒！

Dieb!
ディープ

---

5 スリだ！

Ein Taschendieb!
アイン　タッシェンディープ

---

6 おい、待て！

Hei, halt!
ヘイ　ハルト

---

7 あの男は私のカメラを盗みました。

Dieser Mann hat meinen Fotoapparat gestohlen.
ディーザー　マン　ハット　マイネン　フォトアパラート　ゲシュトーレン

---

8 道で強盗に襲われました。

Ich wurde auf der Strasse überfallen.
イッヒ　ヴルデ　アウフ　デア　シュトラッセ　ユーバーファーレン

---

9 私の車が車上荒らしを受けました。

Mein Auto ist aufgebrochen worden.
マイン　アウト　イスト　アウフゲブロヒェン　ヴォルデン

---

10 家に泥棒が入りました。

In meine Wohnung ist eingebrochen worden.
イン　マイネ　ヴォーヌンク　イスト　アインゲブロヒェン　ヴォルデン

---

11 盗難届を出したいのですが。

Ich möchte einen Diebstahl anzeigen.
イッヒ　メヒテ　アイネン　ディープシュタール　アンツァイゲン

---

12 日本大使館の人と話がしたいのですが。

Ich möchte mit der japanischen Botschaft sprechen.
イッヒ　メヒテ　ミット　デア　ヤパーニッシェン　ボートシャフト　シュプレッヒェン

13 通訳が必要です。

Ich brauche einen Dolmetscher.
イッヒ　ブラウヘ　アイネン　ドルメチャー

14 私のせいではありません。

Ich bin unschuldig.
イッヒ　ビン　ウンシュルディッヒ

15 私には関係のないことです。

Damit habe ich nichts zu tun.
ダーミット　ハーベ　イッヒ　ニヒツ　ツー　トゥーン

不審な人

1 やめてください！

Hören Sie auf!
ヘーレン　ジー　アウフ

2 ほっといてください！

Lassen Sie mich in Ruhe!
ラッセン　ジー　ミッヒ　イン　ルーエ

3 ほっといて！

Lass mich in Ruhe!
ラス　ミッヒ　イン　ルーエ

4 あっちへ行ってください！

Bitte gehen Sie!
ビッテ　ゲーエン　ジー

5 あっちへ行け！

Geh weg!
ゲー　ヴェック

6 どこかに行ってください！

Verschwinden Sie!
フェルシュヴィンデン　ジー

緊急事態

7 失せろ！

Verschwinde!
フェルシュヴェンデ

8 誰かがついてきます。

Jemand folgt mir ständig.
イェーマント フォルクト ミア ステンディッヒ

9 この男に嫌がらせを受けています。

Dieser Mann belästigt mich.
ディーザー マン ベレスティクト ミッヒ

10 この男に触られました。

Dieser Mann hat mich angegrapscht!
ディーザー マン ハット ミッヒ アンゲクラプシュト

11 この人に性的嫌がらせを受けました。

Er hat mich sexuell belästigt!
エァ ハット ミッヒ セクシュエル ベレスティクト

突然の出来事

CD-2 [track16]

1 火事だ！

Feuer!
フォイアー

2 非常口はどこですか？

Wo ist der Notausgang?
ヴォー イスト デア ノートアウスガング

3 伏せなさい！

Runter auf den Boden!
ルンター アウフ デン ボーデン

4 注意して！

Vorsicht!
フォアジヒト

5 気をつけて！

Pass auf!
パス　アウフ

6 気をつけなさい！

Passen Sie auf!
パッセン　ジー　アウフ

7 触ってはいけません！

Nicht berühren!
ニヒト　ベリューレン

8 家を出なさい！

Verlassen Sie das Haus!
フェルラッセン　ジー　ダス　ハウス

ケガ・病気

CD-2
[track17]

医者・救急車を呼ぶ

1 主人がケガをしました。

Mein Mann ist verletzt.
マイン　マン　イスト　フェルレッツト

2 子供が階段から落ちました。

Mein Kind ist die Treppe heruntergestürzt.
マイン　キント　イスト　ディー　トレッペ　ヘルウンターゲシュトゥルツト

3 妻が病気です。

Meine Frau ist krank.
マイネ　フラウ　イスト　クランク

4 救急車を呼んでください。

Rufen Sie bitte einen Krankenwagen.
ルーフェン　ジー　ビッテ　アイネン　クランケンワーゲン

5 医者を呼んでもらえますか？

Können Sie mir einen Arzt rufen?
クェンネン　ジー　ミア　アイネン　アルツト　ルーフェン

6 緊急窓口のある薬局はどこか知っていますか？

Wissen Sie, welche Apotheke heute Notdienst hat?
ヴィッセン　ジー　ヴェルヒェ　アポテーケ　ホイテ　ノートディーンスト　ハット

7 緊急処置をしてもらえる歯医者を知っていますか？

Kennen Sie einen zahnärztlichen Notdienst?
ケンネン　ジー　アイネン　ツァーンエルツトリッヒェン　ノートディーンスト

8 ここで傷の処置をしてもらえますか？

Kann ich hier meine Wunde behandeln lassen?
カン　イッヒ　ヒア　マイネ　ヴンデ　ベハンデルン　ラッセン

症状について

1 痛みがあります。

Ich habe Schmerzen.
イッヒ　ハーベ　シュメルツェン

2 ここが痛いんです。

Hier tut es weh.
ヒア　トゥート　エス　ヴェー

3 気分が良くありません。

Ich fühle mich schlecht.
イッヒ　フューレ　ミッヒ　シュレヒト

4 気分がとても悪いです。

Mir ist sehr übel.
ミア　イスト　ゼーァ　ユーベル

5 めまいがします。

Mir ist schwindlig.
ミア　イスト　シュヴィンドゥリッヒ

6 立っていられません。

Ich kann nicht mehr länger stehen.
イッヒ　カン　ニヒト　メーァ　レンガー　シュテーエン

7 ハチに刺されました。

Mich hat eine Biene gestochen.
ミッヒ ハット アイネ ビーネ ゲシュトッヒェン

8 傷が化膿している。

Die Wunde eitert.
ディー ヴンデ アイテルト

※ 15章（街で）の「病院へ行く」、17章（病気になったら）も参照。

車の事故・故障

CD-2
[track18]

状況説明

1 事故です。

Ich hatte gerade einen Unfall.
イッヒ ハッテ ゲラーデ アイネン ウンファル

2 重傷者がいます。

Es ist jemand schwer verletzt.
エス イスト イェーマント シュヴェア フェルレッツト

3 けが人はいません。

Es ist niemand verletzt.
エス イスト ニーマント フェルレッツト

4 赤信号を見落としてしまいました。

Ich habe die rote Ampel übersehen.
イッヒ ハーベ ディー ローテ アンペル ユーバーゼーエン

警官から

1 お名前とご住所をお願いします。

Geben Sie mir bitte Ihren Namen und Ihre Anschrift.
ゲーベン ジー ミア ビッテ イーレン ナーメン ウント イーレ アンシュリフト

2 スピードの出しすぎです。

Sie sind zu schnell gefahren.
ジー ジント ツー シュネル ゲファーレン

3 先行権を無視しましたね。

Sie haben die Vorfahrt missachtet.
ジー ハーベン ディー フォアファールト ミスアハテット

4 車から降りてください。呼気の中のアルコール度数を計らせてもらいます。

Steigen Sie bitte aus dem Auto aus. Wir machen eine
シュタイゲン ジー ビッテ アウス デム アウト アウス ヴィア マッヒェン アイネ
Alkoholkontrolle.
アルコォルコントローレ

5 あなたは事故を目撃しましたか？

Haben Sie den Unfall beobachtet?
ハーベン ジー デン ウンファル ベオバハテット

6 どうして事故になったのですか？ 経過を説明できますか？

Wie ist es zum Unfall gekommen? Können Sie den
ヴィー イスト エス ツム ウンファル ゲコンメン クェンネン ジー デン
Vorgang schildern?
フォアガンク シィルデルン

車の故障

1 故障です。

Ich habe eine Panne.
イッヒ ハーベ アイネ パンネ

2 ブレーキがおかしいです。

Die Bremsen sind nicht in Ordnung.
ディー ブレムゼン ジント ニヒト イン オルドゥヌンク

3 冷却水が漏れているようです。

Der Kühler ist undicht.
デア キューラー イスト ウンディヒト

4 エンジンがかかりません。

Der Motor springt nicht an.
デア　モトー　シュプリンクト　ニヒト　アン

5 エンジンをかけるのを手伝ってもらえますか？

Können Sie mir Starthilfe geben?
クェンネン　ジー　ミア　シュタートヒルフェ　ゲーベン

6 レッカーサービスをお願いします。

Könnten Sie mich abschleppen?
クェンテン　ジー　ミッヒ　アプシュレッペン

7 トヨタの修理工場はありますか？

Gibt es hier eine Toyota-Werkstatt?
ギプト　エス　ヒア　アイネ　トヨタ　ヴェルクシュタット

8 修理はいくらぐらいかかりますか？

Was kostet die Reparatur?
ワス　コステット　ディー　レパラトゥーゥ

9 いつ直りますか？

Wann ist der Wagen fertig?
ヴァン　イスト　デア　ワーゲン　フェルティッヒ

（※19章（レジャー・休暇）の「ドライブする」も参照。）

保育園・幼稚園

入園手続き

1. 保育園に空きを探しているのですが。

Ich suche einen Platz in der Kinderkrippe.
イッヒ ズーへ アイネン プラッツ イン デア キンダークリッペ

2. 保育ママが今すぐ必要なのですが。

Ich suche dringend eine Tagesmutter.
イッヒ ズーへ ドリンゲント アイネ ターゲスムッター

3. 保育ママは自分の子供と一緒に乳幼児の世話をします。

Eine Tagesmutter kümmert sich um die Kinder zusammen mit ihren eigenen Kindern.
アイネ ターゲスムッター キュンメルト ジッヒ ウム ディー キンダー ツザンメン ミット イーレン アイゲネン キンダーン

4. (幼稚園の) 登録はいつからできますか？

Wann kann ich mein Kind anmelden?
ヴァン カン イッヒ マイン キント アンメルデン

5. 3月末か4月の初めです。正確な日時はまだわかりません。

Ab Ende März oder Anfang April. Ein genauer Termin ist noch nicht bekannt.
アプ エンデ メルツ オーダー アンファンク アプリル アイン ゲナウアー テルミン イスト ノッホ ニヒト ベカント

6. 何歳から預けられますか？

Wie alt muss das Kind sein?
ヴィー アルト ムス ダス キント ザイン

7. 手続きをされる年の11月30日までに3歳以上になる子供が対象です。

Mindestens 3 Jahre bis 30. November des Anmeldejahres.
ミンデステンズ トライ ヤーレ ビス トライシックステン ノヴェンバー デス アンメルデヤーレス

⑪ 学校

ドイツでは6歳になると基礎学校 (Grundschule) に入学、4年生が終わる時に「基幹学校 Hauptschule」「実技学校 Realschule」「ギムナジウム Gymnasium」のうちの一つを選択します。基幹学校、実技学校の終了後は仕事をしながら (前者)、または全日制の職業学校に進みます (後者)。大学に進むにはギムナジウムに進み Abitur を取得します。

費用・設備などについて

1 この幼稚園はどのくらい大きいのですか？

Wie groß ist der Kindergarten?
ヴィー グロース イスト デア　　キンダーガルテン

2 5クラスあり、それぞれ定員が 25 名です。

Es gibt 5 Gruppen mit je 25 Kindern.
エス ギプト フュンフ　グルッペン　ミット イェー フュンフウントツヴァンツィッヒ　キンダーン

3 年間費用はどのくらいでしょうか？

Was kostet die Jahresgebühr?
ワス　コステット ディー　ヤーレスゲビュール

4 入られるクラスによって異なります。全日クラスをご希望ですか？ それとも半日クラス？

Das hängt davon ab, ob Sie Ihr Kind den ganzen Tag
ダス ヘンクト ダフォン アプ オプ ジー イーア キント デン ガンツェン ターク
betreuen lassen wollen oder nur halbtags.
ベトロイエン ラッセン ヴォーレン オーダー ヌーア ハルプターゲス

5 昼食代は別になります。

Das Mittagessen muss separat bezahlt werden.
ダス　ミッタグエッセン　　ムス　　セパラート　ベツァールト　ヴェルデン

6 どのような遊び場がありますか？

Welche Spielmöglichkeiten gibt es im Freien?
ヴェルヒェ　シュピールメェーグリッヒカイテン ギプト エス イム フライエン

7 くみ上げポンプのついた砂場に、滑り台、ブランコ、よじ登ったり、バランスを取ったりできる遊び場があります。

Es gibt einen großen Sandkasten mit Wasserpumpe,
エス ギプト アイネン　グローセン　　サントカステン　ミット　　　ワッサープンペ
einen Berg mit Rutschbahn, Schaukeln, Kletter- und
アイネン　ベルク ミット　ルッチュバーン　　シャウケルン　　クレッター　ウント
Balanciermöglichkeiten.
バランシーァモェーグリッヒカイテン

学校

8 休園日はいつですか？

Wann ist der Kindergarten geschlossen?
ヴァン イスト デア キンダーガルテン ゲシュロッセン

9 クリスマス、イースターに精霊降臨祭が休みです。夏休みは3週間です。

Über Weihnachten, Ostern, Pfingsten und drei Wochen
ユーバー ヴァイナハテン オースターン プフィングステン ウント トライ ヴォッヘン
in Sommer.
イン ゾンマー

小学校・中学校・高校

CD-2 [track20]

入学手続き

1 新入生の受付は来週の月曜日に始まります。

Die Anmeldung für Schulanfänger beginnt am
ディー アンメルドゥンク フュール シュールアンフェンガー ベギント アム
kommenden Montag.
コンメンデン モンターク

2 入学案内を受け取られていない場合は、学校の事務局までお問い合わせください。

Wenn Sie keine Aufforderung zur Anmeldung erhalten
ヴェン ジー カイネ アウフフォルデルンク ツール アンメルドゥンク エアハルテン
haben, sollten Sie sich an das Schulsekretariat wenden.
ハーベン ゾルテン ジー ジッヒ アン ダス シュールセクレタリイアート ヴェンデン

3 今までの学校での成績表と健康診断表を学校の事務局まで郵送してください。

Schicken Sie bitte das Schulzeugnis und das
シッケン ジー ビッテ ダス シュールツオイクニス ウント ダス
Gesundheitzeugnis der bisherigen Schule an das
ゲスンドハイトツオイクニス デア ビスヘーリゲン シューレ アン ダス
Sekretariat.
セクレタリアート

4 クラスへの編入は教師との話し合いで決まります。

Die Klassenzuteilung erfolgt in Absprache mit den
ディー クラッセンツータイルンク エアフォルクト イン アプシュプラヒェ ミット デン
Lehrkräften.
レールクレフテン

学校の行事について

1 半年に1回は父母会が開かれます。

Ein Elternabend findet zweimal in Jahr statt.
アイン エルターンアーベント フィンデット ツヴァイマル イン ヤール シュタット

2 (あなたは) 父母の代表として、クラスの父母の議長役になります。

Als Elternvertreter sind Sie Vorsitzender der Eltern Ihrer Klasse.
アルス エルターンフェルトレーター ジント ジー フォアジッツェンダー デア エルターン イーラー クラッセ

3 遠足ではお子さんに懐中電灯を持たせてください。

Geben Sie Ihrem Kind eine Taschenlampe zur Klassenfahrt mit.
ゲーベン ジー イーレム キント アイネ タッシェンランペ ツール クラッセンファールト ミット

学校への連絡

1 息子が熱を出しました。

Mein Sohn hat Fieber.
マイン ゾーン ハット フィーバー

2 今日、学校に行けません。

Er kann heute nicht in die Schule.
エア カン ホイテ ニヒト イン ディー シューレ

3 娘が病気です。

Meine Tochter ist krank.
マイネ トホター イスト クランク

4 病院に運ばれました。

Sie ist ins Krankenhaus eingeliefert worden.
ジー イスト インス クランケンハウス アインゲリーフェルト ヴォルデン

5 学校が休みの間は日本に帰ります。（親戚を訪ねます。）

In den Schulferien besuchen wir unsere Verwandten in Japan.
イン デン シュールフェーリエン ベズーヘン ヴィア ウンゼレ フェルヴァンテン イン ヤーパン

成績・進学

1 彼は一番優秀な生徒だった。

Er war der beste Schüler von allen.
エア ワー デア ベステ シューラー フォン アーレン

2 地理の成績は悪かった。

Ich hatte schlechte Noten in Erdkunde.
イッヒ ハッテ シュレヒテ ノーテン イン エルドクンデ

3 前学期では数学が1だった。（※ドイツでは1が最高点）

Im letzten Semester hatte ich eine Eins in Mathematik.
イム レツテン ゼメスター ハッテ イッヒ アイネ アインズ イン マテマティーク

4 子供の成績について、担任と話す予定です。

Ich werde mit dem Klassenleiter über die Leistung meines Kindes sprechen.
イッヒ ヴェルデ ミット デム クラッセンライター ユーバー ディー ライストゥンク マイネス キンデス シュプレッヒェン

5 実科学校かギムナジウムに行くには、主要科目でもっといい成績を取らなくては。

Um auf die Realschule oder aufs Gymnasium zu gehen, musst du bessere Noten in den Hauptfächern haben.
ウム アウフ ディー レアールシューレ オーダー アウフス ギムナジウム ツー ゲーエン ムスト ドゥ ベッセレ ノーテン イン デン ハウプトフェッヒャーン ハーベン

6 大学に行きたいのなら大学資格試験を受けなくてはいけないよ。

Wenn du studieren möchtest, musst du das Abitur machen.
ヴェン ドゥ ストゥディーレン メヒテスト ムスト ドゥ ダス アビトゥール マッヒェン

7 経営学や生物学のような入学が制限された学部に進みたいのなら、大学資格試験でかなり良い点数を取らなければならない。

Wenn Sie Numerus-clausus-Fächer wie
ヴェン　ジー　ヌーメルスクラウススフェッヒャー　ヴィー
Betriebswirtschaftslehre oder Biologie studieren wollen,
ベトリープスヴィルトシャフツレーレ　オーダー　ビオロギー　ストゥディーレン　ヴォーレン
müssen Sie einen sehr guten Abitur-Schnitt haben.
ミュッセン　ジー　アイネン　ゼーァ　グーテン　アビトール　シュニット　ハーベン

8 両親は私が音楽大学に進むのに反対です。

Meine Eltern sind dagegen, dass ich auf eine
マイネ　エルターン　ジント　ダーゲーゲン　ダス　イッヒ　アウフ　アイネ
Musikhochschule gehe.
ムジークホッホシューレ　ゲーエ

9 フランスに語学留学をしようと考えてます。

Ich habe vor, einen Sprachaufenthalt in Frankreich zu
イッヒ　ハーベ　フォア　アイネン　シュプラッヒェアウフエントハルト　イン　フランクライヒ　ツー
machen.
マッヘン

学校

近所の人との会話

1 この地域に新しく越してきました。

Wir sind neu in diese Gemeinde gezogen.
ヴィア　ジント　ノイ　イン　ディーゼ　ゲマインデ　ゲツォーゲン

2 うちの子にどの学校がいいのか、わからないわ。

Ich weiß nicht, welche Schule für mein Kind die beste ist.
イッヒ　ヴァイス　ニヒト　ヴェルヒェ　シューレ　フュール　マイン　キント　ディー　ベステ　イスト

3 私の姪は来年、学校に行く。

Meine Nichte kommt nächstes Jahr in die Schule.
マイネ　ニヒテ　コムト　ネヒステス　ヤー　イン　ディー　シューレ

4 彼の甥は大学の入学試験に合格した。

Sein Neffe hat die Aufnahmeprüfung der Uni bestanden.
ザイン　ネッフェ　ハット　ディー　アウフナーメプリューフンク　デア　ウニ　ベシュタンデン

大学

住まい

1 部屋を探しているなら、学生寮に直接、訊いたほうがいいよ。

Frag direkt beim Studentenwohnheim nach, wenn du ein freies Zimmer suchst.

2 誰かフラットに空きがある人、知らない？

Kennst du jemanden, der ein freies WG*-Zimmer hat?

3 彼は他の2人の学生と共同生活をしている。

Er wohnt in einer WG* mit zwei anderen Studenten.

4 私はお年寄りの女性のところに間借りしています。

Ich wohne als Untermieter bei einer alten Dame.

5 私は学生に部屋を貸しています。

Ich vermiete ein Zimmer an einen Studenten.

*WG = Wohngemeinschaft（共同生活）

成績・試験

1 彼の成績は平均的だった。

Seine Leistung war durchschnittlich.

2 中間試験は遅くても第3専門学期までに受けなくてはなりません。

Die Zwischenprüfung ist spätestens im 3. Fachsemester abzulegen.

3 修士試験に合格すると、修士の学位が得られる。

Nach der bestandenen Magisterprüfung wird der akademische Grad "Magister Artium" verliehen.
ナッハ デア ベシュタンデネン マギスタープリューフンク ヴィルト デア アカデーミッシェ グラート マギスター アルチウム フェルリーエン

4 私の専門分野では、ドクターの学位がないと仕事がないんです。

Ohne Promotion bekomme ich in meinem Fach keinen Job.
オーネ プロモツィオン ベコンメ イッヒ イン マイネン ファッハ カイネン ジョブ

5 僕が試験に合格したのは先生のおかげだ。

Dass ich die Prüfung bestanden habe, das habe ich meiner Lehrerin zu verdanken.
ダス イッヒ ディー プリューフング ベシュタンデン ハーベ ダス ハーベ イッヒ マイナー レーレリン ツー フェルダンケン

学費・就職

1 奨学金のおかげで外国で勉強できた。

Dank dem Stipendium konnte ich im Ausland studieren.
ダンク デム シュティペンディウム コンテ イッヒ イム アウスラント シュトゥディーレン

2 彼は学費を稼ぐためにタクシーの運転手をしている。

Er arbeitet als Taxifahrer, um sein Studium zu finanzieren.
エア アルバイテット アルス タクシーファーラー ウム ザイン シュトゥディウム ツー フィナンツィーレン

3 大学の卒業生でも失業者になることがある。

Auch Hochschulabsolventen können arbeitslos werden.
アウホ ホッホシュールアブゾルヴェンテン クェンネン アルバイツロス ヴェルデン

講義・昼休み

1 この講義は超退屈だよ。

Diese Vorlesung ist total langweilig.
ディーゼ フォアレーズンク イスト トタール ランクヴァイリッヒ

2 学食に行こう。ものすごく腹がへってるんだ。

Gehen wir in die Mensa. Ich habe einen Bärenhunger!
ゲーエン ヴィア イン デン メンザ イッヒ ハーベ アイネン ベーレンフンガー

3 昼休みは 45 分しかない。

Wir haben nur 45 Minuten Mittagspause.
ヴィア ハーベン ヌーア フュンフウントフィアツィッヒ ミヌーテン ミッタクスパウゼ

パソコン・インターネットについての会話

1 パソコンの電源を切らないで！ データをまだ保存してないんだ。

Schalte den Computer bitte nicht ab! Ich habe die Daten
シャルテ デン コンピューター ビッテ ニヒト．アプ イッヒ ハーベ ディー ダーテン
noch nicht gespeichert.
ノッホ ニヒト ゲシュパイヒェルト

2 ケーブルがこんがらがってるよ！

Was hast du hier für einen Kabelsalat!
ワス ハスト ドゥ ヒア フュール アイネン カーベルサラート

3 Eメールアドレスを教えてくれない？

Kannst du mir deine E-Mail-Adresse geben?
カンスト ドゥ ミア ダイネ イー メール アドレッセ ゲーベン

4 いいチャットサイト、知らない？

Kannst du mir eine gute Chat-Adresse empfehlen?
カンスト ドゥ ミア アイネ グーテ チャット アドレッセ エンプフェーレン

5 ブログって、どう作るか知ってるかい？

Weißt du, wie man ein Blog erstellt?
ヴァイスト ドゥ ヴィー マン アイン ブロク エアシュテルト

6 ホームページを作るにはコンセプトが一番大切な要素だよ。

Um eine Website zu erstellen, braucht man vor allem ein
ウム アイネ ウェップザイテ ツー エアシュテーレン ブラウフト マン フォア アーレン エイン
gutes Konzept.
グーテス コンツェプト

7 写真をインターネットで公開するつもりだ。

Ich werde meine Photos ins Internet stellen.
イッヒ ヴェルデ マイネ フォトス インス インターネット シュテーレン

8 おい、君からウイルスメールが来たぜ。

He, ich habe von dir ein Virus-Mail gekriegt!
ヘ イッヒ ハーベ フォン ディア アイン ヴィールスメール ゲクリークト

電話での応答

電話をかける、電話をとる

1 ISE 社、シュミットです。

ISE AG, Schmidt, Guten Tag.
イーセ アーゲー シュミット グーテン ターク

2 ハスリベルク社、ヘンネベルガーです。

Firma Hasliberg, Henneberger ist am Apparat.
フィルマ ハースリベルク ヘンネベルガー イスト アム アッパラート

3 A&T 社の安田です。

Guten Tag, hier ist Yasuda von der Firma A & T.
グーテン ターク ヒア イスト ヤスダ フォン デア フィルマ アー ウント テー

4 ホフナーさんと話したいのですが。

Ich hätte gerne mit Frau Hofner gesprochen.
イッヒ ヘッテ ゲルネ ミット フラウ ホフナー ゲシュプロッヒェン

5 ホフナーさんをお願いします。

Verbinden Sie mich bitte mit Frau Hofner.
フェルビンデン ジー ミッヒ ビッテ ミット フラウ ホフナー

6 カールスベルクさんと話したいのですが。

Ich möchte Herrn Karlsberg sprechen.
イッヒ メヒテ ヘルン カールスベルク シュプレッヒェン

7 バイツェンゼッカー博士と話せますか？

Kann ich Herrn Dr. Weizensäcker sprechen?
カン イッヒ ヘルン ドクター ヴァイツェンザッカー シュプレッヒェン

8 クリーンスマン博士とおつなぎします。

Ich verbinde Sie mit Frau Dr. Kliensmann.
イッヒ フェルビンデ ジー ミット フラウ ドクター クリーンスマン

ドイツに限らず欧米では入社するときの契約で仕事内容が明確に決まっています。職務ではないことを頼まれても「Das ist nicht meine Aufgabe.（それは私の仕事ではありません）」と拒まれるのが普通です。ドイツは欧州の中でも労働時間が短く、週35時間制が普及していますが、最近は不況のためにこれらの労働条件が見直されています。

9 少々お待ちください。

Einen Moment bitte.
アイネン　モメント　ビッテ

10 少々お待ちください。

Warten Sie einen Moment, bitte.
ヴァルテン　ジー　アイネン　モメント　ビッテ

11 少々お待ちください。今おつなぎいたします。

Einen Augenblick, bitte. Ich verbinde Sie gleich.
アイネン　アウゲンブリック　ビッテ　イッヒ　フェルビンデ　ジー　グライヒ

12 はい、私です。

Ja, am Apparat.
ヤー　アム　アッパラート

13 こんにちは、山田です。

Guten Tag, hier spricht Yamada.
グーテン　ターク　ヒア　シュプリヒト　ヤマダ

不在のとき

1 出張中です。

Sie ist auf Geschäftsreise.
ジー　イスト　アウフ　ゲシェフツライゼ

2 出張中です。

Er ist gerade beruflich verreist.
エア　イスト　ゲラーデ　ベルーフリッヒ　フェルライスト

3 まだ外回りから戻っておりません。

Er ist noch nicht von Außendienst zurück.
エア　イスト　ノッホ　ニヒト　フォン　アウセンディーンスト　ツーリュック

4 今、席をはずしています。

Sie ist leider nicht am Platz.
ジー　イスト　ライダー　ニヒト　アム　プラッツ

5 社内におります。

Sie ist aber im Haus.
ジー イスト アーバー イム ハウス

---

6 お伝えすることはありますか？

Soll ich ihr etwas ausrichten?
ゾル イッヒ イア エトヴァス アウスリヒテン

---

7 折り返しお電話させましょうか？

Soll sie Sie zurückrufen?
ゾル ジー ジー ツーリュックルーフェン

---

8 5分後にもう一度、電話してください。

Sie möchten in fünf Minuten noch einmal anrufen.
ジー メヒテン イン フュンフ ミヌーテン ノッホ アインマル アンルーフェン

---

9 30分後にかけ直していただけますか？

Können Sie in einer halben Stunde noch mal anrufen?
クェンネン ジー イン アイナー ハルベン シュトゥンデ ノッホ マル アンルーフェン

---

10 何の御用かお伺いしてよろしいですか？

Darf ich fragen, worum es geht?
ダルフ イッヒ フラーゲン ヴォルム エス ゲート

---

11 今日は休みを取っております。明日、出勤いたしますが。

Sie hat heute frei. Sie kommt morgen wieder.
ジー ハット ホイテ フライ ジー コムト モルゲン ヴィーダー

---

12 ちょうど休暇を取っております。代わりにお話をお伺いいたしましょうか？

Sie ist im Urlaub. Kann ich Ihnen behilflich sein?
ジー イスト イム ウルラウプ カン イッヒ イーネン ベヒルフリッヒ ザイン

---

13 モーザーはもうこちらに勤務しておりません。

Frau Moser arbeitet nicht mehr bei uns.
フラウ モーザー アルバイテット ニヒト メーア バイ ウンス

名前・連絡先を聞く

1 お名前をいただけますか？

Wie ist Ihr Name, bitte?
ヴィー イスト イーア ナーメ ビッテ

2 綴りを言っていただけますか？

Können Sie Ihren Namen buchstabieren, bitte.
クェンネン ジー イーレン ナーメン ブッフシュタビーレン ビッテ

3 電話番号をいただけますか？

Ihre Telefonnummer, bitte?
イーレ テレフォンヌンマー ビッテ

4 直通番号を教えてくださいますか？

Können Sie mir die Durchwahl geben?
クェンネン ジー ミア ディー ドゥルヒワール ゲーベン

5 恐れ入りますが？（相手の名前をたずねる。男性の場合）

Und Sie sind Herr....?
ウント ジー ジント ヘァ

6 恐れ入りますが？（相手の名前をたずねる。女性の場合）

Und Sie sind Frau...?
ウント ジー ジント フラウ

7 シュミットです。それでは30分後にまたかけ直します。

Schmidt. Ich rufe in einer Stunde noch einmal an.
シュミット イッヒ ルーフェ イン アイナー シュトゥンデ ノッホ アインマル アン

8 さようなら。(電話で)

Auf Wiederhören!
アウフ ヴィーダーヘーレン

235

外線・内線

1 外線です。

Das ist ein externer Anruf.
ダス イスト アイン エクステルナー アンルーフ

2 内線です。

Das ist ein interner Anruf.
ダス イスト アイン インテルナー アンルーフ

3 営業の人と話したいという方（男性）からの電話です。

Der Herr am Telefon möchte mit jemandem vom Verkauf sprechen.
デア ヘア アム テレフォン メヒテ ミット イェーマンデム フォン フェルカウフ シュプレッヒェン

4 顧客サービスの人と話したいという女性からの電話です。

Ich habe hier eine Dame, die mit dem Kundendienst sprechen will.
イッヒ ハーベ ヒア アイネ ダーメ ディー ミット デム クンデンディーンスト シュプレッヒェン ヴィル

5 すみませんが、電話をとってもらえますか？

Würden Sie bitte für mich das Telefon abnehmen?
ヴュルデン ジー ビッテ フューア ミッヒ ダス テレフォン アプネーメン

6 そちらに電話を回しました。

Ich habe mein Telefon auf Sie umgeleitet.
イッヒ ハーベ マイン テレフォン アウフ ジー ウムゲライテット

間違い電話のとき

1 かけ間違えです。

Sie sind falsch verbunden.
ジー ジント ファルシュ フェルブンデン

2 何番をおかけですか？

Welche Nummer haben Sie gewählt?
ヴェルヒェ　ヌンマー　ハーベン　ジー　ゲヴェルト

仕事に関する会話

CD-2
[track23]

依頼・確認

1 この手紙をジーメンズ社にファックスしてください。

Bitte faxen Sie diesen Brief an die Firma Siemens.
ビッテ　ファクセン　ジー　ディーゼン　ブリーフ　アン　ディー　フィルマ　ジーメンズ

2 コピーを書留で郵送してください。

Stellen Sie mir die Kopie per Einschreiben zu.
シュテーレン　ジー　ミア　ディー　コピー　ペル　アインシュライベン　ツー

3 この資料を3部コピーしてもらえますか？

Würden Sie mir diese Dokumente je drei mal kopieren?
ヴュルデン　ジー　ミア　ディーゼ　ドクメンテ　イェー　ドライ　マル　コピーレン

4 クリップをもらえますか？

Haben Sie eine Büroklammer für mich?
ハーベン　ジー　アイネ　ビューロクランマー　フュール　ミッヒ

5 ホッチキスをください。

Würden Sie mir den Hefter geben?
ヴュルデン　ジー　ミア　デン　ヘフター　ゲーベン

6 これを人事部のカスパーさんに渡してください。

Bringen Sie das bitte zu Frau Kasper in die Personalabteilung.
ブリンゲン　ジー　ダス　ビッテ　ツー　フラウ　カスパー　イン　ディー
ペルソナールアプタイルンク

7 プレゼンテーションの資料は準備しましたか？

Haben Sie das Präsentationsmaterial schon vorbereitet?
ハーベン　ジー　ダス　プレゼンタツィオーンスマテリアル　ショーン　フォアベライテット

8 このプロジェクトの正確な見積もりを出してもらえますか。

Bitte erstellen Sie mir eine genaue Kalkulation zu diesem Projekt.

報告・連絡

1 現在のところ納期は3週間です。

Momentan haben wir eine Lieferfrist von 3 Wochen.

2 業者にメールを送って、納期を早めてもらえないか訊いてください。

Senden Sie dem Lieferanten ein Mail und fragen, ob er schneller liefern kann.

3 SAS社からの注文を受けました。

Wir haben einen Auftrag von der Firma SAS erhalten.

4 ご注文はただいま処理中です。

Ihre Bestellung wird gerade bearbeitet.

5 2週間以内にお客様のご住所に配達されます。

Die Lieferung erfolgt innerhalb von 2 Wochen an Ihre Adresse.

6 その確認をファックスで送っていただけますか？

Könnten Sie bitte diese Bestätigung per Fax senden?

7 請求書の金額がまだ支払われていません。

Der Rechnungsbetrag ist noch nicht eingegangen.

8 その金額は既に銀行から振り込まれているはずです。

Der Betrag sollte schon von der Bank überwiesen worden sein.
デア ベトラーク ゾルテ ショーン フォン デア バンク ユーバーヴィーゼン ヴォルデン ザイン

会議・来客

1 2時から3時までは会議です。

Von zwei bis drei haben wir eine Konferenz.
フォン ツヴァイ ビス ドライ ハーベン ヴィア アイネ コンフェレンツ

2 3時にミューラーさんと会う約束があります。

Um 3 Uhr habe Ich einen Termin mit Herrn Müller.
ウム ドライ ウール ハーベ イッヒ アイネン テルミーン ミット ヘルン ミューラー

3 10分後に戻ります。

Ich bin in 10 Minuten zurück.
イッヒ ビン イン ツェーン ミヌーテン ツーリュック

4 30分後に人事部で打ち合わせがあります。

Ich habe in einer halben Stunde einen Termin in der Personalabteilung.
イッヒ ハーベ イン アイナー ハルベン シュトゥンデ アイネン テルミーン イン デア ペルソナルアプタイルンク

5 今日、残業できますか?

Können Sie heute Überstunden machen?
クェンネン ジー ホイテ ユーバーシュトゥンデン マッヒェン

6 ミューラーさん、お客様です。

Herr Müller, Sie haben Besuch.
ヘル ミューラー ジー ハーベン ベズーフ

7 ケーニッヒさんとロートさんがお見えになりました。

Frau König und Herr Roth sind angekommen.
フラウ クェーニッヒ ウント ヘァ ロート ジント アンゲコンメン

8 お入りください。

Kommen Sie bitte herein!
コンメン　ジー　ビッテ　ヘライン

9 お座りください。

Nehmen Sie bitte Platz.
ネーメン　ジー　ビッテ　プラッツ

10 ここでちょっと待っていてください。

Warten Sie bitte einen Moment hier.
ヴァルテン　ジー　ビッテ　アイネン　モメント　ヒア

11 上着を脱がれますか？

Möchten Sie Ihre Jacke ausziehen?
メヒテン　ジー　イーレ　ヤッケ　アウスツィーエン

12 第2会議室にコーヒーを3つ持って来てもらえますか？

Würden Sie bitte drei Kaffee ins Konferenzzimmer 2
ヴュルデン　ジー　ビッテ　トライ　カフェー　インス　コンフェレンツツィンマー　ツヴァイ
bringen?
ブリンゲン

社内での会話

CD-2
[track24]

会社の業績について

1 2004年度の売れ行きは前年度と同じくらい高かった。

Der Absatz im Geschäftsjahr 2004 war ebenso
デア　アプサッツ　イン　ゲシェフツヤー　ツヴァイタウザントフィーア　ワー　エベンゾー
hoch wie im Vorjahr.
ホッホ　ヴィー　イム　フォアヤー

2 会社は利益を得られず、赤字である。

Die Firma wirft keinen Gewinn ab und schreibt rote
ディー　フィルマ　ヴィルフト　カイネン　ゲヴィン　アプ　ウント　シュライプト　ローテ
Zahlen.
ツァーレン

3 会社は80年代に製品開発に集中して投資した。

In den 80er Jahren investierte die Firma intensiv in die
イン デン アハツィガー ヤーレン インヴェスティールテ ディー フィルマ インテンシーフ イン ディー
Entwicklung ihrer Produkte.
エントヴィックルング イーラー プロドゥクテ

4 今年は経営上やむを得ず、解雇者を出さなくてはなりません。

Wir müssen in diesem Jahr leider betriebsbedingte
ヴィア ミュッセン イン ディーゼン ヤー ライダー ベトリープスベディンクテ
Kündigungen durchführen.
キュンディグンゲン ドゥルヒフューレン

給与について

1 今年はあなたの給料を上げるのは難しいです。

Leider kann ich Ihnen in diesem Jahr keine
ライダー カン イッヒ イーネン イン ディーゼン ヤー カイネ
Gehaltserhöhung anbieten.
ゲハルツエアヘーウンク アンビーテン

2 私たちの給料は、ここ3年間上がっていない。

Seit drei Jahren erhalten wir keine Gehaltserhöhung
ザイト トライ ヤーレン エアハルテン ヴィア カイネ ゲハルツエアヘールンク
mehr.
メーア

3 先月の給与振込みでちょっと聞きたいことがあるのですが、よろしいですか？

Mit meiner letzten Lohnüberweisung stimmt etwas nicht.
ミット マイナー レツテン ローンユーバーヴァイズンク シュティムト エトワス ニヒト
Können Sie mir helfen?
クェンネン ジー ミア ヘルフェン

人事異動・引き継ぎ

1 こちらが新しく入ったバッハマンさんです。

Hier ist unsere neue Mitarbeiterin, Frau Bachmann.
ヒア イスト ウンゼレ ノイエ ミットアルバイテリン フラウ バッハマン

会社

2 彼女は近々引退するノイドルフさんの仕事を引き継ぎます。

Sie übernimmt die Aufgaben von Herrn Neudorf, der bald in Pension geht.
ジー ユーバーニムト ディー アウフガーベン フォン ヘルン ノイドルフ デア バルト イン ペンシオン ゲート

3 僕の前任者はいい仕事はしなかったようだ。

Mein Vorgänger scheint keine gute Arbeit geleistet zu haben.
マイン フォアゲンガー シャイント カイネ グーテ アルバイト ゲライステット ツー ハーベン

仕事・勤務態度について

1 あなたの仕事ぶりに大変満足しています。

Ich bin sehr zufrieden mit Ihnen.
イッヒ ビン ゼーァ ツーフリーデン ミット イーネン

2 僕らの上司（女性）がすごく仕事をしているのは皆、知っている。

Wir wissen, dass unsere Chefin hart arbeitet.
ヴィア ヴィッセン ダス ウンゼレ シェッフィン ハート アルバイテット

3 あなたの勤務成績は今ひとつといったところです。

Ihre Leistung lässt etwas zu wünschen übrig.
イーレ ライストゥンク レスト エトワス ツー ヴュンシェン ユーブリッヒ

4 これからはもっと時間通りに出社してください。

Bitte kommen Sie in Zukunft pünktlich zur Arbeit.
ビッテ コンメン ジー イン ツークンフト ピュンクトリッヒ ツール アルバイト

上司・同僚について

1 ヤンコヴィッチさんはうちの支社の所長（女性）だ。

Frau Jankowitsch ist Direktorin unserer Filiale.
フラウ ヤンコヴィッチ イスト ディレクトーリン ウンゼラー フィリアーレン

2 シュテルツナーさんは私の上司 (女性) です。

Frau Stelzner ist meine Chefin.
フラウ シュテルツナー イスト マイネ シェッフィン

3 コッホさんは彼の上司 (男性) だ。

Herr Koch ist sein Vorgesetzter.
ヘア コッホ イスト ゼイン フォアゲゼッツター

4 コーラーさんは我が社で経理をしている。

Herr Kohler ist Buchhalter unserer Firma.
ヘア コーラー イスト ブッフハルター ウンゼラー フィルマ

5 ベーガーさんは会長の代理として来た。

Herr Böger ist als Stellvertreter des Präsidenten gekommen.
ヘア ベガー イスト アルス シュテルフェルトレーター デス プレジデンテン ゲコンメン

6 試用期間は3ヶ月です。

Sie haben drei Monate Probezeit.
ジー ハーベン トライ モナーテ プローベツァイト

7 君の同僚 (複数) は感じがいいね。

Ich finde, deine Kollegen sind sympathisch.
イッヒ フィンデ ダイネ コレーゲン ジント シンパティッシュ

会社

人間関係

1 僕は上司とうまくやっている。

Ich komme mit meinem Chef gut aus.
イッヒ コンメ ミット マイネン シェフ グート アウス

2 正直言って、彼と仕事をするのは難しい。

Ehrlich gesagt, ich habe Mühe, mit ihm zu arbeiten.
エーリッヒ ゲザクト イッヒ ハーベ ミューエ ミット イン ツー アルバイテン

3 新しい同僚とは一緒に働きたくない。
（僕らにとって新しい同僚と一緒に働くのは難しい。）

Es fällt uns schwer, mit dem neuen Kollegen
エス フェルト ウンス シュヴェア ミット デム ノイエン コレーゲン
zusammenzuarbeiten.
ツザンメンツーアルバイテン

出社・退社・休暇について

1 あさって医者に行くので、1時間遅く出社します。

Übermorgen habe ich einen Arzttermin. Ich komme
ユーバーモルゲン ハーベ イッヒ アイネン アルツトテルミン イッヒ コンメ
eine Stunde später.
アイネ シュトゥンデ シュペーター

2 明日の夕方、1時間早く帰っていいかしら？

Kann ich morgen eine Stunde früher gehen?
カン イッヒ モルゲン アイネ シュトゥンデ フリューアー ゲーエン

3 休暇をいつ取るか決めました？

Wissen Sie schon, wann Sie Ihren Urlaub nehmen wollen?
ヴィッセン ジー ショーン ヴァン ジー イーレン ウルラウプ ネーメン ヴォーレン

4 週末の前後に休みを取りたいのですけど、よいでしょうか？

Ich würde gerne ein verlängertes Wochenende machen.
イッヒ ヴュルデ ゲルネ アイン フェルレンゲルテス ヴォッヒェンエンデ マッヒェン
Geht das in Ordnung?
ゲート ダス イン オルドゥヌンク

5 所長の了解は得ているのですか？

Haben Sie das Einverständnis des Direktors?
ハーベン ジー ダス アインフェルシュテントニス デス ディレクトース

★ コラム ★

日本的表現をドイツ語で言うと？

「お疲れさまです」 Danke für Ihr Engagement!

仕事が一段落ついた後に、「どうもいろいろありがとうございました」という意味で使われます。

コンピューター関連

CD-2 [track25]

1 パワーポイントは使えますか？

Sind Sie mit Powerpoint vertraut?
ジント ジー ミット パワーポイント フェルトラウト

2 このソフトウエアの使い方はわかりますか？

Kennen Sie diese Software gut?
ケンネン ジー ディーゼ ソフトウェア グート

3 宛名シールを印刷してください。

Bitte drucken Sie die Adressetiketten aus.
ビッテ ドルッケン ジー ディー アドレッセエティケッテン アウス

4 この営業データで表を作ってください。

Stellen Sie mir bitte eine Tabelle mit diesen
シュテーレン ジー ミア ビッテ アイネ タベッレ ミット ディーゼン
Verkaufsdaten auf.
フェルカウフスダーテン アウフ

5 ちょっと助けてもらえますか？ パソコンがフリーズしてしまいました。

Können Sie mir helfen? Mein PC ist blockiert!
クェンネン ジー ミア ヘルフェン マイン ペーツェー イスト ブロッキールト

6 プリンタが動かない。紙づまりかな。

Der Drucker geht nicht. Vielleicht ein Papierstau.
デア ドルッカー ゲート ニヒト フィーライヒト アイン パピーァシュタウ

7 このセルをカットして次の欄にペーストしなくてはなりません。

Sie müssen diese Zelle ausschneiden und sie in die
ジー ミュッセン ディーゼ ツェッレ アウスシュナイデン ウント ジー イン ディー
nächste Rubrik einfügen.
ネヒステ ルブリーク アインフューゲン

8 メニューから「プロパティ」を選んで、クリックしてください。

Im Menü wählen Sie "Eigenschaft" und klicken darauf.
イン メニュー ヴェーレン ジー アイゲンシャフト ウント クリッケン ダラウフ

就職・転職・離職

1 XY社の職に応募した。
Ich habe mich für eine Stelle bei der Firma XY beworben.

2 2週間前に履歴書と証明書の写しを郵送したのですが。
Vor zwei Wochen habe ich Ihnen meinen Lebenslauf und Zeugniskopien geschickt.

3 昨日、面接がありました。
Gestern hatte ich das Vorstellungsgespräch.

4 今度の仕事では給料が上がり、仕事量が減ると約束してくれた。
Mein neuer Arbeitgeber verspricht mir mehr Lohn und weniger Arbeit.

5 今の仕事は3月末で辞めるつもりだ。
Meine jetzige Stelle werde ich zum 31. März kündigen.

6 リストラのため9月末で解雇されたよ。
Wegen Umstrukturierungsmaßnahmen hat man mich zum 30 September gekündigt.

7 失業しているのは辛い。
Es ist hart, arbeitslos zu sein.

8 失業保険がすぐもらえるよ。
Du kannst sofort das Arbeitslosengeld beziehen.
ドゥ　カンスト　ゾフォルト　ダス　　アルバイツローゼンゲルド　　　ベツィーエン

9 職安に毎週行っている。
Ich gehe jede Woche zum Arbeitsamt.
イッヒ　ゲーエ　イェーデ　ヴォッヘ　　ツム　　アルバイツアムト

文房具

文房具	Büromaterial	(中性名詞)
鉛筆	Bleistift	(男性名詞)
シャーペン	Druckbleistift	(男性名詞)
ペン	Schreiber	(男性名詞)
ボールペン	Kugelschreiber	(男性名詞)
ペン、鉛筆	Stift	(男性名詞)
サインペン	Fasermaler	(男性名詞)
サインペン、フェルトペン	Faserschreiber	(男性名詞)
替え芯	Ersatzmine	(女性名詞)
定規	Lineal	(男性名詞)
コンパス	Zirkel	(男性名詞)
消しゴム	Radiergummi	(男性名詞)
ノート	Heft	(中性名詞)
紙	Papier	(中性名詞)
メモ帳	Notizbuch	(中性名詞)
ハサミ	Schere	(女性名詞)
カッター	Japanmesser	(中性名詞)
パンチャー	Locher	(男性名詞)
セロハンテープ	Klebeband	(中性名詞)
クリップ	Büroklammer	(女性名詞)
ホッチキス	Hefter	(男性名詞)
ラベル	Etiketten	(女性名詞)
名札	Namenschild	(中性名詞)
ファイル	Ordner	(男性名詞)
インデックス	Register	(中性名詞)
封筒	Briefumschlag	(男性名詞)

会社

コンピュータ用語

★パソコン操作

スイッチを入れる	einschalten
電源を切る	abschalten
入力する	eingeben
編集する	bearbeiten
カットする	ausschneiden
選ぶ	auswählen
ドラッグする	ziehen
削除する	entfernen
ペーストする	einfügen
コピーする	kopieren
消す	löschen
中断する	abbrechen
ダウンロードする	herunterladen
設定する、インストールする	installieren
元に戻す	zurücknehmen
上書きする	überschreiten
保存する	speichern
プログラミングする	programmieren
閉じる	schließen

★機器の名称

ユーザー	Anwender	(男性名詞)
命令、指示	Befehl	(男性名詞)
モニター	Bildschirm	(男性名詞)
ビット	Bit	(中性名詞)
メッセージ	Botschaft	(女性名詞)
コンピュータ	Computer	(男性名詞)
デジカメ	digitaler Fotoapparat	(男性名詞)

ファイル	Datei	(女性名詞)
データ	Daten	(女性名詞、複数形)
デフォルト	Defaultwert	(男性名詞)
ディスケット	Diskette	(女性名詞)
プリンタ	Drucker	(男性名詞)
Eメール	E-Mail	(女性名詞、中性名詞)
Eメールアドレス	E-Mail-Adresse	(女性名詞)
電子データ処理	EDV(Elektronische Daten-Verarbeitung)	(女性名詞)
プロパティ	Eigenschaft	(女性名詞)
入力欄	Eingabefeld	(中性名詞)
インプット	Eingang	(男性名詞)
ウインドウ	Fenster	(中性名詞)
ハードディスク	Festplatte	(女性名詞)
ケーブル	Kabel	(男性名詞)
マウス	Maus	(女性名詞)
マウスボタン	Mausknopf	(男性名詞)
マウスポインタ	Mauszeiger	(男性名詞)
メニュー	Menü	(中性名詞)
ソフトウエア	Programm	(中性名詞)
スイッチ	Schalter	(男性名詞)
メモリー	Speicher	(男性名詞)
スロット	Steckplatz	(男性名詞)
アイコン	Symbol	(中性名詞)
キーボード	Tastatur	(女性名詞)
キー	Taste	(女性名詞)
ドライバ	Treiber	(男性名詞)
移動	Verschiebung	(女性名詞)
ポインタ	Zeiger	(男性名詞)
アクセサリ	Zubehör	(中性名詞)
アクセス	Zugang	(男性名詞)
クリップボード	Zwischenablage	(女性名詞)

会社

⑬ 住まい

新居を探す

不動産屋に相談する

1 庭つきの家を探しています。

Wir suchen ein Haus mit Garten.
ヴィア ズーヘン アイン ハウス ミット ガルテン

2 大学の近くに安い部屋を探しています。

Ich suche ein günstiges Zimmer in der Nähe der Uni.
イッヒ ズーヘ アイン ギュンスティゲス ツィンマー イン デア ネーエ デア ウニ

3 日当たりが良い、静かな部屋を探しています。

Ich suche ein sonniges, ruhiges Zimmer.
イッヒ ズーヒェ アイン ゾンニゲス ルーイゲス ツィンマー

4 家具つきのマンションを探しているのですが。

Wir suchen eine möblierte Wohnung.
ヴィア ズーヘン アイネ モビリィールテ ヴォーヌング

5 ミュンヘン市内に賃貸マンションを探しているのですけど。

Wir suchen eine Mietwohnung in der Stadt München.
ヴィア ズーヘン アイネ ミートヴォーヌンク イン デア シュタット ミュンヒェン

6 不動産屋を知っていますか?

Kennen Sie einen Immobilienmakler?
ケンネン ジー アイネン インモビーリエンマークラー

物件を見る

1 私は新聞広告でマンションを見つけました。

Ich habe meine Wohnung durch ein Zeitungsinserat gefunden.
イッヒ ハーベ マイネ ヴォーヌング ドゥルヒ アイン ツァイトゥンクスインセラート ゲフンデン

ドイツの賃貸マンションには普通、家具はもちろん洗濯機やキッチン設備等も付いていません。すべて自分で調達することになります。短期間の滞在の場合は家具付きの物件を借りるか、部屋の間借りをするほうがよいでしょう。また、大学の掲示板などにはマンションをシェアする人を探すチラシがよく貼ってあります。

2 来週、一つ物件を見に行きます。

Nächste Woche gehe ich eine Wohnung anschauen.
ネヒステ　ヴォッヘ　ゲーエ　イッヒ　アイネ　ヴォーヌンク　アンシャウエン

3 もしもし、広告を見たのですが。

Guten Tag, ich habe Ihre Anzeige gelesen.
グーテン　タ−ク　イッヒ　ハーベ　イーレ　アンツァイゲ　ゲレーゼン

4 物件を見せていただけますか？

Kann ich Ihre Wohnung besichtigen?
カン　イッヒ　イーレ　ヴォーヌンク　ベジヒティゲン

5 もう貸してしまいました。

Die ist schon vergeben.
ディー　イスト　ショーン　フェルゲーベン

6 あなたの物件を見たいのですが。

Ich hätte gerne Ihre Wohnung besichtigt.
イッヒ　ヘッテ　ゲルネ　イーレ　ヴォーヌンク　ベジヒティクト

7 来週の水曜日、夕方6時半にどうぞ。

Ja, Besichtigungstermin ist nächsten Mittwoch, um 18 Uhr 30.
ヤー　ベジヒティグングステルミーン　イスト　ネヒステン　ミットヴォッホ　ウム　アハツェーン　ウール　トライシッヒ

物件についての説明

1 物件は4階にあります。

Die Wohnung liegt im dritten Stück.
ディー　ヴォーヌンク　リークト　イム　トリッテン　シュトゥック

2 3部屋のマンションです。

Die Wohnung hat drei Zimmer.
ディー　ヴォーヌンク　ハット　トライ　ツィンマー

[3] マンションには床暖房があります。

Die Wohnung hat eine Fußbodenheizung.
ディー　ヴォーヌンク　ハット　アイネ　フースボーデンハイツゥンク

[4] 居間にはバルコニーがあります。

Das Wohnzimmer hat einen Balkon.
ダス　ヴォーンツィンマー　ハット　アイネン　バルコン

[5] 廊下と部屋はフローリングです。

Der Flur und die Zimmer haben Parkettböden.
デア　フルーア　ウント　ディー　ツィンマー　ハーベン　パルケットボェーデン

[6] 風呂場に窓があります。

Das Bad hat ein Fenster.
ダス　バート　ハット　アイン　フェンスター

[7] 風呂とトイレは分かれています。

Das Bad und die Toilette sind separat.
ダス　バート　ウント　ディー　トワレッテ　ジント　セパラート

[8] マスターベッドルームは中庭に面しています。

Das Elternzimmer liegt am Innenhof.
ダス　エルターンツィンマー　リークト　アム　インネンホフ

[9] 台所は新しく、IHクッキングヒーターと食器洗い機が付いています。

Die Küche ist ganz neu. Sie hat einen Glaskeramik-
ディー　キュッヒェ　イスト　ガンツ　ノイ　ジー　ハット　アイネン　グラースケラミーク

Kochherd und eine Geschirrspülmaschine.
コッホヘルト　ウント　アイネ　ゲシールシュプールマシィーネ

[10] 壁と天井は塗り替えられる予定です。

Die Wand und die Decke werden frisch gestrichen.
ディー　ヴァント　ウント　ディー　デッケ　ヴェルデン　フリッシュ　ゲシュトリッヒェン

[11] 建物にはエレベータがありません。

Das Haus hat keinen Lift.
ダス　ハウス　ハット　カイネン　リフト

12 ペットは飼ってはいけません。

Haustiere sind nicht erlaubt.
ハウスティーレ　ジント　ニヒト　エアラウプト

物件についての質問

1 キッチンはダイニングキッチンですか？

Ist die Küche eine Wohnküche?
イスト ディー　キュッヘ　アイネ　ヴォーンキュッヒェ

2 お風呂に浴槽はありますか、それともシャワーだけですか？

Gibt es auch eine Badewanne oder nur eine Dusche?
ギプト エス アウホ　アイネ　　バーデヴァンネ　　オーダー ヌーァ アイネ　ドゥーシェ

3 駐車場か車庫は借りられますか？

Werden wir auch einen Parkplatz oder Garagenplatz haben?
ヴェルデン　ヴィア　アウホ　アイネン　パルクプラッツ　オーダー　ガラージェンプラッツ
ハーベン

4 地下室はどのくらいの広さですか？

Wie groß ist der Keller?
ヴィー　グロース イスト　デア　ケーラー

5 このじゅうたんは替えられますか？

Kann man diesen Teppich wechseln?
カン　　マン　ディーゼン　テーピッヒ　　ヴェクセルン

周囲の環境について

1 一番近く買物ができるところはどこでしょう？

Wo ist die nächste Einkaufsmöglichkeit?
ヴォー イスト ディー　　ネヒステ　　アインカウフスモェーグリッヒカイト

2 一番近い市電の停留所はどこですか？

Wo liegt die nächste Tramhaltestelle?
ヴォー リークト ディー ネヒステ トラムハルテシュテレ

物件についての感想

1 玄関は広くて明るい。

Der Eingang ist groß und hell.
デア アインガンク イスト グロース ウント ヘル

2 子供部屋はちょっと狭い。

Das Kinderzimmer ist etwas klein.
ダス キンダーツィンマー イスト エトワス クライン

3 部屋が暗いです。

Die Zimmer sind sehr dunkel.
ディー ツィンマー ジント ゼーァ ドゥンケル

4 この物件は小さすぎます。

Die Wohnung ist zu klein.
ディー ヴォーヌンク イスト ツー クライン

5 通りの交通量が多いです。

Die Strasse ist sehr befahren.
ディー シュトラッセ シスト ゼーァ ベファーレン

新居を決める

CD-3 [track2]

家賃・光熱費について

1 家賃は前払いです。

Die Miete muss im voraus bezahlt werden.
ディー ミーテ ムス イム フォアラウス ベツァールト ヴェルデン

2 光熱費は家賃に含まれます。

Die Nebenkosten sind in der Miete inbegriffen.
ディー ネーベンコステン ジント イン デア ミーテ インベグリッフェン

3️⃣ 家賃は一月1500ユーロで、それに光熱費がつきます。

Die Miete beträgt　　1500　　Euro im Monat,
ディー　ミーテ　ベトレークト　タウザントフュンフフンデルト　オイロ　イム　モナート
zuzüglich Nebenkosten.
ツーチュークリッヒ　ネーベンコステン

4️⃣ 光熱費というのは、電気と暖房費、それに水道代ですか？

Was sind Nebenkosten? Strom, Heizung und Wasser?
ワス　ジント　ネーベンコステン　シュトローム　ハイツゥンク　ウント　ワッサー

5️⃣ 暖房費なしで家賃を600ユーロ払っています。

Ich zahle　600　Euro Kaltmiete.
イッヒ　ツァーレ　ゼックスフンデルト　オイロ　カルトミーテ

保証金・手数料

1️⃣ 家主は2か月分の家賃を保証金として要求しています。

Der Vermieter verlangt eine Kaution von zwei
デア　フェルミーター　フェルラングト　アイネ　カウツィオーン　フォン　ツヴァイ
Monatsmieten.
モナーツミーテン

2️⃣ 不動産屋には家賃の1ヵ月か2ヵ月分を手数料で払わなくてはなりません。

An Immobilienmakler müssen Sie eine oder zwei
アン　インモビーリエンマークラー　ミュッセン　ジー　アイネ　オーダー　ツヴァイ
Monatsmieten Provision zahlen.
モナーツミーテン　プロヴィジオーン　ツァーレン

3️⃣ 賃貸契約書は注意して読んでおいたほうがよいですよ。

Lesen Sie den Mietvertrag genau durch und achten
レーゼン　ジー　デン　ミートフェルトラーク　ゲナウ　ドゥルヒ　ウント　アハテン
Sie darauf, was darin steht.
ジー　ダラウフ　ワス　ダリン　シュテート

引っ越し

準備

1 引っ越しの期限はいつですか？

Wann ist der Einzugstermin?

2 いくつか引っ越し業者に見積もりを頼みます。

Wir schreiben ein paar Umzugsfirmen an und holen Angebote ein.

3 車つきの手伝いを広告で探します。

Wir suchen einen Helfer mit Transporter per Kleinanzeige.

4 引っ越しで休みが一日もらえます。

Ich bekomme einen Tag Umzugsurlaub.

5 今のマンションを4月末で解約しました。

Ich habe meine Wohnung zum 30. April gekündigt.

6 家主から保証金を利子も含めて返してもらいました。

Mein Vermieter hat mir die Kaution samt Zinsen zurückbezahlt.

7 解約期限は3ヶ月です。

Die Kündigungsfrist ist drei Monate.

8 割れた窓ガラスは家の保険から支払ってもらえた。

Die kaputte Fensterscheibe wurde von der Hausratversicherung erstattet.

9 私の後に入る人はカーテンを引き取ってくれます。

Mein Nachmieter übernimmt die Vorhänge.

10 引き払うときに、壁、天井、ドアと窓枠を塗り直し、カーペットをクリーニングしなくてはなりません。

Beim Auszug muss ich die Wände, Decken, Türen und Fenster streichen und den Teppich reinigen lassen.

11 部屋の明け渡しの際には家主と一緒に記録を取ります。

Bei der Wohnungsübergabe füllen wir zusammen mit dem Vermieter ein Protokoll aus.

住所変更の手続き

1 銀行、保険会社と役所には住所変更届を送りました。

Ich habe die Adressänderung bereits an die Banken, Versicherungen und Ämter gesandt.

2 電話局にはもう今日のうちに住所変更をします。

Das Telefon melde ich schon heute um.

3 郵便局に転送願いを持って行ってくれる？

Bringst du der Post den Nachsenderantrag?

4 住民登録課に行って、引っ越し届を出さなくては。

Ich muss zum Einwohnermeldeamt, um mich abzumelden.
イッヒ　ムス　ツム　アインヴォーナーメルデアムト　ウム　ミッヒ　アブツーメルデン

5 住民登録課に新住所を登録するには、前の住所の退去届と身分証明書を持って来てください。

Wenn Sie sich beim Einwohnermeldeamt mit Ihrer
ヴェン　ジー　ジッヒ　バイム　アインヴォーナーメルデアムト　ミット　イーラー
neuen Anschrift anmelden wollen, müssen Sie das
ノイエン　アンシュリフト　アンメルデン　ヴォーレン　ミュッセン　ジー　ダス
Abmeldeformular der alten Wohnung und Ihren
アプメルデフォルムラー　デア　アルテン　ヴォーヌンク　ウント　イーレン
Personalausweis mitnehmen.
ペルゾナールアウスヴァイス　ミットネーメン

引っ越しの作業

1 荷造り道具は十分にある？

Haben wir genug Packmaterial?
ハーベン　ヴィア　ゲヌーク　パックマテリアル

2 ダンボールとガムテープはあるよ。

Kartons und Klebeband haben wir schon.
カルトンス　ウント　クレーベバント　ハーベン　ヴィア　ショーン

3 駐車禁止の標識を立てるには、役所の許可が必要です。

Um ein Halteverbot einzurichten, brauchen Sie eine
ウム　アイン　ハルテフェルボート　アインツリヒテン　ブラウヒェン　ジー　アイネ
behördliche Genehmigung.
ベヘルドゥリッヒェ　ゲネーミグンク

4 このタンスを組み立てるのを手伝ってくれない？

Kannst du mir helfen, diesen Schrank zu montieren?
カンスト　ドゥ　ミア　ヘルフェン　ディーゼン　シュランク　ツー　モンティーレン

5 そういう本棚はすぐに組み立てられるよ。

So ein Bücherregal kannst du schnell basteln.
ゾー　アイン　ビュヒャーレガール　カンスト　ドゥー　シュネル　バステルン

6 新しい暖房器具の取り付けに、朝7時に工事の人が来たよ。

Die Handwerker sind um 7 Uhr morgens gekommen,
ディー　　ハンドヴェルカー　　ジント　ウム　ジーベン　ウーァ　　モルゲンズ　　　ゲコンメン

um neue Heizkörper zu montieren.
ウム　ノイエ　ハイツュンクスケルパー　ツー　モンティーレン

7 このケーブルをコンセントに差してくれない？

Kannst du dieses Kabel in die Steckdose stecken?
カンスト　ドゥー ディーゼス　カーベル　イン ディー　シュテックドーゼ　シュテッケン

8 ねじ回しが見つからないんだけど。

Ich finde den Schraubenzieher nicht mehr!
イッヒ フィンデ　デン　　シュラウベンツィーアー　　ニヒト　メーァ

住まい

1日の生活

起床、朝食

1 起きなさい。電車に乗り遅れるよ。

Aufstehen! Sonst verpasst du den Zug.
アウフシュテーエン　ゾンスト　フェルパスト　ドゥ　デン　ツーク

2 まだ洗面所なの？

Bist du immer noch am Badezimmer?
ビスト　ドゥ　インマー　ノッホ　アム　バーデツィンマー

3 朝ごはんができているよ。

Das Frühstück ist bereit.
ダス　フリューシュトゥック　イスト　ベライト

4 半熟玉子がいい？

Willst du ein weiches Ei?
ヴィルスト　ドゥ　アイン　ヴァイヒェス　アイ

5 固ゆで玉子のほうがいいんだけど。

Ich esse lieber ein hartes Ei.
イッヒ　エッセ　リーバー　アイン　ハルテス　アイ

6 目玉焼きを作ろう。

Ich mache mir ein Spiegelei.
イッヒ　マッヒェ　ミア　アイン　シュピーゲルアイ

7 コーヒーを煎れてくれる？

Machst du mir einen Kaffee?
マハスト　ドゥ　ミア　アイネン　カフェー

8 ジャムを取ってくれる？

Würdest du mir bitte die Marmelade rüberreichen?
ヴュルデスト　ドゥ　ミア　ビッテ　ディー　マーメラーデ
リューバーライヒェン

---

⑭ 家の中で

ドイツ製のシステムキッチンは世界的に有名ですが、料理作りに比較的淡白なのがドイツ人。お昼に温かい料理を食べたら、夜はパンにハムやチーズ、サラダなどで簡単にすませてしまう人も。これは昔からの習慣から来ています。また、食に保守的な人も多く、ニンニクを一切口にしない人もたまにいます。理由は？ 臭いから、だそうです。

9 パン切りナイフはどこだっけ？

Wo ist das Brotmesser?
ヴォー イスト ダス ブロートメッサー

10 寝坊しちゃった。

Ich habe verschlafen.
イッヒ ハーベ フェルシュラーフェン

出かける

1 行かなくちゃ。じゃあ、あとで。

Ich muss gehen. Tschüß, bis später.
イッヒ ムス ゲーエン チュース ビス シュペーター

2 帰りにスーパーに寄れるかしら？

Kommst du auf dem Nachhauseweg am Supermarkt vorbei?
コムスト ドゥ アウフ デン ナッハハウゼヴェーク アム スーパーマルクト フォアバイ

3 これ、買物リスト。

Hier ist die Einkaufsliste.
ヒア イスト ディー アインカウフスリステ

4 トイレットペーパーはもうなかった？

Haben wir kein Klopapier mehr?
ハーベン ヴィア カイン クローパピア メーア

5 待って、ゴミ袋を持って行ってよ。

Warte, nimm bitte den Müll mit.
ヴァルテ ニム ビッテ デン ミュル ミット

6 ドアを閉めて！

Mach die Türe zu!
マッハ ディー チューレ ツー

帰宅、くつろぐ

1 テレビを見ようか？

Wollen wir fernsehen?
ヴォーレン ヴィア フェルンゼーエン

2 リモコンくれる？

Gibst du mir bitte die Fernbedienung?
ギプスト ドゥ ミア ビッテ ディー フェルンベディーヌンク

3 ちょうどニュースが始まる。

Die Nachrichten beginnen gerade.
ディー ナッハリヒテン ベギンネン ゲラーデ

4 見たい番組がない。

Ich finde keine Sendung, die mich interessiert.
イッヒ フィンデ カイネ センドゥング ディー ミッヒ インテレッシィールト

5 このシリーズは退屈だ。

Diese Serie ist total langweilig.
ディーゼ ゼーリエ イスト トタール ランクワイリッヒ

6 この番組はバカバカしい。

Dieses Programm ist blöd.
ディーゼス プログラム イスト ブレート

7 今、クイズはやっていないの？

Gibt es momentan kein Spiel?
ギプト エス モメンタン カイン シュピール

8 ARDでは何をやってる？

Was läuft in der ARD?
ワス ロイフト イン デア アーアールデー

9 ZDFでちょうど日本についてのドキュメンタリーを流してるよ。

Das ZDF zeigt gerade eine Reportage über Japan.
ダス ツェーデーエフ ツァイクト ゲラーデ アイネ レポタージュ ユーバー ヤーパン

10 その番組はビデオに録画した。

Die Sendung habe ich auf Video aufgenommen.
ディー　センドゥンク　ハーベ　イッヒ　アウフ　ヴィデオ　　アウフゲノンメン

11 ビデオを見よう！

Lass uns ein Video anschauen!
ラス　ウンス　アイン　ヴィデオ　アンシャウエン

12 この女優は被害者の役ばかりやってる。

Diese Schauspielerin spielt immer wieder eine Opferrolle.
ディーゼ　シャウシュピーレリン　シュピールト　インマー　ヴィーダー　アイネ　オプファーローレ

13 犯人はあのヒゲの男だ、絶対に。

Der Täter ist der mit dem Bart, da bin ich sicher.
デア　テーター　イスト　デア　ミット　デン　バールト　ダー　ビン　イッヒ　ジッヒャー

14 その手の甘ったるいドラマは耐えられない。

Solche Schnulzen ertrage ich nicht.
ゾルヒェ　シュヌルツェン　エアトラーゲ　イッヒ　ニヒト

15 子供はテレビを見すぎてはいけない。

Kinder sollten nicht all zu viel fernsehen.
キンダー　ゾルテン　ニヒト　アール　ツー　フィール　フェルンゼーエン

16 子供たちはこの映画を見てはいけない。

Die Kinder dürfen diesen Film nicht anschauen.
ディー　キンダー　デュルフェン　ディーゼン　フィルム　ニヒト　アンシャウエン

17 音楽をヘッドフォンで聴いてくれない？

Kannst du die Musik mit dem Kopfhörer hören?
カンスト　ドゥ　ディー　ムジーク　ミット　デム　コプフヘーラー　ヘーレン

家の中で

★　コラム　★
日本的表現をドイツ語で言うと？
「ただいま」　Hallo, ich bin da!

　「帰ってきたよ！」という意味です。帰ってきてドアを開けた時に、家にいる人に聞こえるように大きな声で言います。疑問文の"**Bist du da?**"は「いるの？」、"**Bist du schon da?**"だと「帰ってたの？」という意味に。また、「おかえりなさい」に該当するのは "**Schön, dass du wieder dabist.**"「君が帰ってきて良かった」という意味です。

夕食

1 食事ができたよ。

Das Essen ist bereit.
ダス　エッセン　イスト　ベライト

2 いただきます！

Mahlzeit!
マールツァイト

3 おいしい。

Es schmeckt gut.
エス　シュメックト　グート

4 とってもおいしい。

Es ist lecker.
エス　イスト　レッカー

5 おいしい料理を作ってくれてありがとう！

Danke für das gute Essen!
ダンケ　フュール　ダス　グーテ　エッセン

後片づけ

1 食器洗い機の中を片づけてくれる？

Würdest du den Geschirrspüler leeren, bitte?
ヴュルデスト　ドゥ　デン　ゲシールシュピューラー　レーレン　ビッテ

2 置いといて、洗うから。

Lass nur. Ich wasche schon ab.
ラス　ヌーア　イッヒ　ワッシェ　ショーン　アプ

3 食器を拭いてくれる？

Würdest du das Geschirr bitte abtrocknen?
ヴュルデスト　ドゥ　ダス　ゲシール　ビッテ　アプトロッケン

4 洗剤はどこだっけ？

Wo ist das Geschirrspülmittel?
ヴォ　イスト　ダス　ゲシィールシュピュールミッテル

5 台布巾を持って来てくれる？

Gibst du mir den Lappen bitte?
ギプスト　ドゥ　ミア　デン　ラッペン　ビッテ

6 きれいな布巾を探してるんだけど。

Ich suche saubere Küchentücher.
イッヒ　ズーへ　サウベレ　キュッヒェンテュッヒャー

就寝

1 おやすみなさい。

Gute Nacht!
グーテ　ナハト

2 おやすみなさい。

Schlafen Sie gut!
シュラーフェン　ジー　グート

3 おやすみなさい。

Schlaf gut!
シュラーフ　グート

4 おやすみなさい。(良い夢を、の意味)

Träume gut!
トロイメ　グート

5 歯を磨いてね。

Putz mal deine Zähne.
プッツ　マル　ダイネ　ツェーネ

6 いいかげんにシーツを取り替えなさいよ。

Bitte wechsel endlich das Leintuch!
ビッテ　ヴェックゼル　エンドリッヒ　ダス　ラintトゥーフ

7 目覚まし時計を合わせた？

Hast du den Wecker gestellt?
ハスト ドゥー デン ヴェッカー ゲシュテルト

その他

1 変なにおいがする。

Es riecht komisch hier.
エス リーヒト コミッシュ ヒア

2 ガス臭い。

Es stinkt nach Gas.
エス スティンクト ナッハ ガス

3 きな臭い。

Es stinkt nach Rauch.
エス スティンクト ナッハ ラウフ

4 配水管から臭いにおいがする。

Es riecht unangenehm aus dem Abflussrohr.
エス リーヒト ウンアンゲネーム アウス デン アプフルースローァ

家事

CD-3 [track5]

料理

1 今日はスパゲッティを作ろう。

Ich koche heute Spaghetti.
イッヒ コッヒェ ホイテ シュパゲッティ

2 ソースを作りましょう。

Wir bereiten eine Soße vor.
ヴィア ベライテン アイネ ゾーセ フォア

3 トマトの缶詰を開けてくれる？

Kannst du die Tomatendose öffnen?
カンスト ドゥ ディー トマーテンドーゼ エフネン

4 鍋にオリーブオイルを少し、それにみじん切りのニンニクと玉ねぎを入れます。

Gebe etwas Olivenöl in die Pfanne, dann den gehackten Knoblauch und die Zwiebeln.
ゲーベ　エトワス　オリーベンエル　イン　ディー　プファンネ　ダン　デン　ゲハックテン
クノーブラウフ　ウント　ディー　ツヴィーベルン

5 缶の中身を鍋にあけて。

Gib den Büchseninhalt in die Pfanne.
ギプ　デン　ビュクゼンインハルト　イン　ディー　プファンネ

6 その後はとろ火でソースが煮詰まるまで煮ます。

Dann auf kleiner Stufe kochen, bis die Soße dicker wird.
ダン　アウフ　クライナー　ストーフェ　コッヒェン　ビス　ディー　ゾーセ　ディッカー　ヴィルト

7 鍋をかき回し続けて、さもないと焦げつくから。

Rühre bitte ununterbrochen, sonst brennt der Topf an.
リューレ　ビッテ　ウンウンターブロッヒェン　ゾンスト　ブレント　デア　トプフ　アン

8 パスタをザルにあけないといけないよ。

Bitte siebe die Nudeln ab.
ビッテ　ジーベ　ディー　ヌーデルン　アプ

9 鍋に蓋をしたほうがよいよ。

Am besten, du deckst den Topf ab.
アム　ベステン　ドゥー　デックスト　デン　トプフ　アプ

10 卵黄と卵白を分けてくれるかな？

Würdest du bitte Eigelb und Eiweiß trennen?
ヴュルデスト　ドゥ　ビッテ　アイゲルプ　ウント　アイヴァイス　トレンネン

11 生クリームを泡立てないと。

Ich muss die Sahne schlagen.
イッヒ　ムス　ディー　ザーネ　シュラーゲン

12 キュウリを輪切りにしてくれる？

Schneide die Gurke in Scheiben.
シュナイデ　ディー　グルケ　イン　シャイベン

家の中で

13 ジャガイモの皮をむいてくれない？

Schälst du bitte die Kartoffeln?
シェルスト ドゥ ビッテ ディー カルトッフェルン

14 サラダを混ぜていい？

Darf ich den Salat anmachen?
ダルフ イッヒ デン ザラート アンマッヒェン

15 サラダ菜を流水で洗って。

Wasch bitte den Blattsalat unter fliessendem Wasser.
ワッシェ ビッテ デン ブットザラート ウンター フリーセンデン ワッサー

16 僕はピザの台を自分でこねる。

Ich knete den Pizzateig selbst.
イッヒ クネーテ デン ピッツァタイク ゼルプスト

17 肉は焼く前によく塩をしなくてはいけない。

Das Fleisch sollte man vor dem Braten gut salzen.
ダス フライシュ ゾルテ マン フォア デン ブラーテン グート ザルツェン

18 豚肉はよく火を通さないとね。

Das Schweinefleisch sollte gut durch gebraten sein.
ダス シュヴァイネフライシュ ゾルテ グート ドゥルヒ ゲブラーテン ザイン

19 テフロン鍋だと油がごくわずかでいいんだ。

Mit einer Teflonpfanne kann man mit sehr wenig Fett braten.
ミット アイナー テフロンプファンネ カン マン ミット ゼーア ヴェーニッヒ フェット ブラーテン

20 焦げつかせないように注意して。

Pass auf, dass sie nicht anbrennen.
パス アウフ ダス ジー ニヒト アンブレンネン

21 舌をやけどしちゃった。

Ich habe mir die Zunge verbrannt!
イッヒ ハーベ ミア ディー ツンゲ フェルブラント

22 鍋が焦げついちゃった。

Ich habe den Topf angebrannt!
イッヒ　ハーベ　デン　トプフ　アンゲブラント

23 スープがぬるい。

Die Suppe ist lauwarm.
ディー　ズッペ　イスト　ラウワルム

24 スープが煮えたぎってる。

Die Suppe ist siedelnd heiss!
ディー　ズッペ　イスト　ジーデルント　ハイス

25 塩を入れすぎたね。

Du hast es mit dem Salz etwas zu gut gemeint.
ドゥ　ハスト　エス　ミット　デン　ザルツ　エトワス　ツー　グート　ゲマイント

26 塩が足りない。

Es fehlt etwas Salz.
エス　フェールト　エトワス　ザルツ

27 味がはっきりしない。

Es schmeckt fade.
エス　シュメックト　ファーデ

28 スパイスが足りないよ。

Es fehlen noch Gewürze.
エス　フェーレン　ノッホ　ゲヴュルツェ

29 このパン、私が焼いたの。

Dieses Brot habe ich selbst gebacken.
ディーゼス　ブロート　ハーベ　イッヒ　ゼルプスト　ゲバッケン

30 あとケーキも焼きたかった。

Ich wollte noch einen Kuchen backen.
イッヒ　ヴォルテ　ノッホ　アイネン　クーヘン　バッケン

31 パンを切ってくれる？

Würdest du bitte das Brot aufschneiden?
ヴュルデスト　ドゥ　ビッテ　ダス　ブロート　アウフシュナイデン

家の中で

32 テーブルを整えてくれる？

Würdest du den Tisch decken?
ヴュルデスト　ドゥ　デン　ティッシュ　デッケン

33 テーブルが汚れてる。濡れた布巾で拭いてくれない？

Der Tisch ist schmutzig. Wische ihn bitte mit einem
デア　ティッシュ　イスト　シュムッツィッヒ　ウィッシェ　イン　ビッテ　ミット　アイネム
nassen Lappen!
ナッセン　ラッペン

34 ビールのコップがきれいじゃない。

Die Biergläser sind nicht sauber.
ディー　ビアグレーザー　ジント　ニヒト　サウバー

35 ボールが濡れてる。ちゃんと乾かさないと。

Die Schüssel ist nass. Die muss richtig abgetrocknet werden.
ディー　シュッセル　イスト　ナス　ディー　ムス　リヒティッヒ　アブゲトロクネット　ヴェルデン

洗濯・そうじ

1 今日、洗濯するかい？

Wäscht du heute?
ヴェシュト　ドゥ　ホイテ

2 今日、洗濯する？

Machst du heute die Wäsche?
マハスト　ドゥ　ホイテ　ディー　ヴェッシェ

3 洗濯物を干してくれない？

Kannst du die Wäsche aufhängen?
カンスト　ドゥ　ディー　ヴェッシェ　アウフヘンゲン

4 僕のシャツ、まだ乾いてないよ。

Mein Hemd ist noch nicht trocken.
マイン　ヘムト　イスト　ノッホ　ニヒト　トロッケン

5 僕のズボンもアイロンかけてくれる？

Kannst du auch meine Hose bügeln?
カンスト　ドゥ　アウホ　マイネ　ホーゼ　ビューゲルン

---

6 このブラウスは手で洗ってね。

Wasch diese Bluse bitte mit der Hand.
ワッシュ　ディーゼ　ブルーゼ　ビッテ　ミット　デア　ハント

---

7 洗濯物を取り込まないと。

Ich muss noch die Wäsche abnehmen.
イッヒ　ムス　ノッホ　ディー　ヴェッシェ　アブネーメン

---

8 洗濯洗剤を買わなきゃ。

Wir brauchen Waschpulver.
ヴィア　ブラウヘン　ワッシュプルヴァー

---

9 私のコートもクリーニング屋に持って行ってくれる？

Bringst du meinen Mantel auch in die Reinigung bitte?
ブリンクスト　ドゥ　マイネン　マンテル　アウホ　イン　ディー　ライニクンク　ビッテ

---

10 このシミが落ちない。

Ich kann diesen Fleck nicht entfernen.
イッヒ　カン　ディーゼン　フレック　ニヒト　エントフェルネン

---

11 掃除機をかけてくれる？

Kannst du bitte staubsaugen?
カンスト　ドゥ　ビッテ　シュタウプサウゲン

---

12 じゅうたんのシミを取る方法を知っていますか？

Wissen Sie, wie man die Flecken vom Teppich entfernt?
ヴィッセン　ジー　ヴィー　マン　ディー　フレッケン　フォム　テーピッヒ　エントフェルント

---

13 1年に1回は冷蔵庫の掃除と霜取りをしないとね。

Mindestens einmal pro Jahr sollten wir den Kühlschrank reinigen und enteisen.
ミンデステンズ　アインマル　プロ　ヤー　ゾルテン　ヴィア　デン　キュールシュランク
ライニゲン　ウント　エントアイゼン

家の中で

14 電球を取り替えるのにハシゴに登らないといけない。

Ich muss auf die Leiter steigen, um die Birne zu wechseln.
イッヒ　ムス　アウフ　ディー　ライター　シュタイゲン　ウム　ディー　ビルネ　ツー　ヴェックセルン

裁縫・編み物

1 シャツにボタンをつけなきゃ。

Ich muss den Knopf am Hemd annähen.
イッヒ　ムス　デン　クノップ　アム　ヘムト　アンネーエン

2 針に糸を通してくれる？

Kannst du den Faden in die Nadel einfädeln?
カンスト　ドゥ　デン　ファーデン　イン　ディー　ナーデル　アインフェーデルン

3 母は毎年、私にセーターを編んでくれる。

Meine Mutter strickt mir jedes Jahr einen Pullover.
マイネ　ムッター　シュトリクト　ミア　イェーデス　ヤー　アイネン　プルオーバー

4 金属やプラスチックより竹の編み針で編むのが好きです。

Ich stricke lieber mit Bambusnadeln als mit Metall- oder
イッヒ　シュトリッケ　リーバー　ミット　バンブスナーデルン　アルス　ミット　メタール　オーダー
Kunststoffnadeln.
クンストシュトッフナーデルン

5 網目を一つ落としてしまった。

Ich habe eine Masche fallen lassen.
イッヒ　ハーベ　アイネ　マッシェ　ファーレン　ラッセン

6 この鍋つかみは私が自分でカギ針編みで作りました。

Diese Topflappen habe ich selbst gehäkelt.
ディーゼ　トプフラッペン　ハーベ　イッヒ　ゼルプスト　ゲヘーケルト

7 刺繍をするときは刺繍枠で布をピンと張ります。

Beim Sticken spannt man den Stoff straff in einen
バイム　スティッケン　シュパント　マン　デン　シュトッフ　シュトラッフ　イン　アイネン
Stickrahmen.
スティックラーメン

★ コラム ★
知らないことをごまかす方法

　私がドイツ語を使い始めて最初に困ったことは、喫茶店でコーヒーを頼む時でした。英語なら **one coffee**、フランス語なら **un café** ですみます。でも、ドイツ語では **ein Kaffee** なのか、**eine Kaffee** なのか、はたまた **einem Kaffee** なのか？　正しくは **einen Kaffee**（男性名詞、4格）なのですが、これがなかなか覚えられなくて困りました。本を開いている時はわかっていても、お店でいざ注文となると訳がわからなくなってしまうのです。

　そこで思いついたのが、"**Eine Tasse Kaffee, bitte.**"（コーヒーを1杯ください）と言って注文すること。女性名詞（**Tasse**）の格変化は覚えやすいからです。これは **eine Tasse Tee**（紅茶1杯）とか **eine Tasse Schokolade**（ココア1杯）など、いろいろ使えて、名詞の性別や格変化に頭を悩まさずに、気楽に飲みたいものが注文できるようになりました。ちなみにドイツでは、コーヒーをカップだけではなくポット（**die Kanne**）ででも出す店も多いので、**Tasse** と限定することは非常に正確でもあります。

〈参考〉

※ pp.274〜275の例文はCDに収録されていません。

大工・庭仕事

大工

1 新しい絵をどこに掛けようか？

Wohin wollen wir das neue Bild hängen?
ヴォーヒン ヴォーレン ヴィア ダス ノイエ ビルト ヘンゲン

2 部品をノコギリで切ってください。

Sägen Sie bitte die Teile aus.
ゼーゲン ジー ビッテ ディー タイレ アウス

3 ここに穴を開けなくては。

Hier muss ich ein Loch bohren.
ヒア ムス イッヒ アイン ローホ ボーレン

4 蛇口から水が漏れてる。パッキンを替えなくては。

Der Wasserhahn tropft. Die Dichtung muss ausgewechselt
デア ワッサーハーン トロプフト ディー ディヒトゥンク ムス アウスゲヴェクセルト
werden.
ヴェルデン

5 カンナは木の上を滑るように動かなければいけない。

Der Hobel muß auf dem Holz gleiten.
デア ホーベル ムス アウフ デン ホルツ グライテン

6 カンナの歯はカナヅチで調節します。

Sie stellen den Hobel mit einem Hammer ein.
ジー シュテーレン デン ホーベル ミット アイネム ハンマー アイン

7 部品は最初にのり付けしてから、釘付けします。

Bevor ich die Teile festnagele, leime ich sie.
ベフォア イッヒ ディー タイレ フェストナーゲレ ライメ イッヒ ジー

8 最初にケースをよく磨いてからニスを塗らなくてはいけません。

Bevor Sie lackieren, müssen Sie das Gehäuse glatt
ベフォア ジー ラッキーレン ミュッセン ジー ダス ゲホイゼ グラット
schleifen.
シュライフェン

庭仕事

1 植木に水をやるのを忘れてた。
Ich habe vergessen, meine Pflanzen zu gießen.
イッヒ　ハーベ　フェアゲッセン　　マイネ　　プフランツェン　ツー　ギーセン

2 肥料をやらなくては。
Ich muss etwas düngen.
イッヒ　ムス　エトワス　デュンゲン

3 ツル科の植物は支えを十分にしなくては。
Kletterpflanzen sollten ausreichend gestützt und
クレッタープフランツェン　ゾルテン　　アウスライヒェント　ゲシュトゥッツト　ウント
angebunden werden.
アンゲブンデン　　ヴェルデン

4 バラにアブラムシが付いている。
Die Rosen haben Blattläuse.
ディー　ローゼン　ハーベン　ブラットロイゼ

5 ナメクジ退治の薬を探している。
Ich suche ein Mittel gegen Nacktschnecken.
イッヒ　ズーヘ　アイン　ミッテル　ゲーゲン　　ナックトシュネッケン

6 葉に付いた白いシミは、この植物が病気だということを示している。
Die weißen Flecken auf den Blättern zeigen, dass diese
ディー　ヴァイセン　フレッケン　アウフ　デン　ブレッターン　ツァイゲン　ダス　ディーゼ
Pflanze krank ist.
プフランツェ　クランク　イスト

7 夏はまめに芝生を刈ったり、水をやったりしなくてはならない。
In Sommer muss ich immer wieder den Rasen mähen
イン　ゾンマー　　ムス　イッヒ　インマー　ヴィーダー　デン　ラーゼン　メーエン
und gießen.
ウント　ギーセン

8 うだるような暑さのため、庭仕事が進まない。
Die drückende Hitze erschwert die Gartenarbeit.
ディー　　ドルッケンデ　　ヒッツェ　エアシュヴェールト　ディー　ガルテンアルバイト

275

おつきあい

CD-3 [track6]

来客・電話 他

1 誰か来たみたい。

Jemand hat an der Tür geklingelt.
イェーマント ハット アン デア テュール ゲクリンゲルト

2 誰かがドアを叩いてる。

Jemand klopft an die Tür.
イェーマント クロプフト アン ディー テュール

3 フーベルト伯父さんがお前にプレゼントを持って来たよ。

Onkel Hubert hat dir ein Geschenk mitgebracht.
オンケル フーベルト ハット ディア アイン ゲシェンク ミットゲブラハト

4 トイレをお借りしたいのですが。

Darf ich Ihre Toilette benutzen?
ダルフ イッヒ イーレ トワレッテ ベヌッツェン

5 トイレに行きたいんだけど。

Ich muß auf die Toilette.
イッヒ ムス アウフ ディー トワレッテ

6 どこで手を洗えますか？

Wo kann ich meine Hände waschen?
ヴォー カン イッヒ マイネ ヘンデ ワッシェン

7 彼からもう電話きた？

Hat er dich schon angerufen?
ハット エア ディッヒ ショーン アンゲルーフェン

8 ええ、電話はもうきたわ。

Ja, er hat mich schon angerufen.
ヤー エア ハット ミッヒ ショーン アンゲルーフェン

9 いいえ、まだ電話はこないけど。

Nein, er hat mich noch nicht angerufen.
ナイン　エア ハット　ミッヒ　ノッホ　ニヒト　アンゲルーフェン

10 電話が鳴ってる。

Das Telefon klingelt.
ダス　テレフォン　クリンゲルト

11 出てくれない？

Kannst du rangehen?
カンスト　ドゥ　ランゲーエン

12 君にだよ、トーマスから。

Das ist für dich, von Thomas!
ダス　イスト フュール ディッヒ　フォン　トーマス

13 やあ、トーマス、元気かい？

Grüß dich Thomas, wie geht es dir?
グリュース ディッヒ　トーマス　ヴィー　ゲート　エス ディア

14 君に電話しようと思っていたところだ。

Ich wollte dich gerade anrufen.
イッヒ　ヴォルテ　ディッヒ　ゲラーデ　アンルーフェン

15 荷物、今日になって届いたの？

Ist das Paket erst heute angekommen?
イスト ダス　パケート　エルスト　ホイテ　アンゲコンメン

16 ああ、今日になって届いたんだ。

Ja, es ist erst heute angekommen.
ヤー　エス イスト エルスト　ホイテ　アンゲコンメン

17 いいや、昨日もう届いていたよ。

Nein, es ist schon gestern angekommen.
ナイン　エス イスト　ショーン　ゲシュターン　アンゲコンメン

家の中で

〈参考〉

※ pp.278〜279の例文はCDに収録されていません。

インターネット

1 インターネット接続が必要なのですが。

Ich brauche einen Internetanschluss.
イッヒ ブラウヘ アイネン インターネットアンシュルース

2 どこで申し込みできますか?

Wo kann ich das machen lassen?
ヴォー カン イッヒ ダス マッヒェン ラッセン

3 基本料金はいくらでしょう?

Was kostet die Grundgebühr?
ワス コステット ディー グルンドゲビュール

4 DSL接続もありますか?

Haben Sie auch einen DSL-Anschluss?
ハーベン ジー アウホ アイネン デーエスエル アンシュルース

5 この家にはISDN接続があります。

Das Haus hat einen ISDN-Anschluss.
ダス ハウス ハット アイネン イーエスデーエヌ アンシュルース

携帯電話を購入

1 携帯を買いたいのですが。

Ich möchte ein Handy kaufen.
イッヒ メヒテ アイン ハンディ カウフェン

2 契約期間は最低2年となっております。

Die Mindestlaufzeit des Vertrags ist zwei Jahre.
ディー ミンデストラウフツァイト デス フェルトラークス イスト ツヴァイ ヤーレ

3 プリペイドの携帯をお求めになったほうがよいです。
Ich empfehle Ihnen ein Prepaid-Handy zu kaufen.
イッヒ エンプフェーレ イーネン アイン プリペイト ハンディ ツー カウフェン

4 通話料金は多少割り高ですが、契約を結ぶ必要がありませんし、基本料金もかかりません。
Da ist das Telefonieren zwar ein bisschen teurer, aber
ダス イスト ダス テレフォニーレン ツヴァー アイン ビッシェン トイラー アーバー
Sie müssen keinen Vertrag abschließen und zahlen keine
ジー ミュッセン カイネン フェルトラーク アプシュリーセン ウント ツァーレン カイネ
Grundgebühr.
グルントゲビューア

5 この機種はたった 33 ユーロ 95 セントで、金額には 10 ユーロ分の通話が含まれています。
Dieses Gerät kostet nur　　　　33,95
ディーゼス ゲレート コステット ヌーア トライウントトライシッヒ オイロ フュンフウントノインツィッヒ
Euro und hat 10 Euro Startguthaben.
オイロ ウント ハット ツェーン オイロ シュタートグートハーベン

家の中で

街の中で

⑮ 街で

たずねる

1 どこかに電話ボックスがありますか？

Gibt es hier eine Telefonzelle?
ギプト エス ヒア アイネ テレフォンツェレ

2 どこで電話できますか？

Wo kann ich hier telefonieren?
ヴォー カン イッヒ ヒア テレフォニーレン

3 テレフォンカードはどこで売っていますか？

Wo kann ich hier eine Telefonkarte kaufen?
ヴォー カン イッヒ ヒア アイネ テレフォンカルテ カウフェン

4 公衆電話を探しています。

Ich suche ein öffentliches Telefon.
イッヒ ズーヘ アイン オッフェントリッヒェス テレフォン

電話をかける

1 日本に電話をしたいのですが。

Ich möchte nach Japan telefonieren.
イッヒ メヒテ ナッハ ヤーパン テレフォニーレン

2 直接かけることができますか？

Kann ich direkt durchwählen?
カン イッヒ ディレクト ドゥルヒヴェーレン

3 コレクトコールをしたいのですが。

Ich möchte ein R-Gespräch anmelden.
イッヒ メヒテ アイン エル ゲシュプレッヒ アンメルデン

4 ちょっと電話を使っていいですか？

Darf ich kurz Ihr Telefon benutzen?
ダルフ イッヒ クルツ イーア テレフォン ベヌッツェン

電話をかけるときはコーリングカード（Calling-Card）がお得です。5、25、50ユーロのプリペイドカードで、国内・国際電話ともドイツテレコムのカード（Telefonkarte）よりずっと割安です。プリペイド・カルテ（Prepaid-Karte）と言うとプリペイド携帯用カードと理解されるようです。

5 話し中です。

Es ist besetzt.
エス イスト ベセッツト

6 誰も電話をとりません。

Es meldet sich niemand.
エス メルデット ジッヒ ニーマント

声をかける

1 お願いします、すみません。

Entschuldigen Sie bitte.
エントシュルディゲン ジー ビッテ

2 お願いします！

Bitte!
ビッテ

3 もしもし！

Hallo!
ハロー

4 ちょっとよろしいですか？（質問するとき）

Darf ich Sie kurz stören?
ダルフ イッヒ ジー クルツ シュトェーレン

銀行へ行く

CD-3
[track8]

1 この近くに銀行はありますか？

Wo gibt es hier bitte eine Bank?
ヴォー ギプト エス ヒア ビッテ アイネ バンク

2 こちらでクレジットカードでお金を引き出せるでしょうか？

Kann ich hier Geld mit meiner Kreditkarte abheben?
カン イッヒ ヒア ゲルト ミット マイナー クレディートカルテ アプヘーベン

3 他の銀行でお金を引き出すと、手数料が取られるよ。

Wenn du mit der Karte von einer anderen Bank Geld abhebst, wird dir eine Gebühr abgezogen.

---

4 この近くに ATM はありますか？

Gibt es in der Nähe einen Geldautomaten?

---

5 銀行は何時まで開いていますか？

Wie lange hat die Bank geöffnet?

---

6 どこで日曜日に両替ができますか？

Wo kann ich am Sonntag Geld wechseln?

---

7 大きいホテルでできますが、レートは悪いですよ。

In großen Hotels. Aber dort ist der Wechselkurs schlechter.

---

8 ATM ではいつでも 24 時間、手数料なしでお金が引き出せます。

Am Geldautomaten kann man 24 Stunden am Tag kostenlos Geld abheben.

---

9 こちらで口座を開きたいのですが。何が必要ですか？

Ich möchte hier ein Konto eröffnen. Was brauche ich dazu?

---

10 パスポートとドイツ国内の住所が必要になります。

Sie brauchen dazu einen Pass und einen Wohnsitz in Deutschland.

11 クレジットカードをお持ちになりたい場合は、雇用者の名前と住所が必要です。

Wenn Sie eine Kreditkarte haben möchten brauche ich Namen und Adresse Ihres Arbeitgebers.
ヴェン　ジー　アイネ　クレディートカルテ　ハーベン　メヒテン　ブラウヘ　イッヒ
ナーメン　ウント　アドレッセ　イーレス　アルバイトゲーバーズ

12 妻用にパートナーカードもお願いします。

Ich brauche auch eine Partnerkarte für meine Frau.
イッヒ　ブラウヘ　アウホ　アイネ　パートナーカルテ　フュール　マイネ　フラウ

13 オンライン・バンキングに興味はおありですか？

Interessieren Sie sich für Online-Banking?
インテレッシーレン　ジー　ジッヒ　フュール　オンライン　バンキンク

14 この小切手を換金したいのですが。

Ich möchte diesen Scheck einlösen.
イッヒ　メヒテ　ディーゼン　シェック　アインレェーゼン

15 この小切手は現金払いできません。こちらに銀行口座をお持ちにならなくてはなりません。

Dieser Scheck kann nicht bar ausbezahlt werden. Sie brauchen dafür ein Konto bei uns.
ディーザー　シェック　カン　ニヒト　バー　アウスベツァールト　ヴェルデン　ジー
ブラウヘン　ダーフュール　アイン　コント　バイ　ウンス

16 お金を振り込みたいのですが。手数料はどのくらいでしょうか？

Ich möchte Geld überweisen. Wie hoch ist die Gebühr pro Überweisung?
イッヒ　メヒテ　ゲルド　ユーバーヴァイゼン　ヴィー　ホーホ　イスト　ディー　ゲビュール
プロ　ユーバーヴァイズンク

17 支払い伝票のこの金額を現金で振り込みたいのですが。

Ich möchte diesen Betrag auf dem Einzahlungsschein bar überweisen.
イッヒ　メヒテ　ディーゼン　ベトラーク　アウフ　デム　アインツァールンクスシャイン
バー　ユーバーヴァイゼン

18 両替したいのですが。

Ich möchte Geld wechseln.
イッヒ　メヒテ　ゲルド　ヴェックセルン

19 2万円をユーロに替えてください。

Ich möchte 20.000 Yen in Euro wechseln.
イッヒ　メヒテ　ツヴァンツィッヒ タウゼント　イェン　イン　オイロ　ヴェックゼルン

20 両替の手数料はいくらですか？

Wie hoch ist die Wechselgebühr?
ヴィー　ホーホ　イスト　ディー　ヴェックゼルゲビュール

21 トラベラーズ・チェックを両替できますか？

Kann ich hier Reiseschecks einlösen?
カン　イッヒ　ヒア　ライゼシェックス　アインレーゼン

22 今の交換レートはどのくらいでしょうか？　紙に書いてもらえます？

Wie hoch ist der aktuelle Wechselkurs? Können Sie ihn mir bitte aufschreiben?
ヴィー　ホーホ　イスト　デア　アクトゥエレ　ヴェックゼルクルス　クェンネン　ジー　イン　ミア　ビッテ　アウフシュライベン

23 少額紙幣と小銭も入れてください。

Geben Sie mir bitte auch kleine Geldscheine und Münzen.
ゲーベン　ジー　ミア　ビッテ　アウホ　クライネ　ゲルドシャイネ　ウント　ミュンツェン

24 家賃の支払いを自動振込にしたいのですが。

Ich möchte einen Dauerauftrag einrichten für meine Miete.
イッヒ　メヒテ　アイネン　ダウアーアウフトラーク　アインリヒテン　フュール　マイネ　ミーテ

25 支払いを ATM ですれば普通、手数料がかからないよ。

Wenn du deine Überweisung über den Automaten machst, ist es normalerweise gebührenfrei.
ヴェン　ドゥー　ダイネ　ユーバーヴァイズンク　ユーバー　デン　アウトマーテン　マハスト　イスト　エス　ノルマーラーヴァイゼ　ゲビューレンフライ

26 日本から振込があったはずなのですけど。

Ich müsste eine Überweisung aus Japan erhalten haben.
イッヒ　ミュステ　アイネ　ユーバーヴァイズンク　アウス　ヤーパン　エアハルテン　ハーベン

郵便局へ行く

1 この手紙を日本に送りたいのですが。
Ich möchte diesen Brief nach Japan schicken.
イッヒ　メヒテ　ディーゼン　ブリーフ　ナッハ　ヤーパン　シッケン

2 日本向けの手紙の郵送料はいくらでしょう？
Wie viel kostet das Porto für einen Brief nach Japan?
ヴィー　フィール　コステット　ダス　ポルト　フュール　アイネン　ブリーフ　ナッハ　ヤーパン

3 1ユーロ55セントの切手を10枚ください。
Geben Sie mir zehn Briefmarken zu 1 Euro 55.
ゲーベン　ジー　ミア　ツェーン　ブリーフマルケン　ツー　アイネン　オイロ
フュンフウントフュンフツィッヒ

4 書留でお願いします。
Ein Einschreiben, bitte.
アイン　アインシュライベン　ビッテ

5 小包を送りたいのですが。
Ich möchte ein Paket aufgeben.
イッヒ　メヒテ　アイン　パケート　アウフゲーベン

6 この小包を日本まで送りたいのですが。
Ich möchte dieses Paket nach Japan senden.
イッヒ　メヒテ　ディーゼス　パケート　ナッハ　ヤーパン　センデン

7 料金表はありますか？
Haben Sie eine Preisliste?
ハーベン　ジー　アイネ　プライスリステ

8 壊れものです。
Der Inhalt ist zerbrechlich.
デア　インハルト　イスト　ツェルブレッヒリッヒ

285

9 速達でお願いします。

Per Eilpost, bitte.
ペル アイルポスト ビッテ

10 保険は入っていますか、それとも追加の保険をかけなくてはなりませんか？

Ist die Versicherung inbegriffen oder muss ich eine Zusatzversicherung abschließen?
イスト ディー フェルジッヘルンク インベグリッフェン オーダー ムス イッヒ アイネ ツーザッツフェルジッヘルンク アプシュリーセン

11 小包票を記入してください。

Sie müssen vorher noch den Paketschein ausfüllen.
ジー ミュッセン フォアヘア ノッホ デン パケートシャイン アウスフューレン

12 日曜日も開いている郵便局はありますか？

Gibt es eine Postfiliale, die auch am Sonntag geöffnet ist?
ギプト エス アイネ ポストフィリアーレ ディー アウホ アム ゾンターク ゲオフネット イスト

13 この小包を印刷物で送りたいのですが。

Ich möchte dieses Paket als Buchsendung verschicken.
イッヒ モェヒテ ディーゼス パケート アルス ブッフセンドゥンク フェルシッケン

14 この手紙を速達で送りたいのですが。

Ich möchte diesen Brief als Expressbrief verschicken.
イッヒ モェヒテ ディーゼン ブリーフ アルス エクスプレスブリーフ フェルシッケン

15 こちらで日本にファックスを送ることができますか？

Kann ich hier ein Telefax nach Japan abschicken?
カン イッヒ ヒア アイン テレファックス ナッハ ヤーパン アプシッケン

16 1ページあたりいくらでしょう？

Wie viel kostet die Seite?
ヴィー フィール コステット ディー ザイテ

17 電報を送りたいのですが。

Ich möchte ein Telegramm aufgeben.
イッヒ モェヒテ アイン テレグラム アウフゲーベン

18 10語でいくらになります？

Wie viel kosten 10 Wörter?
ヴィー フィール コステン ツェーン ヴォルター

19 ここでお金の振込もできますか？

Kann ich hier auch Geld überweisen?
カン イッヒ ヒア アウホ ゲルド ユーバーヴァイゼン

20 できません。隣の建物のポストバンクに行ってください。

Nein, Sie müssen zur Postbank, im Gebäude nebenan.
ナイン ジー ミュッセン ツール ポストバンク イム ゲボイデ ネーベンアン

旅行代理店へ行く

CD-3 [track10]

1 9月2日にマヨルカ行きの飛行機を2席、エコノミークラスで予約してください。

Bitte reservieren Sie mir einen Flug nach Mallorca für zwei Personen am zweiten September in der Touristenklasse.
ビッテ レゼルヴィーレン ジー ミア アイネン フルーク ナッハ マヨルカ フュール
ツヴァイ ペルゾーネン アム ツヴァイテン セプテンバー イン デア トゥリステンクラッセ

2 予約の再確認が必要ですか？

Muss ich den Flug rückbestätigen?
ムス イッヒ デン フルーク リュックベシュテーティゲン

3 フライトを変更できますか？

Kann ich meinen Flug umbuchen?
カン イッヒ マイネン フルーク ウムブーヒェン

4 旅行を2週間延期したいのですが。

Ich möchte meine Reise um zwei Wochen verschieben.
イッヒ モェヒテ マイネ ライゼ ウム ツヴァイ ヴォッヒェン フェルシーベン

5 窓側の席はまだ空いてます？

Sind noch Plätze am Fenster frei?
ジント ノッホ プレッツェ アム フェンスター フライ

6 廊下側の席をお願いします。

Ich möchte einen Platz am Gang.
イッヒ　モェヒテ　アイネン　プラッツ　アム　ガング

7 割引料金はありますか？

Gibt es Sondertarife?
ギプト　エス　ゾンダータリーフェ

8 スタンバイチケットはありますか？

Gibt es Stand-by-Plätze?
ギプト　エス　スタン　バイ　プレッツェ

9 何時までに空港に行かなくてはなりませんか？

Wann muss ich am Flughafen sein?
ヴァン　ムス　イッヒ　アム　フルークハーフェン　ザイン

10 カナリア諸島へのツアーを予約したいのですが。

Ich möchte eine Pauschalreise nach Gran Canaria buchen.
イッヒ　モェヒテ　アイネ　パウシャルライゼ　ナッハ　グラン　カナーリア　ブーヘン

11 キャンセル保険に入られますか？

Wollen Sie eine Reiserücktrittversicherung abschliessen?
ヴォーレン　ジー　アイネ　ライゼリュックトリットフェルジッヒェルンク　アプシュリーセン

図書館へ行く

CD-3
[track11]

1 資料を借りるには、図書館利用者証が必要です。

Wenn Sie Medien ausleihen möchten, benötigen Sie einen
ヴェン　ジー　メーディエン　アウスライエン　モェヒテン　ベノェーティゲン　ジー　アイネン
Bibliotheksausweis.
ビブリオテークスアウスヴァイズ

2 図書館を利用するには、年10ユーロの料金を支払わなくてはなりません。

Für die Bibliotheksbenutzung müssen Sie eine
フュール　ディー　ビブリオテークスベヌッツンク　ミュッセン　ジー　アイネ
Jahresgebühr von 10 Euro bezahlen.
ヤーレスゲビュール　フォン　ツェーン　オイロ　ベツァーレン

3. 子供や 18 歳未満の青少年は無料で図書館証をもらえます。

Kinder und Jugendliche unter 18 Jahren erhalten den Bibliotheksausweis kostenlos.

4. 本の貸し出し期限は 4 週間です。

Die Leihfrist für Bücher beträgt 4 Wochen.

5. その他の資料は 2 週間貸し出すことができます。

Alle anderen Medien können Sie für 2 Wochen ausleihen.

6. 貸し出しは 2 回まで延長できます。

Die Leihfrist kann maximal zweimal verlängert werden.

7. 延長は、その資料を他の利用者が予約しない限り、可能です。

Eine Verlängerung ist nicht möglich, wenn eine Vormerkung durch einen anderen Benutzer vorliegt.

8. 延長中に他の利用者がその資料を予約した場合、期限より早く返却をお願いすることがあります。

Lässt sich während der verlängerten Leihfrist ein anderer Benutzer für das betreffende Buch vormerken, so wird das Buch vorzeitig zurückgefordert.

9. 返却に遅れた場合は、罰金を払わなくてはなりません。

Wenn Sie die Leihfrist überziehen, müssen Sie ein Bußgeld zahlen.

病院へ行く

眼科・メガネ屋

1 コンタクトレンズを作りたいのですけど。

Ich möchte mir Kontaktlinsen zulegen.
イッヒ　メヒテ　ミア　コンタクトリンゼン　ツーレーゲン

2 最初に目医者に行って、検査を受けなくてはなりません。

Sie müssen zuerst einen Augenarzt aufsuchen und Sich untersuchen lassen.
ジー　ミュッセン　ツーエルスト　アイネン　アウゲンアルツト　アウフズーヘン　ウント　ジッヒ　ウンターズッヒェン　ラッセン

3 眼鏡を壊してしまいました。直せますか？

Meine Brille ist kaputt. Können Sie sie reparieren?
マイネ　ブリレ　イスト　カプット　クェンネン　ジー　ジー　レパリーレン

4 近眼なんです。

Ich bin kurzsichtig.
イッヒ　ビン　クルツジヒティッヒ

5 もっとよく見れるようになりたいです。

Ich möchte besser sehen können.
イッヒ　モェヒテ　ベッサー　ゼーエン　クェンネン

6 レンズがずれます。

Die Linsen verrutschen.
ディー　リンゼン　フェルルッチェン

7 角膜に炎症を起こしています。コンタクトレンズを装着してはいけません。

Sie haben eine Bindehautentzündung. Sie dürfen keine Kontaktlinsen tragen.
ジー　ハーベン　アイネ　ビンデハウトエントツンドゥンク　ジー　デュルフェン　カイネ　コンタクトリンゼン　トラーゲン

8 ドライアイですね。

Sie haben trockene Augen.
ジー　ハーベン　トロッケネ　アウゲン

9 乱視が入っていますから、コンタクトレンズより眼鏡のほうがよいでしょう。

Wegen Ihrer Hornhautverkrümmung sollten Sie besser eine Brille statt Kontaktlinsen tragen.
ヴェーゲン イーラー ホーンハウトフェルクルンムンク ゾルテン ジー ベッサー アイネ ブリッレ シュタット コンタクトリンゼン トラーゲン

歯科

1 歯石を取ってもらえますか？

Bitte entfernen Sie mir den Zahnstein.
ビッテ エントフェルネン ジー ミア デン ツァーンシュタイン

2 歯に色がついているので、磨いてほしいんですけど。

Meine Zähne sind verfärbt. Würden Sie sie bitte polieren?
マイネ ツェーネ ジント フェルファルプト ヴュルデン ジー ジー ビッテ ポリーレン

3 口臭がするみたいです。

Ich glaube, ich habe Mundgeruch.
イッヒ グラウベ イッヒ ハーベ ムントゲルーフ

4 詰め物をなくしました。

Ich habe eine Füllung verloren.
イッヒ ハーベ アイネ フュールンク フェルローレン

5 すぐに治療してもらえます？

Können Sie mich gleich behandeln?
クェンネン ジー ミッヒ グライヒ ベハンデルン

6 かぶせ物をとりあえず仮に直してもらいたいんですが。

Bitte reparieren Sie die Krone nur provisorisch.
ビッテ レパリーレン ジー ディー クローネ ヌール プロヴィゾーリッシュ

7 注射はイヤです。

Ich möchte keine Spritze.
イッヒ モェヒテ カイネ シュプリッツェ

8 歯が痛いんです。

Ich habe Zahnschmerzen.
イッヒ　ハーベ　ツァーンシュメルツェン

9 口を開けてください。

Öffnen Sie bitte den Mund.
エフネン　ジー　ビッテ　デン　ムント

10 虫歯があります。これから治療します。

Sie haben Karies. Ich werde sie gleich behandeln.
ジー　ハーベン　カーリエス　イッヒ　ヴェルデ　ジー　グライヒ　ベハンデルン

11 ちょっと削ります。

Ich bohre ein wenig.
イッヒ　ボーレ　アイン　ヴェーニッヒ

12 こちらにおいでください。レントゲンを撮ります。

Kommen Sie hierher. Ich muss eine Röntgenaufnahme machen.
コンメン　ジー　ヒアヘア　イッヒ　ムス　アイネ　ロェントゲンアウフナーメ　マッヘン

13 親知らずを1本抜かなくてはいけません。

Ein Weisheitszahn muss entfernt werden.
アイン　ヴァイスハイツツァーン　ムス　エントフェルント　ヴェルデン

14 麻酔を打ちますよ。

Ich gebe Ihnen eine Spritze.
イッヒ　ゲーベ　イーネン　アイネ　シュプリッツェ

15 虫歯は小さいので、ちょっと削って、穴に詰め物をします。

Die Karies ist sehr klein. Ich muss nur etwas bohren und dann das Loch zumachen.
ディー　カーリエス　イスト　ゼーア　クライン　イッヒ　ムス　ヌーア　エトワス　ボーレン　ウント　ダン　ダス　ロッホ　ツーマッヘン

16 歯に冠をかぶせなくてはなりません。

Sie brauchen eine Krone.
ジー　ブラウヘン　アイネ　クローネ

17 ブリッジかインプラントにする必要があります。

Sie müssen entweder eine Brücke oder Implantate machen lassen.
ジー ミュッセン エントヴェーダー アイネ ブリュッケ オーダー インプランターテ マッヘン ラッセン

18 いくらぐらいかかるのか知りたいのですが。

Ich möchte wissen, was das ungefähr kostet.
イッヒ メヒテ ヴィッセン ワス ダス ウンゲフェール コステット

19 費用の概算を出してもらえますか？

Könnten Sie mir einen Kostenvoranschlag machen?
クェンテン ジー ミア アイネン コステンフォアアンシュラーク マッヘン

薬局へ行く

CD-3
[track13]

1 薬局を探しているのですが。

Ich suche eine Apotheke.
イッヒ ズーヘ アイネ アポテーケ

2 子供用の日焼け止めを探しているのですが。

Ich brauche ein Mittel für Kinder gegen Sonnenbrand.
イッヒ ブラウヘ アイン ミッテル フュール キンダー ゲーゲン ゾンネンブラント

3 頭痛薬はありますか？

Haben Sie etwas gegen Kopfschmerzen?
ハーベン ジー エトワス ゲーゲン コプフシュメルツェン

4 処方箋は持っておりません。

Ich habe kein Rezept.
イッヒ ハーベ カイン レツェプト

5 大人用です。

Das ist für Erwachsene.
ダス イスト フュール エアヴァハゼネ

293

6 風邪薬をください。

Ich suche ein Mittel gegen Erkältung.
イッヒ ズーヘ アイン ミッテル ゲーゲン エアケルトゥンク

7 どのくらいの頻度で飲まなくてはなりませんか？

Wie oft soll ich die Tabletten nehmen?
ヴィー オフト ゾル イッヒ ディー タブレッテン ネーメン

8 何滴飲むのでしょうか？

Wie viel Tropfen muß ich nehmen?
ヴィー フィール トロプフェン ムス イッヒ ネーメン

9 ここで飲んでいきます。お水をもらえますか？

Ich möchte eine Tablette nehmen. Würden Sie mir ein
イッヒ モェヒテ アイネ タブレッテ ネーメン ヴュルデン ジー ミア アイン
Glas Wasser geben?
グラース ヴァッサー ゲーベン

10 ここをケガしました。

Ich habe mich hier verletzt.
イッヒ ハーベ ミッヒ ヒア フェルレッツト

11 消毒薬と傷を覆う絆創膏がほしいのですが。

Ich brauche etwas zum desinfizieren und ein Pflaster, um
イッヒ ブラウヘ エトヴァス ツム デスインフィツィーレン ウント アイン プフラスター ウム
die Wunde abzudecken.
ディー ヴンデ アプツーデッケン

12 この薬にはどんな副作用がありますか？

Welche Nebenwirkungen hat dieses Medikament?
ヴェルヒェ ネーベンヴィルクンゲン ハット ディーゼス メディカメンテ

13 この薬は強いですか？

Ist das Mittel stark?
イスト ダス ミッテル シュターク

※17章（病気になったら）参照。

★ コラム ★
Gesundheit!（お大事に！）
本来の意味は「健康」。くしゃみをした人に言うひとこと。言われた人は "**Danke!**"（ありがとう）とお礼を言います。ドイツでは人前で鼻をすするのは禁物。とても汚いこととされ、親しい人なら "**Putz dir die Nase!**"（鼻をかめよ）と言うか、ハンカチやティッシュを差し出してくるかもしれません。

街・店などで見かける掲示板・標識

OFFEN	(営業中)
GESCHLOSSEN	(休み、閉店、準備中)
SELBSTBEDIENUNG	(セルフサービス)
BITTE BEDIENEN SIE SICH	(ご自由にお取りください)
BITTE NICHT BERÜHREN!	(触らないでください)
KASSE GESCHLOSSEN	(レジ休止中)
RAUCHEN VERBOTEN	(禁煙)
EINGANG	(入口)
AUSGANG	(出口)
EINFAHRT	((車の) 入口)
AUSFAHRT	((車の) 出口)
PARKEN VERBOTEN	(駐車禁止)
EINFAHRT FREIHALTEN	(出入り口につき駐停車禁止)
FEUERWEHRZUFAHRT	(消防車出入り口)
KEIN AUSGANG	(出口ではありません)
AUSSER BETRIEB	(故障中)
FRISCH GESTRICHEN	(ペンキ塗りたて)
ACHTUNG! BAUARBEITEN	(工事中につき注意)
UMLEITUNG	(迂回路)
KEIN EINTRITT	(立ち入り禁止)
EINTRITT VERBOTEN	(立ち入り禁止)
BETRETEN DES GRUNDSTÜCKS VERBOTEN	(地所への立ち入り禁止)
BETRETEN DER BAUSTELLE VERBOTEN	(工事現場への立ち入り禁止)
ANLIEGER FREI	(住民を除く)
BETRETEN AUF EIGENE GEFAHR	(立ち入る場合は万一の危険を覚悟すること)
NUR FÜR SCHWIMMER	(泳げる人のみ(深いプールなど))
ELTERN HAFTEN FÜR IHRE KINDER	(子供の責任は両親に取ってもらいます)
	(子供が何かを壊すなどしたら、親が弁償しなくてはいけない)

美容

美容院へ行く

1 髪が伸びたわね。美容院に行ったほうがいいんじゃない?

Deine Haare sind zu lang. Du solltest zum Friseur gehen.
ダイネ ハーレ ジント ツー ラング ドゥ ゾルテスト ツム フリズーァ ゲーエン

2 髪を切ってもらいたいんですけど。

Ich möchte mir die Haare schneiden lassen.
イッヒ メヒテ ミア ディー ハーレ シュナイデン ラッセン

3 明日の午前中に予約を入れられますか?

Haben Sie morgen Vormittag noch einen Termin frei?
ハーベン ジー モルゲン フォアミッタク ノッホ アイネン テルミン フライ

4 どうなされますか?

Wie möchten Sie Ihr Haar?
ヴィー メヒテン ジー イーァ ハー

5 シャンプーとブローでよろしいですか?

Waschen und legen?
ワッシェン ウント レーゲン

6 シャンプーだけで、トリートメントは要りません。

Nur waschen bitte, ohne Haarkur.
ヌーァ ワッシェン ビッテ オーネ ハークーゥ

7 パーマをかけてほしいのですけど。

Ich hätte gerne eine Dauerwelle.
イッヒ ヘッテ ゲルネ アイネ ダウァーヴェレ

8 ボブカットにしてください。

Ich möchte eine Bobfrisur.
イッヒ メヒテ アイネ ボブフリズーゥ

どこでも自分に合った美容院がすぐに見つかるとは限りません。硬くてまっすぐな日本人の髪を上手にカットできる人を探し出すのは結構大変です。高級なヘアサロンに行くのが一番簡単ですが、それもなかなか難しいもの。私の経験ではイタリア系やスペイン系の人が上手でしたが、まずは試してみるほかはないようです。

9 毛先だけ切ってください。

Bitte nur die Spitzen nachschneiden.
ビッテ ヌーァ ディー シュピッツェン ナッハシュナイデン

10 ほんの少しだけ切ってください。

Schneiden Sie bitte nur ganz wenig weg.
シュナイデン ジー ビッテ ヌーァ ガンツ ヴェーニッヒ ヴェック

11 前髪はあまり短くしないでください。

Das vordere Haar nicht zu kurz schneiden, bitte.
ダス フォルデレ ハー ニヒト ツー クルツ シュナイデン ビッテ

12 私にはどんなヘアスタイルが似合うと思いますか？

Können Sie mir einen guten Friseur empfehlen?
クェンネン ジー ミア アイネン グーテン フリズーァ エンプフェーレン

13 ヘアスタイルのサンプルはありますか？ どういうのが良いか示したいので。

Haben Sie Frisurbeispiele? Ich möchte Ihnen zeigen, was
ハーベン ジー フリズーァバイシュピーレ イッヒ メヒテ イーネン ツァイゲン ワス
ich möchte.
イッヒ メヒテ

14 サイドにグラデーションをつけてもらえます？

An den Seiten bitte Stufen schneiden.
アン デン ザイテン ビッテ シュトゥーフェン シュナイデン

15 今みたいに肩までかかる長さでお願いします。

Ich möchte meine mittellange Frisur behalten.
イッヒ メヒテ マイネ ミッテルランゲ フリズーァ ベハルテン

16 後ろはもうちょっと短くていいです。

Das hintere Haar möchte ich noch etwas kürzer.
ダス ヒンテレ ハーァ メヒテ イッヒ ノッホ エトワス クゥルツァー

17 短く切り詰めちゃってください。

Ganz kurz abschneiden, bitte.
ガンツ クルツ アプシュナイデン ビッテ

美容と健康

18 色のサンプルはありますか？

Können Sie mir Farbenmuster zeigen?
クェンネン　ジー　ミア　ファルベンムスター　ツァイゲン

19 これはヘンナですか？

Sind diese von Henna?
ジント　ディーゼ　フォン　ヘンナ

20 あまりボリュームをつけないでください。（ドライヤーで乾かすとき）

Bitte fönen Sie die Haare glatt, ohne Volumen.
ビッテ　フェーネン　ジー　ディー　ハーレ　グラット　オーネ　ヴォルーメン

21 ジェルは使わないでください。

Ich möchte kein Gel.
イッヒ　メヒテ　カイン　ゲル

22 どうもお世話さま。いい感じです。

Vielen Dank, so ist es gut.
フィーレン　ダンク　ゾー　イスト　エス　グート

23 いくらになりますか？

Wie viel macht das?
ヴィー　フィール　マハト　ダス

24 お釣りは取っておいてください。

Stimmt so.
シュティムト　ゾー

化粧品について

1 寝る前にはお化粧をきちんと落とすことが大切よ。

Es ist wichtig, sich vor dem Schlafen richtig abzuschminken.
エス　イスト　ヴィヒティッヒ　ジッヒ　フォア　デム　シュラーフェン　リヒティッヒ　アプツーシュミンケン

2 無香料で保存料も入っていない顔用のクリームを探してるんです。

Ich suche eine Gesichtscreme ohne Duft- und Konservierungsstoffe.
イッヒ ズーヘ アイネ ゲジヒツクレーメ オーネ ドゥフト ウント
コンセルヴィールングスストッフェエ

3 フケ止めのシャンプーはありますか？

Haben Sie ein Shampoo gegen Schuppen?
ハーベン ジー アイン シャンプー ゲーゲン シュッペン

4 これは油性の髪にも合いますか？

Ist dieses Produkt für fettige Haare geeignet?
イスト ディーゼス プロドゥクト フュール フェッティゲ ハーレ ゲアイクネット

5 どのトリートメントがおすすめですか？

Welche Haarkur würden Sie mir empfehlen?
ヴェルヒェ ハークール ヴュルデン ジー ミア エンプフェーレン

健康

健康管理

1 彼はタバコをやめるべきだ。

Er sollte aufhören zu rauchen.
エア ゾルテ アウフヘーレン ツー ラウヘン

2 彼は医者に行くべきだった。

Er hätte zum Arzt gehen sollen.
エア ヘッテ ツム アルツト ゲーエン ゾーレン

3 一度、歯医者に行けよ。

Du solltest mal zum Zahnarzt gehen.
ドゥ ゾルテスト マル ツム ツァーンアルツト ゲーエン

4 肺ガンへの不安から彼はタバコをやめた。

Aus Angst vor Lungenkrebs hat er sich das Rauchen abgewöhnt.
アウス アングスト フォア ルンゲンクレプス ハット エア ジッヒ ダス ラウヘン
アプゲヴェーント

食事・ダイエット

1 彼は菜食主義者です。

Er ist Vegetarier.
エア イスト ヴェゲターリァー

2 彼女は肉を食べません。

Sie isst kein Fleisch.
ジー イスト カイン フライッシュ

3 私の夫は辛いものを食べられない。

Mein Mann verträgt kein scharfes Essen.
マイン マン フェルトレークト カイン シャルフェス エッセン

4 最近太りませんでしたか？

Sie haben in letzter Zeit zugenommen, nicht?
ジー ハーベン イン レツター ツァイト ツーゲノンメン ニヒト

5 君はやせ細ったように見えるよ。

Du siehst abgemagert aus.
ドゥ ジースト アブゲマーゲルト アウス

6 トレンコスト・ダイエットで5キロやせたの。

Ich habe durch die Trennkostdiät fünf Kilo abgenommen.
イッヒ ハーベ ドゥルヒ ディー トレンコストディエート フュンフ キロ アブゲノンメン

7 ダイエット中でもケーキを食べてよかったの？

Durftest du Kuchen essen, obwohl du auf Diät warst?
デュルフテスト ドゥ クーヒェン エッセン オブヴォール ドゥ アウフ ディエート ワースト

8 私たちは健康な食生活を送るべきだ。

Wir sollten uns gesund ernähren.
ヴィア ゾルテン ウンス ゲスント エアネーレン

体調・体質

1 どうしたんだい？ 顔色が悪いぜ。

Was ist los mit dir? Du siehst blaß aus.
ワス イスト ロス ミット ディア　ドゥ ジースト ブラス アウス

2 二日酔いなんだ。

Ich habe einen Kater.
イッヒ ハーベ アイネン カーター

3 子供の頃、アレルギーで卵を食べてはいけなかった。

Wegen einer Allergie durfte ich als Kind keine Eier essen.
ヴェーゲン アイナー アレルギー デュルフテ イッヒ アルス キント カイネ アイアー エッセン

4 ストレスから彼女は脱毛症になった。

Der starke Streß hatte bei ihr zu Haarausfall geführt.
デア シュタルケ シュトレス ハッテ バイ イア ツー ハーアウスファル ゲフュールト

5 少年は病気がちに見える。

Der Knabe sieht kränklich aus.
デア クナーベ ジート クレンクリッヒ アウス

〈参考〉

※ pp.301 〜 303 の例文は CD に収録されていません。

スポーツ

体力づくり

1 朝早くジョギングに行きます。

Ich gehe immer früh am Morgen joggen.
イッヒ ゲーエ インマー フリュー アム モルゲン ジョッゲン

2 朝、彼は朝食前に腕立て伏せを最低 20 回する。

Morgens macht er vor dem Frühstück mindestens zwanzig Liegestützen.
モルゲンス マハト エア フォア デム フリューシュトゥック ミンデステンス ツヴァンツィッヒ リーゲシュトゥッツェン

3 どうしたらすぐ腹筋がつくだろう？

Wie bekomme ich schnell Bauchmuskeln?
ヴィー　ベコムト　イッヒ　シュネル　バウフムスケルン

4 姉は規則的にフィットネスに行く。

Meine Schwester geht regelmässig ins Fitness-Studio.
マイネ　シュヴェスター　ゲート　レーゲルメーシッヒ　インス フィットネス ストゥーディオ

5 腰が痛いときは泳ぎに行きます。

Ich gehe schwimmen, wenn ich Schmerzen im Rücken spüre.
イッヒ　ゲーエ　シュヴィンメン　ヴェン　イッヒ　シュメルツェン　イム　リュッケン
シュプーレ

6 私たちは一緒にヨガを習ってます。

Wir besuchen zusammen einen Yogakurs.
ヴィア　ベズーヘン　ツザンメン　アイネン　ヨーガークルス

スポーツについての話題

1 ジョギングはストレスを解消する。

Durch Joggen wird Stress abgebaut.
ドゥルヒ　ジョッゲン　ヴィルト　シュトレス　アプゲバウト

2 スポーツをする人の多くはアスレチックな体をしている。

Sportler haben oft einen athletischen Körper.
シュポートラー　ハーベン　オフト　アイネン　アトゥレーティッシェン　ケルパー

3 彼は子供の頃はプロのサッカー選手になることが夢だった。

Als Kind träumte er davon, ein Profi-Fußballer zu werden.
アルス キント　トロイムテ　エア　ダフォン　アイン プロフィ　フスバーラー　ツー　ヴェルデン

4 スカッシュはかなりの持久力を必要とするスポーツだ。

Squash ist eine Sportart, die viel Ausdauer fordert.
スクオッシュ イスト　アイネ　シュポートアルト　ディー フィール　アウスダウアー　フォルデルト

5 スポーツは肺を鍛える。

Sport stärkt Lungen.
シュポート シュテルクト ルンゲン

水泳

1 ここから一番近い室内プールはどこですか？

Wo ist das nächste Hallenbad?
ヴォー イスト ダス ネヒステ ハーレンバート

2 大人2枚です。

Zwei Erwachsene bitte.
ツヴァイ エアヴァッハゼネ ビッテ

3 女性用更衣室はどこですか？

Wo sind die Umkleidekabinen für Damen?
ヴォー ジント ディー ウムクライデカビーネン フュール ダーメン

4 ゴーグルを貸してもらえますか？

Können Sie mir die Schwimmbrille ausleihen?
クェンネン ジー ミア ディー シュヴィムブリッレ アウスライエン

5 耳に水が入ってる。

Ich habe Wasser in den Ohren.
イッヒ ハーベ ワッサー イン デン オーレン

6 私はクロール、平泳ぎ、それにバタフライができます。

Ich kann Kraulen, Brustschwimmen und Delfinschwimmen.
イッヒ カン クラウレン ブルストシュヴィンメン ウント デルフィンシュヴィンメン

7 背泳ぎは背中の筋肉に良いそうだ。

Rückenschwimmen soll gut für die Rückenmuskulatur sein.
リュッケンシュヴィンメン ゾル グート フュール ディー リュッケンムスクラトゥール
ザイン

美容と健康

303

病院へ

⑰ 病気になったら

最初の問診

1 どうされましたか？

Was fehlt Ihnen?
ワス フェールト イーネン

2 いつから痛みますか？

Seit wann haben Sie Schmerzen?
ザイト ヴァン ハーベン ジー シュメルツェン

3 そのような痛みは初めてですか？

Ist es das erste Mal, dass Sie solche Schmerzen haben?
イスト エス ダス エルステ マル ダス ジー ゾルヒェ シュメルツェン ハーベン

4 ここに来られたのは初めてですか？

Sind Sie zum ersten Mal hier?
ジント ジー ツム エルステン マル ヒア

5 この用紙に記入してください。

Bitte füllen Sie dieses Protokoll aus.
ビッテ フューレン ジー ディーゼス プロトコル アウス

6 おいくつですか？

Wie alt sind Sie?
ヴィー アルト ジント ジー

7 輸血を受けたことがありますか？

Hatten Sie schon mal eine Bluttransfusion?
ハッテン ジー ショーン マル アイネ ブルートトランスフジオーン

8 手術を受けたことがありますか？

Sind Sie schon mal operiert worden?
ジント ジー ショーン マル オペリールト ヴォルデン

街の薬局は持ち回りで夜間営業を行っています。どこがいつ開いているのかは地域の新聞などに載っていますが、わからないときはホテルの人やお隣さんに訊いてみましょう。医院や病院での診察は通常、予約制ですが、ケガや急な容態の悪化などの場合は病院の緊急受付で24時間いつでも診てもらえます。

9 どういう手術でした？

Welche Operation war das?
ヴェルヒェ　オペラツィオーン　ワー　ダス

10 それはいつですか？

Wann war das?
ヴァン　ワー　ダス

11 心臓に問題がありますか？

Haben Sie Herzprobleme?
ハーベン　ジー　ヘルツプロブレーメ

12 ぜんそくがありますか？

Haben Sie Asthma?
ハーベン　ジー　アストマ

13 血圧が高いですか？

Haben Sie Bluthochdruck?
ハーベン　ジー　ブルートホッホドゥルック

14 貧血になったことはありますか？

Hatten Sie mal Anämie?
ハッテン　ジー　マル　アネミー

15 突然気を失ったことはありますか？

Sind Sie schon mal ohnmächtig geworden?
ジント　ジー　ショーン　マル　オーンメヒティッヒ　ゲヴォルデン

16 アレルギーはありますか？

Haben Sie irgendwelche Allergien?
ハーベン　ジー　イルゲンドヴェルヒェ　アレルギーン

17 避妊ピルを飲んでいますか？

Nehmen Sie die Pille?
ネーメン　ジー　ディー　ピッレ

18 何か薬を飲んでいますか？

Nehmen Sie Medikamente?
ネーメン　ジー　メディカメンテ

病気になったら

生活習慣について

1 タバコを吸いますか？

Rauchen Sie?
ラウヘン　ジー

2 はい、一日に 10 本から 15 本吸います。

Ja, ich rauche 10 – 15 Zigaretten pro Tag.
ヤー　イッヒ　ラウヘ　ツェーン　ビス　フュンフツェーン　ツィガレッテン　プロ　ターク

3 いいえ、私はタバコを吸いません。

Nein, ich rauche nicht.
ナイン　イッヒ　ラウヘ　ニヒト

4 お酒を飲みますか？

Trinken Sie Alkohol?
トリンケン　ジー　アルコホル

5 はい、毎日飲みます。

Ja, jeden Tag.
ヤー　イェーデン　ターク

6 時々飲みます。毎日ではありません。

Ja, ab und zu, aber nicht jeden Tag.
ヤー　アップ　ウント　ツー　アーバー　ニヒト　イェーデン　ターク

診察する

CD-3 [track17]

1 シャツを脱いでください。

Ziehen Sie Ihr Hemd aus.
ツィーエン　ジー　イーァ　ヘムト　アウス

2 口を開けてください。

Öffnen Sie den Mund.
エフネン　ジー　デン　ムント

3 舌を出してください。
Zeigen Sie bitte Ihre Zunge.
ツァイゲン　ジー　ビッテ　イーレ　ツンゲ

4 息を吸ってください。
Atmen Sie ein.
アトメン　ジー　アイン

5 息を吐いてください。
Atmen Sie aus.
アトメン　ジー　アウス

6 息をとめてください。
Halten Sie Ihren Atem an.
ハルテン　ジー　イーレン　アテム　アン

7 ちょっと咳をしてもらえますか。
Husten Sie bitte.
フステン　ジー　ビッテ

8 この症状はいつからですか？
Wie lange fühlen Sie sich schon so?
ヴィー　ランゲ　フューレン　ジー　ジッヒ　ショーン　ゾー

9 痛み止めの注射をしますね。
Ich gebe Ihnen eine Spritze gegen die Schmerzen.
イッヒ　ゲーベ　イーネン　アイネ　シュプリッツェ　ゲーゲン　ディー　シュメルツェン

10 血液検査が必要です。
Ich lasse eine Blutuntersuchung machen.
イッヒ　ラッセ　アイネ　ブルートウンターズッヒュンク　マッヘン

11 数日、安静にしていなければなりません。
Sie brauchen ein paar Tage Bettruhe.
ジー　ブラウヘン　アイン　パァー　ターゲ　ベットルーエ

12 レントゲンを撮らなくてはなりません。
Sie müssen sich röntgen lassen.
ジー　ミュッセン　ジッヒ　ロェントゲン　ラッセン

病気になったら

痛みについて

1 どこが痛みますか？

Wo haben Sie Schmerzen?
ヴォー ハーベン ジー シュメルツェン

2 みぞおちです。

In der Magengrube.
イン デア マーゲングルーベ

3 へその周りです。

Um dem Nabel herum.
ウム デム ナーベル ヘルム

4 下腹部の右側です。

An der rechten Seite des unteren Bauchs.
アン デア レヒテン ザイテ デス ウンテレン バウヘス

5 下腹部の左側です。

An der linken Seite des unteren Bauchs.
アン デア リンケン ザイテ デス ウンテレン バウヘス

6 あちこち痛いです。

Die Schmerzen wandern.
ディー シュメルツェン ワンデルン

7 お腹全体です。

Am ganzen Bauch.
アム ガンツェン バウフ

8 いつ痛いですか？

Wann haben Sie Schmerzen?
ヴァン ハーベン ジー シュメルツェン

9 空腹時です。

Wenn ich Hunger habe.
ヴェン イッヒ フンガー ハーベ

10 何かを食べるときです。

Wenn ich etwas esse.
ヴェン　イッヒ　エトワス　エッセ

11 食事の直後に始まりました。

Sofort nach dem Essen hat es angefangen.
ゾフォート　ナッハ　デム　エッセン　ハット エス　アンゲファンゲン

12 突然始まりました。

Es hat plötzlich begonnen.
エス ハット プレーツリッヒ　ベゴンネン

13 いつ痛みますか？

Wann tut es weh?
ヴァン　トゥート エス ヴェー

14 咳をすると痛いです。

Es tut weh, wenn ich huste.
エス トゥート ヴェー　ヴェン　イッヒ　フステ

15 体をねじると痛いです。

Es schmerzt, wenn ich mich umdrehe.
エス　シュメルツト　ヴェン　イッヒ　ミッヒ　ウムドレーエ

16 どう痛みますか？

Wie fühlt sich der Schmerz an?
ヴィー　フュールト　ジッヒ　デア　シュメルツェ　アン

17 強烈に痛いです。

Das sind sehr starke Schmerzen.
ダス　ジント　ゼーア　シュタルケ　シュメルツェン

18 刺すような痛みです。

Das ist ein stechender Schmerz.
ダス　イスト　アイン　シュテッヘンダー　シュメルツ

19 だんだん痛みが強くなります。

Der Schmerz wird immer stärker.
デア　シュメルツ　ヴィルト　インマー　シュテルカー

病気になったら

20 あまり痛みを感じません。

Ich spüre nicht viel Schmerzen.
イッヒ シュプーレ ニヒト フィール シュメルツェン

21 胸が突き刺される痛みです。

Ich habe stechende Schmerzen in der Brust.
イッヒ ハーベ ステッヘンデ シュメルツェン イン デア ブルスト

22 息ができないくらいです。

Ich kann nicht richtig einatmen.
イッヒ カン ニヒト リヒティッヒ アインアトメン

23 痛みが背中まで届く感じです。

Die Schmerzen reichen bis zu Rücken.
ディー シュメルツェン ライヒェン ビス ツー リュッケン

24 どう痛みだしましたか？

Wie hat es mit den Schmerzen begonnen?
ヴィー ハット エス ミット デン シュメルツェン ベゴンネン

25 突然、痛みだしました。

Ich hatte plötzlich Schmerzen.
イッヒ ハッテ プレーツリッヒ シュメルツェン

26 痛みで目が覚めました。

Ich bin vor lauter Schmerzen Nachts wach geworden.
イッヒ ビン フォア ラウター シュメルツェン ナハツ ワッハ ゲヴォルデン

27 スポーツをしていたときに痛みました。

Es hat beim Sport begonnen.
エス ハット バイム シュポート ベゴンネン

28 ベットで横になっていたときに痛みだしました。

Es hat angefangen, als ich im Bett lag.
エス ハット アンゲファンゲン アルス イッヒ イム ベット ラーク

29 重い物を持とうとしたら、痛みだしました。

Als ich etwas schweres hochheben wollte, habe ich es gespürt.
アルス イッヒ エトワス シュヴェーレス ホッホヘーベン ヴォルテ ハーベ イッヒ エス ゲシュピュールト

30 食事中に始まりました。

Es hat beim Essen begonnen.
エス ハット バイム エッセン ベゴンネン

脈・血圧について

1 他に症状がありますか？

Gibt es noch andere Symptome?
ギプト エス ノッホ アンデレ ジントーメ

2 脈が速くなりました。

Mein Puls geht schneller.
マイン プルス ゲート シュネラー

3 心臓の鼓動が大きくなりました。

Mein Herz schlägt stärker.
マイン ヘルツ シュレークト シュテルカー

4 脈が不規則な気がします。

Ich habe das Gefühl, dass mein Puls unregelmäßig schlägt.
イッヒ ハーベ ダス ゲフュール ダス マイン プルス ウンレーガルメーシッヒ シュレークト

5 ちょっと歩くと息が切れます。

Ich bin außer Atem, wenn ich etwas gehe.
イッヒ ビン アウサー アテム ヴェン イッヒ エトワス ゲーエ

6 不整脈があります。

Ich habe einen unregelmäßigen Puls.
イッヒ ハーベ アイネン ウンレーゲルメーシゲン プルス

7 血圧が高いそうです。

Ich habe normalerweise einen hohen Blutdruck.
イッヒ　ハーベ　ノルマーラーワイゼ　アイネン　ホーエン　ブルートドゥルック

8 血圧が低いそうです。

Normalerweise habe ich einen niedrigen Blutdruck.
ノルマーラーワイゼ　ハーベ　イッヒ　アイネン　ニードゥリガー　ブルートドゥルック

9 こんな症状は今まで経験ありません。

Ich habe noch nie solche Symptome gehabt.
イッヒ　ハーベ　ノッホ　ニー　ゾルヒェ　ジントーメ　ゲハプト

10 背中（腰）が痛いです。

Ich habe Rückenschmerzen.
イッヒ　ハーベ　リュッケンシュメルツェン

他の症状について

1 他の症状はありますか？

Haben Sie andere Symptome?
ハーベン　ジー　アンデレ　シントーメ

2 気分が悪いです。

Mir ist übel.
ミア　イスト　ユーベル

3 吐いてしまいました。

Ich habe erbrochen.
イッヒ　ハーベ　エアブロッヒェン

4 茶色い液体を吐きました。

Ich habe etwas braune Flüssigkeit erbrochen.
イッヒ　ハーベ　エトワス　ブラウネ　フルーシッヒカイト　エアブロッヒェン

5 血を吐きました。

Ich habe etwas Blut erbrochen.
イッヒ　ハーベ　エトワス　ブルート　エアブロッヒェン

6 下痢をしています。
Ich habe Durchfall.
イッヒ　ハーベ　ドゥルヒファル

7 便秘です。
Ich habe Verstopfung.
イッヒ　ハーベ　フェルシュトップフンク

8 排便時に痛みがあります。
Ich habe Schmerzen beim Stuhlgang.
イッヒ　ハーベ　シュメルツェン　バイム　シュトゥールガンク

9 排尿時に痛みがあります。
Ich habe Schmerzen beim Urinieren.
イッヒ　ハーベ　シュメルツェン　バイム　ウリニィーレン

女性の場合

1 生理痛が強いです。
Ich habe starke Menstruationsschmerzen.
イッヒ　ハーベ　シュタルケ　メンシュトゥルアチオーンスシュメルツェン

2 生理は規則的にあります。
Ich habe regelmäßig meine Periode.
イッヒ　ハーベ　レーゲルメーシッヒ　マイネ　ペリオーデ

3 生理不順です。
Meine Menstruation ist unregelmässig.
マイネ　メンシュトゥルアツィオーン　イスト　ウンレーガルメーシッヒ

4 生理以外に出血があります。
Ich habe Blutungen außerhalb meiner Periode.
イッヒ　ハーベ　ブルートゥンゲン　アウサーハルプ　マイナー　ペリオーデ

5 出血が普段より多いです。
Ich habe stärkere Blutungen als sonst.
イッヒ　ハーベ　シュテルケレ　ブルートゥンゲン　アルス　ゾンスト

6 下腹部にしこりがあります。

Ich habe einen Knoten im unteren Bauch.
イッヒ　ハーベ　アイネン　クノーテン　イム　ウンテレン　バウフ

7 妊娠しています。

Ich bin schwanger.
イッヒ　ビン　シュヴァンガー

8 妊娠しているかもしれません。

Ich bin vielleicht schwanger.
イッヒ　ビン　フィーライヒト　シュヴァナガー

診察後

結果通知

1 診断結果を教えてください。

Wie ist die Diagnose?
ヴィー　イスト　ディー　ディアグノーゼ

2 手術が必要です。

Sie müssen sich operieren lassen.
ジー　ミュッセン　ジッヒ　オペリーレン　ラッセン

3 難しい手術なのですか？

Wird es eine schwere Operation werden?
ヴィルト　エス　アイネ　シュヴェーレ　オペラツィオーン　ヴェルデン

4 入院しなくてはなりません。

Sie müssen ins Krankenhaus.
ジー　ミュッセン　インス　クランケンハウス

5 正確に検査を受けるべきですよ。

Sie sollten sich genau untersuchen lassen.
ジー　ゾルテン　ジッヒ　ゲナウ　ウンターズーヘン　ラッセン

6 別の病院に行ってください。専門の医師により詳しく調べてもらわないとなりません。

Ich überweise Sie an ein anderes Krankenhaus. Sie müssen sich von einem Spezialisten untersuchen lassen.
イッヒ ユーバーヴァイゼ ジー アン アイン アンデレス クランケンハウス ジー ミュッセン ジッヒ フォン アイネム スペツィアリステン ウンターズッヒェン ラッセン

7 紹介状を用意します。

Ich schreibe Ihnen ein Empfehlungsschreiben.
イッヒ シュライベ イーネン アイン エンプフェールンクスシュライベン

8 薬を飲んで様子を見てみましょう。

Nehmen Sie die Medikamente und schauen, ob es besser wird.
ネーメン ジー ディー メディカメンテ ウント シャウエン オプ エス ベッサー ヴィルト

9 特に何もありませんよ。

Es ist nichts Ernstes.
エス イスト ニヒツ エルンステス

手続き

1 健保に出す証明書が必要です。

Ich brauche eine Bestätigung für meine Krankenkasse.
イッヒ ブラウヘ アイネ ベシュテーティグング フュール マイネ クランケンカッセ

2 家族に連絡を取ってもらえませんか。これが私の住所です。

Verständigen Sie bitte meine Familie. Hier ist meine Adresse.
フェアシュテンディゲン ジー ビッテ マイネ ファミーリエ ヒア イスト マイネ アドレッセ

3 いつまでここに居なくてはなりませんか？

Wie lange muss ich hier bleiben?
ヴィー ランゲ ムス イッヒ ヒア ブライベン

4 退院したいのですが。

Ich möchte entlassen werden.
イッヒ　メヒテ　エントラッセン　ウェルデン

薬の飲み方について

CD-3
[track19]

1 一日に3錠、飲んでください。(一日に3回、1回1錠)

Nehmen Sie dreimal pro Tag eine Tablette.
ネーメン　ジー　トライマル　プロ　ターク　アイネ　タブレッテ

2 一日に2錠、朝と晩に。

Zwei Tabletten pro Tag, eine morgens und eine abends.
ズヴァイ　タブレッテン　プロ　ターク　アイネ　モルゲンズ　ウント　アイネ　アーベンズ

3 ― 食後に。

- Nach dem Essen.
ナッハ　デム　エッセン

4 ― 食前に。

- Vor dem Essen.
フォア　デム　エッセン

5 ― 寝る前に。

- Vor dem Einschlafen.
フォア　デム　アインシュラーフェン

6 この薬は空腹時に飲んでください。

Nehmen Sie dieses Mittel auf nüchternen Magen ein.
ネーメン　ジー　ディーゼス　ミッテル　アウフ　ニュヒテルネン　マーゲン　アイン

7 痛みがあるときだけ、この薬を飲んでください。

Nehmen Sie diese Medikamente nur wenn Sie Schmerzen haben.
ネーメン　ジー　ディーゼ　メディカメンテ　ヌーア　ヴェン　ジー　シュメルツェン　ハーベン

8 － 熱が出たときだけ。

- nur wenn Sie Fieber haben.
ヌーア　ヴェン　ジー　フィーバー　ハーベン

9 － 症状が出たときだけ。

- nur wenn Sie Symptome haben.
ヌーア　ヴェン　ジー　ジントーメ　ハーベン

10 症状が出なくても飲み続けてください。

Sie müssen sie weiter nehmen, auch wenn Sie keine
ジー　ミュッセン　ジー　ヴァイター　ネーメン　アウホ　ヴェン　ジー　カイネ
Symptome mehr haben.
シントーメ　メーア　ハーベン

11 具合が良くなってきました。

Es geht mir besser.
エス　ゲート　ミア　ベッサー

※10章（緊急事態）の「ケガ、病院」、15章（街で）の「薬局へ行く」も参照。

病院、薬局

★病院

内科	Innere Medizin	（女性名詞）
外科	Chirurgie	（女性名詞）
耳鼻咽喉科	HNO (Hals- Nasen-, Ohren) -Abteilung	（女性名詞）
泌尿器科	Urologische Abteilung	（女性名詞）
整形外科	Orthopädie	（女性名詞）
婦人科	Gynäkologie	（女性名詞）
小児科	Pädiatrie	（女性名詞）
産科	Geburtshilfe	（女性名詞）
放射線科	Radiologie	（女性名詞）
X線撮影	Röntgenaufnahme	（女性名詞）
MIR撮影	Ultraschallaufnahme	（女性名詞）
手術	Operation	（女性名詞）
予防接種	Impfung	（女性名詞）

医者	Arzt/Ärztin	（男性名詞／女性名詞）
看護士	Krankenpfleger/Krankenpflegerin	（男性名詞／女性名詞）
看護婦	Krankenschwester	（女性名詞）
患者	Patient/Patientin	（男性名詞／女性名詞）

★薬

目薬	Augentropfen	（男性名詞）
鎮静剤	Beruhigungsmittel	（中性名詞）
鎮痛剤	Schmerzmittel	（中性名詞）
アスピリン	Aspirin	（中性名詞）
抗生物質	Antibiotikum	（中性名詞）

病院、ケガ

★病気

風邪	Erkältung / Grippe	（女性名詞／女性名詞）
熱	Fieber	（中性名詞）
偏頭痛	Migräne	（女性名詞）
日射病	Sonnenstich	（男性名詞）
脳しんとう	Gehirnerschütterung	（女性名詞）
中毒	Vergiftung	（女性名詞）
アレルギー	Allergie	（女性名詞）
関節炎	Arthritis	（女性名詞）
痛風	Gicht	（女性名詞）
肺炎	Lungenentzündung	（女性名詞）
結核	Tuberkulose	（女性名詞）
潰瘍	Geschwür	（中性名詞）
腫瘍	Tumor	（男性名詞）
ガン	Krebs	（男性名詞）

糖尿病	Diabetes	(女性名詞)
便秘	Verstopfung	(女性名詞)
緑内障	Glaukom	(中性名詞)
早産	Frühgeburt	(女性名詞)
壊死	Nekrose	(女性名詞)
肉離れ	Muskelzerrung	(女性名詞)
リューマチ	Rheuma	(中性名詞)
てんかん	Epilepsie	(女性名詞)
感染(症)	Infektion	(女性名詞)
赤痢	Ruhr	(女性名詞)
ジフテリア	Diphtherie	(女性名詞)
天然痘	Pocken	(女性名詞)

★ケガ、症状

傷	Wunde	(女性名詞)
血	Blutung	(女性名詞)
切り傷	Schnittwunde	(女性名詞)
炎症	Entzündung	(女性名詞)
黄疸	Gelbsucht	(女性名詞)
嘔吐感	Übelkeit	(女性名詞)
骨折	Knochenbruch	(男性名詞)
ぎっくり腰	Hexenschuss	(男性名詞)
やけど	Verbrennung	(女性名詞)
水ぶくれ	Blase	(女性名詞)
発疹	Ausschlag	(男性名詞)
帯状疱疹	Gürtelrose	(女性名詞)
にきび	Akne	(女性名詞)
イボ	Warze	(女性名詞)
魚の目	Hühnerauge	(男性名詞)

体の部位

★身体の名称

日本語	ドイツ語	性
頭	Kopf	(男性名詞)
後頭部	Hinterkopf	(男性名詞)
額	Stirn	(女性名詞)
上半身	Oberkörper	(男性名詞)
肩	Schulter	(女性名詞)
肩	Achsel	(女性名詞)
わきの下	Achselhöhle	(女性名詞)
腕	Arm	(男性名詞)
上腕部	Oberarm	(男性名詞)
下腕部	Unterarm	(男性名詞)
ひじ	Ellenbogen	(男性名詞)
背中	Rücken	(男性名詞)
胸	Brust	(女性名詞)
乳首	Brustwarze	(女性名詞)
腹	Bauch	(男性名詞)
へそ	Nabel	(男性名詞)
下腹部	Unterbauch	(男性名詞)
腰	Hüfte	(女性名詞)
尻	Gesäß	(中性名詞)
陰部	Intimbereich	(男性名詞)
ひざ	Knie	(中性名詞)
脚	Bein	(中性名詞)
腿	Schenkel	(男性名詞)
太もも	Oberschenkel	(男性名詞)
脚(ひざから下の部分)	Unterschenkel	(男性名詞)
ふくらはぎ	Wade	(女性名詞)
むこうずね	Schienbein	(中性名詞)
かかと	Ferse	(女性名詞)
足の裏	Sohle	(女性名詞)

★内臓器官など

日本語	ドイツ語	性
心臓	Herz	(中性名詞)
肺	Lunge	(女性名詞)
食道	Speiseröhre	(女性名詞)
胃	Magen	(男性名詞)
肝臓	Leber	(女性名詞)
腎臓	Niere	(女性名詞)
腸	Darm	(男性名詞)
膀胱	Blase	(女性名詞)
甲状腺	Schilddrüse	(女性名詞)
血	Blut	(中性名詞)
涙	Träne	(女性名詞)
唾液	Speichel	(男性名詞)
痰	Auswurf	(男性名詞)
鼻水	Nasenschleim	(男性名詞)
尿	Urin	(男性名詞)
便（排出物）	Exkremente	(女性名詞、複数形)

日常生活で使う表現

時間

1 今、何時ですか？

Wie spät ist es?
ヴィー シュペート イスト エス

2 今、何時かご存知ですか？

Wissen Sie, wie spät es ist?
ヴィッセン ジー ヴィー シュペート エス イスト

3 2時です。

Es ist zwei Uhr.
エス イスト ツヴァイ ウーア

4 2時半です。

Es ist halb drei.
エス イスト ハルプ トライ

5 4時10分です。

Es ist vier Uhr zehn.
エス イスト フィール ウーア ツェーン

6 4時45分です。

Es ist drei Viertel fünf.
エス イスト トライ フィルテル フュンフ

7 11時20分です。

Es ist elf Uhr zwanzig.
エス イスト エルフ ウーア ツヴァンツェッヒ

8 12時15分すぎです。

Es ist Viertel nach zwölf.
エス イスト フィルテル ナッハ ツヴェルフ

9 1時15分前です。

Es ist Viertel vor eins.
エス イスト フィルテル フォア アインズ

---

⑱ 暮らし・社会

ドイツ人は比較的時間に正確ですが、日本人ほどではありません。また、自宅に招待されたときは時間より少し（5〜10分程度）遅れていくのが礼儀、逆に早く行くのは非常に失礼なこととされます。手土産にはワインやチョコレート、花などが一般的です。

10 朝の4時です。

Es ist vier Uhr morgens.
エス イスト フィア ウーァ モルゲンズ

11 正午の12時です。

Es ist zwölf Uhr mittags.
エス イスト ツヴェルフ ウーァ ミッタクス

12 午後3時です。

Es ist drei Uhr nachmittags.
エス イスト トライ ウーァ ナッハミッタクス

13 18時32分です。

Es ist achtzehn Uhr zweiunddreißig.
エス イスト アハツェーン ウーァ ツヴァイウントトライシッヒ

14 夜の9時です。

Es ist neun Uhr abends.
エス イスト ノイン ウーァ アーベンズ

15 夜中の12時です。

Es ist zwölf Uhr Mitternacht.
エス イスト ツヴェルフ ウーァ ミッターナハト

時計の表示

1 時計の針はちょうど11時を指している。

Der Zeiger steht genau auf elf.
デア ツアイガー シュテート ゲナウ アウフ エルフ

2 君の時計は進んでいる。

Deine Uhr geht vor.
ダイネ ウーァ ゲート フォア

3 僕の時計は5分遅れている。

Meine Uhr geht fünf Minuten nach.
マイネ ウーァ ゲート フュンフ ミヌーテン ナッハ

4 あなたの時計は狂っています。

Ihre Uhr geht nicht richtig.
イーレ ウーァ ゲート ニヒト リヒティッヒ

曜日・日付をたずねる

1 今日は何曜日ですか？

Welcher Tag ist heute?
ヴェルヒャー ターク イスト ホイテ

2 金曜日です。

Heute ist Freitag.
ホイテ イスト フライターク

3 今日は何日ですか？

Den wievielten haben wir heute?
デン ヴィーフィールテン ハーベン ヴィア ホイテ

4 今日は6月5日です。

Heute ist der fünfte Juni.
ホイテ イスト デア フュンフテ ユニ

人数

1 彼は一人でケーキの半分を食べてしまった。

Er hat alleine die Hälfte des Kuchens gegessen.
エア ハット アライネ ディー ヘルフテ デス クーヘンズ ゲゲッセン

2 3人でお昼を食べに行く。

Wir gehen zu dritt Mittagessen.
ヴィア ゲーエン ツー トリット ミッタクエッセン

3 サッカーのチームは少なくとも11人で構成される。

Eine Fußballmannschaft besteht aus mindestens elf Leuten.
アイネ フスバールマンシャフト ベシュテート アウス ミンデステンズ エルフ ロイテン

4 この村には800人しか住んでいない。

Das Dorf hat nur achthundert Einwohner.
ダス　ドルフ　ハット　ヌーァ　アハトフンデルト　アインヴォーナー

5 2万人を超える人が市庁舎の前に集まった。

Über zwanzigtausend Menschen sind vor dem Rathaus versammelt.
ユーバー　ツヴァンツィッヒタウゼント　メンシェン　ジント　フォア　デム　ラートハウス　フェルザンメルト

6 この街は100万人都市だ。

Das ist eine Millionenstadt.
ダス　イスト　アイネ　ミリオーネンシュタット

7 この街の人口は100万人以上だ。

Diese Stadt hat über eine Million Einwohner.
ディーゼ　シュタット　ハット　ユーバー　アイネ　ミリオーン　アインヴォーナー

割合

1 生徒の1割は反対だった。

10 Prozent der Schüler waren dagegen.
ツェーン　プロツェント　デア　シューラー　ワーレン　ダーゲーゲン

2 学生の3分の1は賛成だった。

Ein Drittel der Studenten war dafür.
アイン　トリッテル　デア　シュトゥデンテン　ワー　ダーフュール

順番

1 オットーは1番でゴールに着いた。

Otto fuhr als erster durchs Ziel.
オットー　フール　アルス　エルスター　ドゥルヒス　ツィール

2 レナーテは私の2番目の娘です。

Renate ist meine zweite Tochter.
レナーテ　イスト　マイネ　ツヴァイテ　トホター

3 今のローマ法王、ベネディクト16世はドイツ人です。

Der jetzige Papst, Benedikt XVI, ist ein
デア　イェッツィゲ　パプスト　ベネディクト　デア ゼッヒツェーンテ　イスト アイン
Deutscher.
ドイチャー

年代

1 この団地は70年代に建設された。

Diese Siedlung ist in den siebziger Jahren gebaut worden.
ディーゼ　ジードルング　イスト イン　デン　ジープツィガー　ヤーレン　ゲバウト　ヴォルデン

2 その土地は私の祖父が1930年に買いました。

Mein Großvater hat das Grundstück 1930
マイン　グロースファーター　ハット　ダス　グルンドシュトック　ノインツェーンフンデルトドライシッヒ
gekauft.
ゲカウフト

3 戦争は1945年に終わりました。

Der Krieg war im Jahr 1945 zu
デア　クリーク　ワー　イム ヤー　ノインツェーンフンデルトフュンフウントフィルツィッヒ　ツー
Ende.
エンデ

4 この金貨は紀元前300年のものだよ。

Diese Goldmünze stammt aus dem Jahre 300 vor
ディーゼ　ゴールドミュンツェ　シュタムト　アウス　デム　ヤーレ　ドライフンデルト　フォア
Christus.
クリストゥス

計算

1 1 + 1 = 2 （1足す1は2です。）

Eins plus eins macht zwei.
アインズ　プルス　アインズ　マハト　ツヴァイ

2 26 − 2 = 24 （26から2を引くと24です。）

Sechsundzwanzig minus zwei macht vierundzwanzig.
_{ゼックスウントツヴァンツィッヒ　ミヌス　ツヴァイ　マハト　フィールウントツヴァンツィッヒ}

3 10 × 10 = 100 （10かける10は100です。）

Zehn mal zehn ist Hundert.
_{ツェーン　マル　ツェーン　イスト　フンデルト}

4 6000 ÷ 3 = 2000 （6000を3で割ると2000です。）

Sechstausend geteilt durch drei ist zweitausend.
_{ゼックスタウゼント　ゲタイルト　ドゥルヒ　トライ　イスト　ツヴァイタウゼント}

★数

1	eins	100	Hundert
2	zwei	1000	Tausand
3	drei	10,000	Zehntausend
4	vier	100,000	Hunderttausend
5	fünf	1,000,000	Eine Million
6	sechs		
7	sieben	1.34	Eins komma drei vier
8	acht	0.60	Null komma sechs Null
9	neun		
10	zehn	半分	die Hälfte
11	elf	3分の1	ein Drittel
12	zwölf	4分の1	ein Viertel
13	dreizehn	5分の2	zwei Fünftel
20	zwanzig	2倍	das Doppelte
21	einundzwanzig		
30	dreißig		

暮らし・社会

時に関する話題

年

1 私たちは去年知り合った。

Wir haben uns letztes Jahr kennen gelernt.
ヴィア ハーベン ウンス レツテス ヤー ケンネン ゲレルント

2 僕の妹は今年中に結婚するだろう。

Meine Schwester wird noch dieses Jahr heiraten.
マイネ シュヴェスター ヴィルト ノッホ ディーゼス ヤー ハイラーテン

3 来年は日本に行くだろう。

Nächstes Jahr werden wir nach Japan gehen.
ネヒステス ヤー ヴェルデン ヴィア ナッハ ヤーパン ゲーエン

4 君は10年後に何をしているか、想像できるかい?

Kannst du dir vorstellen, was du in 10 Jahren machen wirst?
カンスト ドゥ ディア フォアシュテーレン ワス ドゥ イン ツェーン ヤーレン マッヘン ヴィルスト

月

1 1月はオーストリアにスキーに行く。

Im Januar gehe ich nach Österreich Skifahren.
イム ヤヌアー ゲーエ イッヒ ナッハ エーステライヒ シーファーレン

2 日本では2月が一番寒い月だ。

Februar ist der kälteste Monat in Japan.
フェブルアー イスト デア ケルテステ モナート イン ヤーパン

3 3月はまだ本当に春ではないけれども、冬がもう終わるという気配がする。

Im März ist zwar noch nicht richtig Frühling, aber man spürt, daß der Winter bald vorbei ist.
イム メルツ イスト ツヴァー ノッホ ニヒト リヒティッヒ フリューリンク アーバー マン シュピュールト ダス デア ヴィンター バルト フォアバイ イスト

4　4月の天候は変わりやすい。

Das Wetter im April ist wechselhaft.
ダス　ヴェッター　イム　アプリル　イスト　ヴェックゼルハフト

5　5月は一番きれいな月の一つだ。

Mai ist einer der schönsten Monate.
マイ　イスト　アイナー　デア　シェーンステン　モナーテ

6　日本では6月に雨季がある。

Im Juni haben wir hier in Japan Regenzeit.
イム　ユーニ　ハーベン　ヴィア　ヒア　イン　ヤーパン　レーゲンツァイト

7　私たちは7月に休暇を取る。

Wir nehmen unseren Urlaub im Juli.
ヴィア　ネーメン　ウンゼレン　ウルラウプ　イム　ユーリー

8　8月は子供たちの学校が休みだ。

Im August haben die Kinder Schulferien.
イム　アウグスト　ハーベン　ディー　キンダー　シュールフェーリエン

9　ミュンヘン市のオクトーバー祭りは9月の末に開かれる。

Das Münchener Oktoberfest findet Ende September statt.
ダス　ミュンヘナー　オクトーバーフェスト　フィンデト　エンデ　ゼプテンバー　シュタット

10　10月は木の葉が色鮮やかに色づく。

Die Blätter färben sich im Oktober bunt.
ディー　ブレッター　フェルベン　ジッヒ　イム　オクトーバー　ブント

11　ここは11月はよく霧深くなります。

Im November wird es hier oft sehr neblig.
イム　ノヴェンバー　ヴィルト　エス　ヒア　オフト　ゼーア　ネーブリッヒ

12　12月は1年の最後の月だ。

Dezember ist der letzte Monat des Jahres.
デツェンバー　イスト　デア　レツテ　モナート　デス　ヤーレス

暮らし・社会

曜日

1 月曜日は普段より早く事務所に行かなくてはならない。

Am Montag muß ich früher ins Büro gehen.
アム　モンターク　ムス　イッヒ　フリューアー　インス　ビューロー　ゲーエン

2 火曜日の朝にお電話ください。

Rufen Sie mich bitte am Dienstag morgen an.
ルーフェン　ジー　ミッヒ　ビッテ　アム　ディーンスターク　モルゲン　アン

3 私は母と水曜日の午後に会います。

Ich treffe meine Mutter am Mittwoch Nachmittag.
イッヒ　トレッフェ　マイネ　ムッター　アム　ミットヴォッホ　ナッハミッターク

4 今度の木曜日は国民の休日だ。

Am kommenden Donnerstag haben wir einen Nationalfeiertag.
アム　コンメンデン　ドンネルスターク　ハーベン　ヴィア　アイネン　ナツィオナールファイアーターク

5 毎週金曜日は友人とビールを飲みに行く。

Freitags gehe ich mit Freunden ein Bier trinken.
フライタークス　ゲーエ　イッヒ　ミット　フロインデン　アイン　ビア　トリンケン

6 彼は時々土曜日も仕事をしなくてはならない。

Er muß manchmal auch am Samstag arbeiten.
エア　ムス　マンヒマル　アウホ　アム　ザムスターク　アルバイテン

7 次の日曜日は何をするんだい？

Was machst du nächsten Sonntag?
ワス　マハスト　ドゥ　ネヒステン　ゾンターク

週・日

1 今週はとても忙しい。

Diese Woche bin ich voll beschäftigt.
ディーゼ　ヴォッヘ　ビン　イッヒ　フォル　ベシェフティクト

2 先週の水曜日に歯医者に行かなければならなかった。

Letzten Mittwoch musste ich zum Zahnarzt.
レツテン　ミットヴォッホ　ムステ　イッヒ　ツム　ツァーンアルツト

3 来週は恐らく時間がとれるだろう。

Ich werde voraussichtlich nächste Woche Zeit haben.
イッヒ　ヴェルデ　フォアアウスジヒトリッヒ　ネヒステ　ヴォッヘ　ツァイト　ハーベン

4 彼は週末は寝てばかりいる。

Er schläft viel am Wochenende.
エア　シュレーフト　フィール　アム　ヴォッヘンエンデ

5 今日は運が悪い。

Heute ist nicht mein Tag.
ホイテ　イスト　ニヒト　マイン　ターク

6 明日は雨かもしれない。

Es dürfte morgen regnen.
エス　デュルフテ　モルゲン　レクネン

7 彼と明日の午前中に会うつもりだ。

Ich werde ihn morgen Vormittag treffen.
イッヒ　ヴェルデ　イン　モルゲン　フォアミッタク　トレッフェン

8 あさって、うちに来れるかい？

Kannst du übermorgen zu mir kommen?
カンスト　ドゥ　ユーバーモルゲン　ツー　ミア　コンメン

9 昨日はかなり寒かった。

Gestern war es sehr kalt.
ゲシュターン　ワー　エス　ゼーァ　カルト

〈参考〉

※ pp.332〜339の例文はCDに収録されていません。

暮らしに関する話題

出産・育児

1 モニカは妊娠5ヶ月だ。

Monika ist im fünften Monat schwanger.

2 つわりで何も食べたくないそうだ。

Wegen der morgendlichen Übelkeit möchte sie nichts essen.

3 子供は2月中旬に生まれる予定だ。

Das Kind wird Mitte Februar auf die Welt kommen.

4 超音波検査で赤ちゃんの姿を見ました。

Wir haben das Baby bei der Ultraschalluntersuchung gesehen.

5 男の子か女の子か、知っていますか？。

Wissen Sie, ob es ein Junge oder ein Mädchen ist?

6 2人目の子供の出産の後、彼女は育児休暇を取った。

Nach der Geburt ihres zweiten Kindes hat sie Mutterschaftsurlaub genommen.

7 医者が妊娠と診断すると、母子手帳が支給されます。

Sie erhalten den Mutterpass, wenn der Arzt Ihre Schwangerschaft festgestellt hat.

8 法的に定められている健康保険に加入しているなら、出産手当を受ける権利がありますよ。

Wenn Sie in einer gesetzlichen Krankenversicherung versichert sind, haben Sie Anspruch auf Mutterschaftsgeld.

9 ドイツに在住なら、誰でも養育手当がもらえます。

Wenn Sie in der Bundesrepublik wohnen, können Sie Kindergeld erhalten.

福祉・社会

1 私たちは精神障害を持つ子供たちのための施設で働いています。

Wir arbeiten in einem Heim für geistig behinderte Kinder.

2 階段や段差のないバリアフリーの家を建てれば、年をとっても家の中を自由に動き回れる。

Wenn man ein Haus ohne Stufen baut, also ohne Treppen oder Absätze, kann man sich dort auch im Alter bequem und frei bewegen.

3 多くの外国人が差別に苦しんでいる。

Viele Ausländer leiden unter Diskriminierung.

4 今、君が言った言葉は人種差別的だよ。

Das klingt rassistisch, was du gerade gesagt hast.

経済

1 若者の間のアルコール類の消費は増加している。

Bei Jugendlichen steigt der Alkoholkonsum.
バイ　　ユーゲントリッヘン　　シュタイクト　デア　　アルコォルコンスーム

2 最近、失業率は少し減少した。

In den letzten Monaten ist die Arbeitslosenquote leicht zurückgegangen.
イン　デン　　レツテン　　モナーテン　イスト ディー　アルバイツローゼンクヴォーテ　ライヒト
ツーリュックゲガンゲン

3 若者の失業は私たちの社会の大きな問題の一つだ。

Jugendarbeitslosigkeit ist ein großes Problem unserer Gesellschaft.
ユーゲントアルバイツロージッヒカイト　イスト アイン　グローセス　　プロブレム　　ウンゼラー
ゲゼルシャフト

4 国内の市場が弱まっているので、成長も弱いままだ。

Da der Binnenmarkt schwächelt, bleibt das Wachstum schwach.
ダー　デア　　ビンネンマルクト　　　シュヴェヘルト　　ブライプト ダス　ワックストゥム
シュヴァッハ

5 財団は財政上の危機に陥っている。

Die Stiftung ist in finanzieller Not.
ディー スティフトゥンク イスト イン　フィナンツィエラー　ノート

6 ここ数年、世界貿易は高速に成長した。

In den letzten Jahren hat der Welthandel rapide zugenommen.
イン　デン　　レツテン　　ヤーレン　ハット デア　ヴェルトハンデル　ラピーデ　　ツーゲノンメン

政治

1 今現在の情報保護法にはいくつもの欠陥があるそうだ。

Das derzeitige Datenschutzgesetz soll mehrere Lücken haben.

2 新しい政府は汚職と戦うと主張している。

Die neue Regierung behauptet, den Kampf gegen Korruption zu führen.

3 そこでは警察へのワイロは日常茶飯事だ。

Bestechung der Polizei gehört dort zum Alltag.

4 役人は買収できるそうだ。

Die Beamten sollen bestechlich sein.

5 日本の首相は新しい選挙のため下院を解散させた。

Der japanische Ministerpräsident hat für eine Neuwahl das Unterhaus aufgelöst.

6 議員の多くは首相の考えに反対する意向を示した。

Zahlreiche Abgeordnete haben gegen das Vorhaben des Ministerpräsidenten gestimmt.

ニュース・出来事

事故・事件

1 車の事故を見たよ。

Ich habe einen Autounfall gesehen.
イッヒ ハーベ アイネン アウトウンファル ゲゼーエン

2 国道で乗用車2台が正面衝突した。

Auf einer Landstrasse waren zwei PKW frontal
アウフ アイナー ラントシュトラッセ ワーレン ツヴァイ ペーカーヴェー フロンタール
zusammengestossen.
ツザンメンゲシュトーセン

3 歩行者が車にひかれた。

Ein Fussgänger wurde von einem Auto überfahren.
アイン フスゲンガー ヴルデ フォン アイネン アウト ユーバーファーレン

4 自転車に乗っていた女性がトラックにひかれた。

Eine Radfahrerin wurde von einem Lastwagen erfasst.
アイネ ラートファーレリン ヴルデ フォン アイネム ラストワーゲン エアファスト

5 即座に病院に運ばれた。

Der Mann wurde sofort ins Krankenhaus eingeliefert.
デア マン ヴルデ ゾフォルト インス クランケンハウス アインゲリーフェルト

6 軽いケガだった。

Sie war leicht verletzt.
ジー ワー ライヒト フェルレッツト

7 重傷だった。

Er ist schwer verletzt.
エア イスト シュヴェア フェルレッツト

8 重体だそうだ。

Er soll lebensgefährlich verletzt sein.
エア ゾル レーベンスゲフェーリッヒ フェルレッツト ザイン

9 即死だったそうだ。
Er soll auf der Stelle gestorben sein.
エア ゾル アウフ デア シュテレ ゲシュトルベン ザイン

10 ショックを受けていた。
Sie hat einen Schock erlitten.
ジー ハット アイネン ショック エアリッテン

11 その事故は起こるべくして起こった。
Das Unglück musste geschehen.
ダス ウングリュック ムステ ゲシェーエン

12 高速道路のA3では逆走車があった。
Es gab einen Geisterfahrer auf der Autobahn A3.
エス ガプ アイネン ガイスターファーラー アウフ デア アウトバーン アートライ

13 運良く事故は起こらなかった。
Zum Glück ist kein Unfall passiert.
ツム グリュック イスト カイン ウンファル パッシールト

14 ガス爆発の後、家は完全に崩壊した。
Das Haus wurde nach einer Gasexplosion total zerstört.
ダス ハウス ヴルデ ナッハ アイナー ガスエクスプロジオン トタール ツェルシュトールト

暮らし・社会

犯罪・裁判

1 若い男は放火を白状した。
Der junge Mann hat die Brandstiftung gestanden.
デア ユンゲ マン ハット ディー ブラントスティフトゥンク ゲシュタンデン

2 女はゴミ箱に火をつけようとした。
Die Frau wollte einen Abfalleimer in Brand stecken.
ディー フラウ ヴォルテ アイネン アプファルアイマー イン ブラント シュテッケン

337

3 容疑者はその場で逮捕されたそうだ。

Der Verdächtige soll auf der Stelle festgenommen worden sein.

4 男は警察で暴行を受けたと主張している。

Der Mann behauptet, dass er von der Polizei misshandelt wurde.

5 彼は殺人と窃盗で起訴された。

Er war wegen Mord und Diebstahl angeklagt.

6 被告は無罪になるだろう。

Der Angeklagte wird wohl freigesprochen werden.

7 2人の男は懲役4年の判決を受けた。

Zwei Männer sind zu einer Gefängnisstrafe von vier Jahren verurteilt worden.

海外のニュース

1 ギリシャでは飛行機が墜落した。

In Griechenland ist ein Flugzeug abgestürzt.

2 30人の乗客を乗せた観光バスが北イタリアで事故を起こした。

Ein Reisebus mit 30 Passagieren ist in Norditalien verunglückt.

3 2人が死亡し、多くの負傷者が出た。

Es gab zwei Tote und zahlreiche Verletzte.

4 ルーマニアで鳥インフルエンザの症例がいくつも報告された。

Aus Rumänien wurden mehrere Fälle der Vogelgrippe gemeldet.
アウス　ルメニエン　ヴルデン　メーレレ　フェーレ　デア　フォーゲルグリッペ　ゲメルデット

世界情勢

1 ニュースでウガンダの内戦を報道している。

Die Nachrichten berichteten über den Bürgerkrieg in Uganda.
ディー　ナッハリヒテン　ベリヒテテン　ユーバー　デン　ブルガークリーク　イン　ウガンダ

2 避難民は食べものと毛布を支給された。

Die Flüchtlinge wurden mit Essen und Wolldecken versorgt.
ディー　フルヒトリンゲ　ヴルデン　ミット　エッセン　ウント　ヴォルデッケン　フェルソルクト

3 イラクではまた自爆テロが起きたそうだ。

Im Irak soll wieder ein Selbstmordanschlag verübt worden sein.
イム　イラーク　ゾル　ヴィーダー　アイン　ゼルプストモルドアンシュラーク　フェルユープト　ヴォルデン　ザイン

4 テロリストと思われる3人の行方が警察により大規模に捜査された。

Bei einem Großeinsatz der Polizei war nach drei mutmaßlichen Terroristen gefahndet worden.
バイ　アイネン　グロースアインザッツ　デア　ポリツァイ　ワー　ナッハ　トライ　ムートマスリッヒェン　テロリステン　ゲファーンデット　ヴォルデン

5 平和協定は終結間際になって頓挫した。

Das Friedensabkommen ist in den letzten Minuten gescheitert.
ダス　フリーデンスアプコンメン　イスト　イン　デン　レツテン　ミヌーテン　ゲシャイテルト

ドライブする

レンタカーを借りる

1 明日から２日間、車を借りたいのですが。

Ich möchte ab morgen für zwei Tage ein Auto mieten.
イッヒ　メヒテ　アプ　モルゲン　フュール　ツヴァイ　ターゲ　アイン　アウト　ミーテン

2 オートマの車がいいのですが。

Ich möchte ein Auto mit Automatik.
イッヒ　メヒテ　アイン　アウト　ミット　アウトマーティーク

3 一日いくらですか？

Wie viel kostet das Fahrzeug pro Tag?
ヴィー　フィール　コステット　ダス　ファールツォイク　プロ　ターク

4 距離制限はありますか？

Gibt es eine Kilometerbegrenzung?
ギプト　エス　アイネ　キロメーターベグレンツゥンク

5 価格に含まれているのは何キロまでですか？

Wie viel Kilometer sind im Preis enthalten?
ヴィー　フィール　キロメーター　ジント　イム　プライス　エントハルテン

6 ガソリンはどのくらい入っていますか？

Wie viel Benzin ist noch im Tank?
ヴィー　フィール　ベンジーン　イスト　ノッホ　イム　タンク

7 どのガソリンを給油するのですか？

Welches Benzin muss ich tanken?
ヴェルヒェス　ベンジーン　ムス　イッヒ　タンケン

8 保証金はいくらですか？

Wie hoch ist Kaution?
ヴィー　ホーホ　イスト　カウツィオン

---

⑲ レジャー・休暇

ドイツは右側通行ですから、幹線道路でなく、表示のない交差点では右から来る車に優先権があります。高速道路では制限速度がないところが多いのですが、推奨速度（130キロ）というものがあり、事故が起きた場合の保険の支払いにはこの速度内で走っていたかどうかが考慮されるそうです。

9. 車は全額保証の保険に入っていますか？

Ist das Fahrzeug Vollkasko versichert?
イスト　ダス　ファールツォイク　フォルカスコ　フェルジッヘルト

10. 私が負担する金額はどのくらいですか？

Wie hoch ist die Selbstbeteiligung?
ヴィー　ホーホ　イスト　ディー　ゼルプストベタイリグンク

11. 車をミュンヘンで返却することはできますか？

Kann ich das Fahrzeug in München zurückgeben?
カン　イッヒ　ダス　ファールツォイク　イン　ミュンヘン　ツーリュックゲーベン

12. 何時までに返さなくてはなりませんか？

Bis wann muss ich das Fahrzeug zurückbringen?
ビス　ヴァン　ムス　イッヒ　ダス　ファールツォイク　ツーリュックブリンゲン

ガソリンスタンドへ

1. ガソリンスタンドを探そう。

Suchen wir eine Tankstelle.
ズーヘン　ヴィア　アイネ　タンクシュテレ

2. 満タンにしてください。

Bitte voll tanken.
ビッテ　フォル　タンケン

3. 20ユーロ分、給油してください。

Wir möchten nur für　20　Euro tanken.
ヴィア　メヒテン　ヌーア　フュール　ツヴァンツィッヒ　オイロ　タンケン

4. オイル位置を確認してもらえますか？

Bitte prüfen Sie den Ölstand.
ビッテ　プリューフェン　ジー　デン　エルシュタンド

レジャー・休暇

運転中

1 この道は好きじゃない。カーブが多くて。

Ich fahre diese Strecke nicht gerne. Sie ist sehr kurvig.
イッヒ ファーレ ディーゼ シュトレッケ ニヒト ゲルネ ジー イスト ゼーア クルヴィッヒ

2 気をつけて！ 道が凍っているよ。

Vorsicht! Die Strasse ist vereist.
フォアジヒト ディー シュトラッセ イスト フェアアイスト

3 高速で行こうか？

Wollen wir auf der Autobahn fahren?
ヴォーレン ヴィア アウフ デア アウトバーン ファーレン

4 いや、県道で行こう。

Nein, wir bleiben auf der Landstrasse.
ナイン ヴィア ブライベン アウフ デア ラントシュトラッセ

5 もちろん、時間をムダにしたくないからね。

Klar, wir haben keine Zeit zu vergeuden.
クラー ヴィア ハーベン カイネ ツァイト ツー フェルゴイデン

6 あそこに停めようか？ ちょうど1台出て行くよ。

Parken wir dort? Da fährt gerade ein Auto raus.
パルケン ヴィア ドート ダー フェールト ゲラーデ アイン アウト ラウス

7 歩行者が横断歩道を渡ろうとしているときは、停まらなくてはいけないよ。

Wenn ein Fußgänger den Zebrastreifen überqueren will,
ヴェン アイン フスゲンガー デン ゼブラシュトライフェン ユーバークヴェーレン ヴィル
musst du anhalten.
ムスト ドゥ アンハルテン

8 ストップ！ 信号は赤だぞ。

Halt! Die Ampel ist rot.
ハルト ディー アンペル イスト ロート

9 気をつけて！　自転車に乗った子供たちが来るよ。

Achtung, da kommen Kinder mit dem Fahrrad!
アハトゥンク　ダー　コンメン　キンダー　ミット　デム　ファーラート

10 袋小路だ。

Das ist eine Sackgasse.
ダス　イスト　アイネ　ザックガッセ

11 光った！　ネズミ捕りだったんだ。

Es hat geblitzt! Das war eine Radarkontrolle.
エス　ハット　ゲブリッツト　ダス　ワー　アイネ　ラダーコントローレ

12 工事現場を通りますから、スピードを落としてください。

Fahren Sie bitte etwas langsamer, wir kommen an einer Baustelle vorbei.
ファーレン　ジー　ビッテ　エトヴァス　ランクサーマー　ヴィア　コンメン　アン　アイナー
バウシュテレ　フォアバイ

13 スピードの出しすぎだよ。

Du fährst zu schnell.
ドゥ　フェールスト　ツー　シュネル

14 主人は運転が遅くって。慎重すぎるのよ。

Mein Mann fährt zu langsam. Er ist zu vorsichtig.
マイン　マン　フェールト　ツー　ランクザム　エア　イスト　ツー　フォアジヒティッヒ

15 彼の奥さんは高速を時速200キロでぶっ飛ばすって。

Seine Frau rast mit 200 Stundenkilometern auf der Autobahn.
ザイネ　フラウ　ラーズト　ミット　ツヴァイフンデルト　シュトゥンデンキロメーターン　アウフ
デア　アウトバーン

16 スピードを上げろよ、遅れてるぜ。

Gib etwas mehr Gas! Wir verspäten uns.
ギプ　エトヴァス　メーア　ガス　ヴィア　フェルシュペーテン　ウンス

17 駐車違反で40ユーロの罰金を払わなくちゃならないんだ。

Wegen Falschparken muss ich 40 Euro Bußgeld zahlen.
ヴェーゲン　ファルシュパルケン　ムス　イッヒ　フィールツィッヒ　オイロ　ブスゲルド
ツァーレン

レジャー・休暇

18 道は事故のため通行禁止だ。

Die Strasse ist wegen einem Unfall gesperrt.
ディー シュトラッセ イスト ヴェーゲン アイネム ウンファル ゲシュペルト

19 ラジオをつけてよ。交通情報を聞きましょう。

Mach das Radio an! Lass uns die Verkehrsnachrichten hören.
マッハ ダス ラディオ アン ラス ウンス ディー フェルケールスナッハリヒテン ヘーレン

20 １時間も渋滞に巻き込まれたよ。

Wir sind eine Stunde lang im Stau gestanden.
ヴィア ジント アイネ シュトゥンデ ランク イム シュタウ ゲシュタンデン

21 一番近いサービスエリアまではどのくらいかい？

Wie weit ist es zum nächsten Rasthaus?
ヴィー ヴァイト イスト エス ツム ネヒステン ラストハウス

交通規則・標識

1 ここに車を停めておくことはできません。

Hier dürfen Sie nicht parken.
ヒア デュルフェン ジー ニヒト パルケン

2 ここは停車禁止です。

Hier ist das Halten verboten.
ヒア イスト ダス ハルテン フェルボーテン

3 シートベルトを締めてください。

Sie müssen sich angurten.
ジー ミュッセン ジッヒ アングルテン

4 この道は一方通行です。

Das ist eine Einbahnstrasse.
ダス イスト アイネ アインバーンシュトラッセ

5 ここは追い越し禁止です。

Hier darf man nicht überholen.
ヒア ダルフ マン ニヒト ユーバーホーレン

6 住宅街では最高時速30キロです。
Es gilt Tempo 30 in diesem Wohngebiet.
エス ギルト　テンポ　トライシッヒ イン ディーゼム　　ヴォーンゲビート

7 ここに車を入れてはいけないよ、歩行者専用地域なんだから。
Du darfst hier nicht reinfahren, das ist eine Fußgängerzone.
ドゥー ダルフスト ヒア ニヒト ラインファーレン ダス イスト アイネ　フスゲンガーゾーネ

8 トンネルの中では常にライトを付けなくてはいけないんだよ。
In einem Tunnel muss man immer das Licht einschalten.
イン アイネム トゥンネル ムス マン インマー ダス リヒト アインシャルテン

9 踏切で一時停止しなくてもよいのですか？
Muss man vor dem Bahnübergang nicht anhalten?
ムス　マン フォア デム　バーンユーバーガンク　ニヒト　アンハルテン

10 ドイツでは、日本で見たことのない交通標識を目にします。
In Deutschland gibt es Verkehrsschilder, die ich in Japan nie gesehen habe.
イン　ドイチュラント ギプト エス フェアケールスシルダー ディー イッヒ イン ヤーパン
ニー　ゲゼーエン　ハーベ

悪天候

1 高速道路A2では雪のためチェーンが義務づけられている。
Die Autobahn A2 darf nur mit Schneeketten befahren werden.
ディー アウトバーン アーツヴァイ ダルフ ヌーァ ミット シュネーケッテン ベファーレン
ヴェルデン

2 冬タイヤに替えた？
Hast du schon Winterreifen?
ハスト ドゥ ショーン ヴィンターライフェン

3 霧が出ているから、もっと車間距離をとって。
Halte bitte mehr Abstand, es ist neblig.
ハルテ　ビッテ　メーァ アプシュタント エス イスト ネーブリッヒ

※10章（緊急事態）の「車の事故、故障」も参照。

アウトドアを楽しむ

レジャー

1. 明日、海に行こう。

   Laß uns morgen zum Meer fahren!

2. 子供たちは浜辺で楽しそうに遊んでいる。

   Die Kinder spielen fröhlich am Strand.

3. 芝生でフリスビーをするんだ、おいでよ。

   Komm, wir spielen Frisbee auf der Wiese!

サイクリング・バイク

1. 川に沿ったサイクリングロードを走ろう。

   Wir nehmen den Radweg am Fluss.

2. モーゼル地方はサイクリングに理想的な土地です。

   Zum Radfahren ist die Mosel ein ideales Terrain.

3. サイクリングルートは国立公園を通っています。

   Die Radroute verläuft durch den Nationalpark.

4. 僕のマウンテンバイクは32段変速だ。

   Mein Mountainbike hat 32 Gänge.

散歩・ハイキング

1 私たちは森の中を散歩する。

Wir gehen im Wald spazieren.
ヴィア ゲーエン イム ヴァルト シュパツィーレン

2 毎日曜日には長時間の散歩をしたものだ。

Am Sonntag sind wir lang spazieren gegangen.
アム ゾンターク ジント ヴィア ランゲ シュパツィーレン ゲガンゲン

3 花のすてきな香りがする。

Es duftet wunderbar nach Blumen.
エス ドゥフテット ヴンダーバー ナッハ ブルーメン

4 日差しが目に入った。

Die Sonne hat mich geblendet.
ディー ゾンネ ハット ミッヒ ゲブレンデット

5 シュトットガルト周辺にいいハイキングコースを知っていますか？

Kennen Sie gute Wanderwege in der Nähe von Stuttgart?
ケンネン ジー グーテ ヴァンダーヴェーゲ イン デア ネーエ フォン シュトゥットガルト

6 帽子とストックを持って来いよ、ハイキングに行くよ。

Nimm den Hut und den Stock. Wir wandern.
ニム デン フート ウント デン シュトック ヴィア ワンデルン

7 ハイキングにはハイキングマップを持って行ったほうがいい。

Zum Wandern solltest du die Wanderkarte mitnehmen.
ツム ヴァンデルン ゾルテスト ドゥ ディー ヴァンデルカルテ ミットネーメン

8 ロープウエイで谷まで降りよう。

Wir fahren mit der Seilbahn ins Tal.
ヴィア ファーレン ミット デア ザイルバーン インス タル

9 ハイキングをしながら湿地の動植物を観察しました。

Bei der Wanderung haben wir Tiere und Pflanzen im Moor beobachtet.
バイ デア ヴァンデルンク ハーベン ヴィア ティーレ ウント プフランツェン イム モーア ベオバハテット

10 8時間山を歩いた後、頂上に着くことができました。

Nach einer achtstündigen Wanderung haben wir den Gipfel erreicht.
ナッハ アイナー アハトシュトゥンディゲン ヴァンデルンク ハーベン ヴィア デン ギプフェル エライヒト

11 道は急すぎるように見えました。

Der Weg schien viel zu steil zu sein.
デア ヴェーク シーン フィール ツー シュタイル ツー ザイン

12 私たちは尾根に沿って歩き、すばらしい眺めを堪能しました。

Wir sind am Bergrücken entlang gegangen und haben die herrliche Aussicht genossen.
ヴィア ジント アム ベルクリュッケン エントランク ゲガンゲン ウント ハーベン ディー ヘーリッヒェ アウスジヒト ゲノッセン

釣り・カヌー・ボート

1 この川では釣りは禁止されています。

Das Angeln im diesen Gewässer ist verboten.
ダス アンゲルン イム ディーゼン ゲヴェッサー イスト フェルボーテン

2 カヌーで河口までたどり着いた。

Mit dem Kanu sind wir bis zur Mündung gepaddelt.
ミット デム カーヌー ジント ヴィア ビス ツー ミュンドゥンク ゲパーデルト

3 彼はカヌーを岸に引き寄せる。

Er zieht das Kanu ans Ufer.
エア ツィート ダス カーヌー アンス ウーファー

4 立たないでください。ボートがひっくり返るかもしれませんよ。

Stehen Sie nicht auf. Das könnte das Boot zum kentern bringen.
シュテーエン ジー ニヒト アウフ ダス クェンテ ダス ボート ツム ケンテルン ブリンゲン

スキー

1. 今度の週末、スキーに行かないか？

   Wollen wir nächstes Wochenende skifahren gehen?
   ヴォーレン ヴィア ネヒステス ヴォッヘンエンデ シーファーレン ゲーエン

2. リフトで山の頂上に行こう。

   Laß uns mit dem Sessellift bis zum Gipfel fahren.
   ラス ウンス ミット デム セッセルリフト ビス ツム ギプフェル ファーレン

3. 私たちはスキーのインストラクターとロープウエーの山頂駅で会う。

   Wir treffen unsere Skilehrerin an der Bergstation.
   ヴィア トレッフェン ウンゼレ シーレーレリン アン デア ベルクスタツィオン

4. 初心者向けの斜面を滑り始める前に、まず転び方と止まり方を練習しましょう。

   Wir üben zuerst das Bremsen und Fallen, bevor wir zum Anfängerhügel gehen.
   ヴィア ユーベン ツーエルスト ダス ブレムゼン ウント ファーレン ベフォア ヴィア ツム アンフェンガーヒューゲル ゲーエン

5. 脚に力が入らないよ。

   Ich habe keine Kraft mehr in den Beinen.
   イッヒ ハーベ カイネ クラフト メーア イン デン バイネン

6. 上手なスキーヤーしかこの急な坂は滑れない。

   Nur gute Skifahrer können diese steile Piste hinunterfahren.
   ヌーア グーテ シーファーラー ケンネン ディーゼ シュタイレ ピステ ヒンウンターファーレン

7. スキーのインストラクターは大きな弧を描いて前を滑ります。

   Der Skilehrer fährt in großen Bögen voraus.
   デア シーレーラー フェールト イン グローセン ボェーゲン フォアアウス

8. 顔をゴーグルとマフラーで守ります。

   Skibrille und Schaal schützen das Gesicht.
   シーブリッレ ウント シャール シュッツェン ダス ゲジヒト

レジャー・休暇

9 このスキーなら急なゲレンデも滑れますよ。

Mit diesem Ski können Sie auch im steilen Gelände fahren.
ミット ディーゼム シー クェンネン ジー アウホ イム シュタイレン ゲレンデ ファーレン

10 君はもうもっと長い滑走ができるはずだよ。

Du kannst nun eine längere Abfahrt nehmen.
ドゥー カンスト ヌン アイネ レンゲレ アプファールト ネーメン

11 (スキーの) 滑走はかなり大変で、下着まで汗びっしょりになりました。

Die Fahrt war so anstrengend, dass ich bis zur Unterwäsche durchgeschwitzt war.
ディー ファールト ワー ゾー アンストレンゲント ダス イッヒ ビス ツール ウンターヴェッシェ ドゥルヒゲシュヴィッツト ワー

12 簡単なスキーツアーをしませんか？

Wollen wir eine kleine Skitour unternehmen?
ヴォーレン ヴィア アイネ クライネ シートゥー ウンターネーメン

13 ここにはクロスカントリー場もありますか？

Gibt es hier auch Lauglaufloipen?
ギプト エス ヒア アウホ ランクラウフロイペン

14 スノーウォーキングは流行のスポーツだ。

Schneeschuhlaufen ist zum Trendsport geworden.
シュネーシューラウフェン イスト ツム トレンドシュポート ゲヴォルデン

休暇を過ごす

CD-**3**
[track24]

週末・休暇の話題

1 時間があるとき、何をしてる？

Was machst du am liebsten, wenn du Zeit hast?
ワス マハスト ドゥ アム リープステン ヴェン ドゥ ツァイト ハスト

2 時間があるときは何をしてるの？

Was treibst du in deiner Freizeit?
ワス トライプスト ドゥ イン ダイナー フライツァイト

3 次の日曜日は何をするんだい？

Was machst du nächsten Sonntag?
ワス　マハスト　ドゥ　ネヒステン　ゾンターク

4 ハイキングに行きます。

Ich gehe wandern.
イッヒ　ゲーエ　ヴァンデルン

5 私たちは暖かい晩をテラスで楽しむ。

Wir genießen den lauen Abend auf der Terrasse.
ヴィア　ゲニーセン　デン　ラウエン　アーベント　アウフ　デア　テラッセ

6 夏はどこに行かれますか？

Wohin fahren Sie im Sommer?
ヴォーヒン　ファーレン　ジー　イム　ゾンマー

7 この夏、私たちはスコットランドの高地で休暇を過ごします。

Diesen Sommer verbringen wir den Urlaub im schottischen Hochland.
ディーゼン　ゾンマー　フェルブリンゲン　ヴィア　デン　ウルラウプ　イム
ショッティッシェン　ホーホラント

8 休暇のために別荘を借りました。

Wir haben für den Urlaub eine Ferienwohnung gemietet.
ヴィア　ハーベン　フュール　デン　ウルラウプ　アイネ　フェーリエンヴォーヌンク　ゲミーテット

9 今度の夏は農家で休暇を過ごすつもりだ。

Kommenden Sommer werden wir auf einem Bauerhof Urlaub machen.
コンメンデン　ゾンマー　ヴェルデン　ヴィア　アウフ　アイネム　バウアーホフ
ウルラウプ　マッヘン

10 今度の夏にチロルで泊まりがけのハイキングをします。

Nächsten Sommer machen wir eine Mehrtageswanderung in Tirol.
ネヒステン　ゾンマー　マッヘン　ヴィア　アイネ　メールターゲスヴァンダルンク
イン　ティロール

11 山小屋に泊まる予定です。

Wir werden in einer Berghütte übernachten.
ヴィア　ヴェルデン　イン　アイナー　ベルクヒュッテ　ユーバーナハテン

12 今度の日曜日にシュターンベルガー湖に日帰りハイクをします。

Kommenden Sonntag machen wir eine Tageswanderung am Starnberger See.
コンメンデン　ゾンターク　マッヘン　ヴィア　アイネ　ターゲスヴァンダルンク
アム　シュターンベルガー　ゼー

祝祭日・行事の話題

1 イースターはイタリアに旅行します。

Wir reisen über Ostern nach Italien.
ヴィア　ライゼン　ユーバー　オスターン　ナッハ　イターリエン

2 聖霊降臨祭は両親を訪ねるつもりです。

Pfingsten will ich meine Eltern besuchen.
プフィンクステン　ヴィル　イッヒ　マイネ　エルターン　ベズーヘン

3 ベニスのカーニバルはとても有名です。

Die Faßnacht von Venedig ist sehr bekannt.
ディー　ファスナハト　フォン　ヴェネディッヒ　イスト　ゼーア　ベカント

4 クリスマスは家族で祝います。

Wir feiern Weihnachten im Familienkreis.
ヴィア　ファイエルン　ヴァイナハテン　イム　ファミーリエンクライス

5 クリスマスイブにはプレゼントの交換をします。

Am Heiligabend tauschen wir Geschenke aus.
アム　ハイリクアーベント　タウシェン　ヴィア　ゲシェンケ　アウス

6 大晦日は友人と一緒にニューイヤーパーティに行きます。

An Silvester gehe ich mit Freunden auf ein Neujahrsfest.
アン　ジルベスター　ゲーエ　イッヒ　ミット　フロインデン　アウフ　アイン　ノイヤールスフェスト

7 元旦は毎年、二日酔いしてます。

Am Neujahrstag habe ich jedes Jahr einen Kater.
アム　ノイヤースターク　ハーベ　イッヒ　イェーデス　ヤー　アイネン　カーター

特別な日

1 7月10日は私たちの結婚記念日です。

Am 10. Juli ist unser Hochzeitstag.
アム ツェーンテン ユーリー イスト ウンザー ホッホツァイツターク

2 昨日は夫の命日でした。

Gestern war der Todestag meines Mannes.
ゲシュターン ワー デア トーデスターク マイネス マンネス

※ pp.354 〜 363 の例文は CD に収録されていません。

自然環境

ドイツについて

1 ドイツの面積はどのくらいですか？

Wie groß ist Deutschland?

2 ドイツは 36 万平方キロメートルです。

Deutschland ist 360,000 Quadratkilometer groß.

3 ラインの滝はヨーロッパ最大の滝だ。

Der Rheinfall ist der größte Wasserfall Europas.

4 ドイツで一番高い山は何という山ですか？

Wie heißt der höchste Berg Deutschlands?

5 ドイツで一番高い山はツークシュピッツェといいます。

Der höchste Berg Deutschlands heißt Zugspitze.

6 ドイツで最初の国立公園ができたバイエルンの森はチェコとの国境にあります。

Der Bayerische Wald mit dem ersten deutschen Nationalpark liegt an der tschechischen Grenzen.

---

⑳ 自然・環境

ドイツの面積は 35 万 7000km² で日本よりやや小さく、南北の距離は 876km、東西は 640km です。バルト海と北海に面した北部は湿地、湖沼が多い平地で、南に下がると南西部他に中級山岳地帯（標高 2000m 以下の山）があり、南端はアルプス山麓に接します。

7 ライン川はヨーロッパの重要な水路であり、通商路でした。

Der Rhein war eine bedeutende Wasser- und Handelsstraße in Europa.

山・谷・丘・崖

1 スウェーデンの中・南部には高い山々がない。

In Süd- und Mittelschweden gibt es keine Hochgebirge.

2 私は山間地方である長野の出身です。

Ich komme aus Nagano, aus einer Bergregion.

3 私たちは険しい岩壁に挟まれた峡谷を通り抜けた。

Wir sind durch eine Schlucht zwischen steilen Felswänden gelaufen.

4 さあ、谷に降りなければ。

Wir müssen nun ins Tal runtergehen.

5 僕は小高い丘の上から村を見下ろした。

Ich war auf einer Anhöhe und habe auf das Dorf runter gesehen.

6 僕らは丘をソリで滑り降りる。

Wir schlittern den Hügel runter.

7 2人の若い男が岩場を登っている。

Zwei junge Männer klettern auf die Felsen.

8 もう少し崖に近づけば、氷河のすばらしい眺めが見られます。

Wenn Sie etwas näher an den Abgrund gehen, haben
ヴェン　ジー　エトワス　ネーアー　アン　デン　アプグルンド　ゲーエン　ハーベン
Sie einen schönen Blick auf den Gletscher.
ジー　アイネン　シェーネン　ブリック　アウフ　デン　グレッチャー

9 朝食の後、私たちはガイドとジャングルに行く予定だ。

Nach dem Frühstück werden wir mit dem Reiseleiter in
ナッハ　デム　フリューシュトゥック　ヴェルデン　ヴィア　ミット　デム　ライゼフューラー　イン
den Dschungel gehen.
デン　ジュンゲル　ゲーエン

海・川・岸・港

1 海はここから遠くない。

Das Meer ist nicht weit von hier.
ダス　メール　イスト　ニヒト　ヴァイト　フォン　ヒア

2 人間はカヌーで大洋を横断できるだろうか？

Können Menschen in Kanus den Ozean überqueren?
クェンネン　メンシェン　イン　カーヌース　デン　オーツェアン　ユーバークヴェーレン

3 彼は川を泳いで渡れた。

Er konnte den Fluss schwimmend überqueren.
エア　コンテ　デン　フルース　シュヴィンメント　ユーバークヴェーレン

4 小川は庭を横切って流れている。

Der kleine Bach fließt durch den Garten.
デア　クライネ　バッハ　フリースト　ドゥルヒ　デン　ガルテン

5 船は港に入港した。

Das Schiff ist im Hafen eingelaufen.
ダス　シッフ　イスト　イム　ハーフェン　アインゲラウフェン

6 道は岸のそばに沿って続いている。

Die Straße führt nah an der Küste entlang.
ディー　シュトラッセ　フュールト　ナー　アン　デア　キュステ　エントランク

島・入り江・運河

1 島は陸から数キロほど離れている。

Die Insel ist nur wenige Kilometer vom Festland entfernt.
ディー インゼル イスト ヌーア ヴェーニッヒ キロメーター フォム フェストラント エントフェルント

2 修道院は半島の先端にある。

Das Kloster liegt an der Spitze der Halbinsel.
ダス クロースター リークト アン デア シュピッツェ デア ハルプインゼル

3 私たちは午後の間ずっときれいな砂浜のある小さな入り江で過ごした。

Den ganzen Nachmittag haben wir in einer kleinen Bucht
デン ガンツェン ナッハミッタク ハーベン ヴィア イン アイナー クライネン ブフト
mit einem schönen Sandstrand verbracht.
ミット アイネム シェーネン サントシュトラント フェルブラハト

4 風は砂丘の形をいつも変えている。

Der Wind formt die Düne immer wieder anders.
デア ヴィント フォルムト ディー デューネ インマー ヴィーダー アンダース

5 運河に沿って歩いて家に帰ることができます。

Sie können den Kanal entlang nach Hause gehen.
ジー クェンネン デン カナール エントランク ナッハ ハウゼ ゲーエン

畑・平地・砂漠

1 農民は畑を耕さなくてはならない。

Der Bauer muss den Acker bestellen.
デア バウァー ムス デン アッカー ベシュテーレン

2 スカイダイバーは無事に地上に着地した。

Der Fallschirmspringer ist unversehrt auf dem Boden
デア ファールシルムスプリンガー イスト ウンフェルゼールト アウフ デム ボーデン
gelandet.
ゲランデット

3 東京は日本で最大の平地にある。

Tokio liegt in Japans größter Ebene.

4 サハラは世界最大の砂漠だ。

Die Sahara ist die größte Wüste der Erde.

動物・生き物

1 この山々にはどんな動物が住んでいるのですか？

Welche Tiere leben hier im Gebirge?

2 120種以上の鳥が沼地に生態している。

Im Sumpfgebiet sind über 120 Vogelarten heimisch.

3 牛は気持ち良さそうに牧場に横になっている。

Die Kühe liegen gemütlich auf der Weide.

★動物の声

羊はメェーメェー鳴く。	Ziegen meckern.
豚がキーキー鳴く。	Schweine quieken.
鳥がさえずる。	Vögel zwitschern.
ねずみがチューチュー鳴く。	Mäuse piepen.
カエルがクワッと鳴く。	Frösche quaken.
鶏がガアガア鳴く。	Hühner gackern.
ひよこがピーピー鳴く。	Küken piepsen.
鳩がクークー鳴く。	Tauben gurren.

自然現象

天候と自然

1 大雨のため、川は濁流に変わった。

Durch den vielen Regen wurde der Fluss zum reißenden Strom.
ドゥルヒ デン フィーレン レーゲン ヴルデ デア フルース ツム ライゼンデン シュトローム

2 記録的な寒さのため、湖には一面に氷が張った。

Wegen der Rekordkälte war der See zugefroren.
ヴェーゲン デア リコルドケルテ ワー デア ゼー ツーゲフローレン

3 海流のため、気候は温暖だ。

Dem Golfstrom haben wir unser mildes Klima zu verdanken.
デム ゴルフシュトローム ハーベン ヴィア ウンザー ミルデス クリーマ ツー フェルダンケン

4 農家の人々は暖かく、しとしとした雨を喜んでいる。

Wärme und milder Regen erfreuen den Bauern.
ヴェルメ ウント ミルダー レーゲン エアフロイエン デン バウァーン

天候と災害

1 ハリケーンは50人の犠牲者を出した。

Der Hurrikan hat 50 Menschenleben gefordert.
デア ハリケィン ハット フュンフツィッヒ メンシェンレーベン ゲフォルデルト

2 激しい雨は土砂崩れを引き起こした。

Die starken Regenfälle haben den Erdrutsch verursacht.
ディー シュタルケン レーゲンフェッレ ハーベン デン エルドルッチュ フェルウルザハト

3 嵐のため、堤防は崩壊しそうだった。

Das Gewitter drohte den Deich zu brechen.
ダス ゲヴィッター ドローテ デン ダイヒ ツー ブレッヒェン

4 町が水害に襲われた。

Die Stadt wurde vom Hochwasser heimgesucht.
ディー シュタット ヴルデ フォム ホッホワッサー ハイムゲズーフト

5 村々は大水の被害にあう恐れがある。

Die Dörfer sind von einer Flut bedroht.
ディー デルファー ジント フォン アイナー フルート ベドロート

6 村民は洪水のため避難した。

Das Dorf ist wegen des Hochwassers evakuiert worden.
ダス ドルフ イスト ヴェーゲン デス ホッホワッサース エヴァクリールト ヴォルデン

7 雪崩の犠牲者はいなかった。

Es gab keine Opfer bei der Lawine.
エス ガプ カイネ オプファー バイ デア ラヴィーネ

8 激しい吹雪のため、交通機関がマヒした。

Der heftige Schneesturm hat den Verkehr lahmgelegt.
デア ヘフティゲ シュネーシュトゥルム ハット デン フェルケーァ ラームゲレークト

9 自然災害は怖いですか？

Fürchtest du dich vor einer Naturkatastrophe?
フルヒテスト ドゥ ディッヒ フォア アイナー ナトゥールカタストローフェ

地震

1 地震は岸から20キロのところで起こった。

Das Zentrum des Seebebens lag etwa 20 km vor der Küste.
ダス ツェントルム デス ゼーベーベンズ ラーク エトワ ツヴァンツィッヒ キロメーター フォア デア キュステ

2 地震の規模はまだ明確ではない。

Das Ausmaß des Erdbebens ist noch nicht klar.
ダス アウスマス デス エルドベーベンス イスト ノッホ ニヒト クラー

3 津波の恐れはない。

Es besteht keine Gefahr einer Flutwelle.
エス ベシュテート カイネ ゲファー アイナー フルートヴェーレ

4 地震のため、すべての電車が止まった。

Das Erdbeben hat die Zugverbindungen lahm gelegt.
ダス エルドベーベン ハット ディー ツークフェルビンドゥンゲン ラーム ゲレークト

5 地震のため、列車が脱線した。

Ein Zug entgleiste wegen einem Erdbeben.
アイン ツーク エントグライズテ ヴェーゲン アイネム エルドベーベン

環境問題

環境保護

1 この洗剤は環境にやさしい。

Dieses Reinigungsmittel ist umweltfreundlich.
ディーゼス ライニグングスミッテル イスト ウンヴェルトフロインドリッヒ

2 液状洗剤は環境に悪いよ。

Flüssigwaschmittel belastet die Umwelt stärker.
フリューシックワッシュミッテル ベラステット ディー ウムヴェルト シュテルカー

3 環境保護団体は、小麦の遺伝子操作実験に対して抗議した。

Die Umweltorganisation hat Beschwerde gegen Versuche
ディー ウムヴェルトオルガニザチオーン ハット ベシュヴェルデ ゲーゲン フェルズーヒェ
mit gentechnisch verändertem Weizen eingereicht.
ミット ゲンテクニシュ フェルエンデルテム ヴァイツェン アインゲライヒト

4 湖の右側の岸辺は自然保護地域ですから、水泳は禁止されています。

Der rechte Ufer des Sees ist Naturschutzgebiet.
デア レヒテ ウーファー デス ゼース イスト ナトゥールシュッツゲビート
Schwimmen ist deshalb untersagt.
シュヴィンメン イスト デスハルプ ウンターザクト

5 私たちは環境のことを意識して買物をするべきです。

Wir sollten umweltbewusst einkaufen.
ヴィア ゾルテン ウムヴェルトベヴスト アインカウフェン

自然・環境

6 テトラパックは、回収用のビンと同じくらい環境に優しいそうだ。

Tetrapack soll ebenso umweltfreundlich sein wie
テトラパック　ゾル　エベンゾー　ウンヴェルトフロインドリッヒ　ザイン　ヴィー
Pfandflaschen.
プファントフラシェン

7 PETビン入りのビールを飲んだことあるかい？

Hast du schon mal Bier in PET-Flaschen ausprobiert?
ハスト　ドゥ　ショーン　マル　ビア　イン　ペット　フラッシェン　アウスプロビィールト

8 ゴミを正しく分別するように注意していますか？

Achten Sie darauf, den Abfall richtig zu trennen?
アハテン　ジー　ダラウフ　デン　アプファル　リヒティッヒ　ツー　トレンネン

9 気象学者は、私たちの生活様式が地球の風土に影響を与えていると警告している。

Klimawissenschaftler warnen, dass unsere Lebensweise
クリーマヴィッセンシャフトラー　　　　ワルネン　ダス　ウンゼレ　レーベンスワイゼ
das Erdklima beeinflusst.
ダス　エルドクリーマ　ベアインフルースト

資源・リサイクル

1 このビール瓶には瓶代がかかっています。空き瓶を返せば、1本につき30セントもらえます。

Diese Bierflaschen sind Pfandflaschen. Sie bekommen
ディーゼ　ビアフラッシェン　ジント　プファントフラッシェン　ジー　ベコンメン
30 Cent pro Flasche, wenn Sie sie zurückbringen.
トライシッヒ　ツェント　プロ　フラッシェ　ヴェン　ジー　ジー　ツーリュックブリンゲン

2 使い捨てのビン入りの飲みものは買わないようにしています。

Ich vermeide es, Getränke in Einwegflaschen zu kaufen.
イッヒ　フェルマイデ　エス　ゲトレンケ　イン　アインヴェークフラッシェン　ツー　カウフェン

3 台所のゴミはコンポストにし、肥料として利用できる。

Die Küchenreste können in Kompost verwandelt und als
ディー　キュヒェンレステ　クェンネン　イン　コムポスト　フェルヴァンデルト　ウント　アルス
Dünger benutzt werden.
デュンガー　ベヌットト　ヴェルデン

発電・エネルギー

1 太陽はエネルギー源として巨大な可能性を秘めている。

Als Energiequelle hat die Sonne ein riesiges Potential.
アルス　エネルギークヴェーレ　ハット　ディー　ゾンネ　アイン　リージゲス　ポテンツィアル

2 海岸には海からの強い風を利用する風力発電施設がある。

Vor der Küste stehen Windkraftwerke, die den gewaltigen
フォア　デア　キュステ　シュテーエン　ヴィントクラフトヴェルケ　ディー　デン　ゲヴァルティゲン
Meereswind nutzen.
メーレスヴィント　ヌッツェン

3 原子力発電は二酸化炭素の排出を減らすことができるかもしれないが、放射性廃棄物の問題を引き起こす。

Atomkraft soll CO_2 -Emissionen reduzieren, doch
アトムクラフト　ゾル　ツェーオーツヴァイ　エミッシオーネン　レドゥツィーレン　ドッホ
sie verursacht Probleme mit Atommüll.
ジー　フェルウルザハト　プロブレーメン　ミット　アトミュル

4 石油、石炭、ガスなど、化石状のエネルギー源には限りがあり、これらを燃やすことで起こる大気汚染は環境に害を与える。

Die fossilen Energieträger Öl, Kohle und Gas sind nicht
ディー　フォシーレン　エネルギートレーガー　エル　コーレ　ウント　ガス　ジント　ニヒト
unendlich verfügbar und ihre Verbrennung erzeugt
ウンエンドリッヒ　フェルフュークバー　ウント　イーレ　フェルブレンヌンク　エアツオイクト
klimaschädliche Emissionen.
クリーマシェードリッヒェ　エミシォーネン

5 牛糞からエネルギーを得ることができる。

Man kann aus Kuhfladen Energie gewinnen.
マン　カン　アウス　クーフラーデン　エネルギー　ゲヴィンネン

自然・環境

363

※ pp.364 〜 377 の例文は CD に収録されていません。

㉑ 若者言葉・スラング

この章では、ちょっと下品な表現も含めた俗語表現を集めました。学生を中心とした若い世代はこれらの言葉を親しい友人同士でよく使いますが、使い方を間違えると誤解を生む原因になりますので要注意。ただし知識として知っておくと周囲の会話がより理解できるようになるでしょう。

あいづち、呼びかけ

1 OK！
Alles in Butter!
アーレス イン ブッター

2 見て！
Guck mal!
グック マル

3 当たり前さ！
Das ist ja logo!
ダス イスト ヤー ローゴー

4 だからどうしたってんだよ？
Na und?
ナー ウント

5 じゃあまた、明日、学校で！
Okidoki, bis morgen in der Schule!
オーキードーキー ビス モルゲン イン デア シューレ

6 どうでもいいよ。
Na, und wenn schon!
ナー ウント ヴェン ショーン

7 よく聞いてるよ（話してごらん）。
Ich bin ganz Auge und Ohr.
イッヒ ビン ガンツ アウゲ ウント オール

感情を表す言葉

驚く

1 マジに最高だぜ！
Das ist echt bombastisch!
ダス イスト エヒト ボンバスティッシュ

2 すげえ！

Das ist bombig!
ダス イスト ボンビック

3 このニュースを聞いたときはマジで驚いたよ。

Ich war total erschlagen, als ich diese Nachricht gehört habe.
イッヒ ワー トタール エアシュラーゲン アルス イッヒ ディーゼ ナッハリヒト ゲヘルト ハーベ

4 バカ言うなよ！

Quatsch!
クヴァッチュ

5 バカバカしい！

Das ist total Banane!
ダス イスト トタール バナーネ

6 バカらしい！

Das ist total beknackt.
ダス イスト トタール ベクナックト

7 マジにバカらしい！

Das ist echt ätzend!
ダス イスト エヒト エッツェント

8 作り話はやめろよ。

Erzähl doch keine Romane!
エアツェール ドッホ カイネ ロマーネ

9 耐えられないよ！

Das zieht mir die Schuhe aus!
ダス ツィート ミア ディー シューエ アウス

10 耐えられないぜ！

Das ist ja zum Kotzen!
ダス イスト ヤー ツム コッツェン

11 バカなことするなよ！

Mach keine Geschichten!
マッハ　カイネ　ゲシヒテン

12 事を大げさにするなよ！

Mach kein Theater!
マッハ　カイン　テアーター

13 彼女は気分を害した。

Sie hat einen schiefen Mund gezogen.
ジー　ハット　アイネン　シーフェン　ムント　ゲツォーゲン

怒る

1 もういいかげんにしろよ！

Das Maß ist voll!
ダス　マース　イスト　フォル

2 お前に関係ないだろう。

Das geht dich einen Scheißdreck an!
ダス　ゲート　ディッヒ　アイネン　シャイスドレック　アン

3 だまれよ！

Halt deine Klappe!
ハルト　ダイネ　クラッペ

4 だまれ！

Halt dein Maul!
ハルト　ダイン　マウル

5 だまれ！

Schnauze!
シュナウツェ

6 あっちへ行けよ！　消えろよ！

Verpiss dich! Verschwinde!
フェルピス　ディッヒ　フェルシュヴェンデ

7 触るなよ！

Finger weg!
フィンガー ヴェック

8 失せろよ！

Pack dich!
パック ディッヒ

9 失せろよ！

Geh zum Teufel!
ゲー ツム トイフェル

10 失せやがれ！

Hau ab!
ハウ アプ

11 オレの車のキー、いったいどこに行ったんだ！

Wo zum Teufel ist denn jetzt mein Autoschlüssel?
ヴォー ツム トイフェル イスト デン イェッツト マイン アウトシュルッセル

日常生活

飲む・食べる 他

1 おい、ビール飲もうよ。

He, Lust auf flüssiges Brot?
ヘー ルスト アウフ フリューシゲス ブロート

2 マルクスはまた酔っ払ってる。

Markus ist wieder besoffen.
マルクス イスト ヴィーダー ベソッフェン

3 あいつ、また酔っ払ってるよ。

Er ist schon wieder steif.
エア イスト ショーン ヴィーダー シュタイフ

4 もう飲むのやめなよ、完全に酔ってるじゃないか。

Hör auf zu trinken. Du bist schon total breit.
ヘル アウフ ツー トリンケン ドゥー ビスト ショーン トタール ブライト

5 あいつ、また酒飲んでる。本当にアル中だ。

Er säuft wieder. Er ist ein richtiger Alki.
エア ソイフト ヴィーダー エア イスト アイン リヒティガー アルキー

6 あと6キロやせたいのよね。

Ich möchte noch sechs Kilo abspecken.
イッヒ モェヒテ ノッホ ゼックス キロ アプシュペッケン

7 ちょっと待って。タバコが吸いたいんだ。

Warte, ich möchte schnell eine kiffen.
ヴァルテ イッヒ モェヒテ シュネル アイネ キッフェン

物

1 車どこに停めたんだい？

Wo hast du deine Kiste geparkt?
ヴォー ハスト ドゥー ダイネ キステ ゲパルクト

2 あれ、あれを棚から取ってくれない？

Gib mir das Dingsda aus dem Regal da drüben.
ギブ ミア ダス ディングスダー アウス デム レガール ダー ドゥリューベン

3 このバッグ、たったの20ユーロだったの。お買い得でしょ。

Diese Tasche hat mich nur 20 Euro gekostet.
ディーゼ タッシェ ハット ミッヒ ヌーア ツヴァンツィッヒ オイロ ゲコステット
Ein echtes Schnäppchen, nicht?
アイン エヒテス シュネップヒェン ニヒト

4 金を稼がなくちゃね。

Ich muss ja Kohle verdienen.
イッヒ ムス ヤー コーレ フェルディーネン

5 彼は居間のテレビの前に座ってる。

Er sitzt vor der Glotze im Wohnzimmer.
エア シッツト フォア デア グロッツェ イム ヴォーンツィンマー

6 もしもーし、誰だい？

Hallo, wer ist am Rohr?
ハロー　ヴェア　イスト　アム　ローァ

運・不運

1 運が良かった。

Ich habe ein Schwein gehabt.
イッヒ　ハーベ　アイン　シュヴァイン　ゲハプト

2 トーマスは運が悪いよね。

Thomas ist ein Pechvogel.
トーマス　イスト　アイン　ペッヒフォーゲル

3 あいつは運が悪い。

Er hat die Arschkarte gezogen.
エア　ハット　ディー　アルシュカルテ　ゲツォーゲン

失敗・成功

1 もうおしまいだ。

Aus die Maus!
アウス　ディー　マウス

2 失敗した。

Das ist schief gelaufen.
ダス　イスト　シーフ　ゲラウフェン

3 彼の計画は失敗した。

Sein Vorhaben ist geplatzt.
ザイン　フォアハーベン　イスト　ゲプラッツト

4 そりゃ失敗するだろう。

Das kann aber ins Auge gehen!
ダス　カン　アーバー　インス　アウゲ　ゲーエン

5 あーあ、すべてが水の泡さ。

Tja, alles war für die Katz!
チャー アーレス ワー フュール ディー カッツ

6 まずいことしてくれたよな。

Du hast ja Scheiße gebaut.
ドゥー ハウスト ヤ シャイセ ゲバウト

状況

1 ディスコはめちゃ混んでた。

Die Disco war bumsvoll.
ディー ディスコ ワー ブムズフォル

2 何がなんだか全然わからないよ。

Ich verstehe nur Bahnhof!
イッヒ フェルシュテーエ ヌーァ バーンホフ

3 オレ、クビになったよ。

Ich wurde abgeschossen.
イッヒ ヴルデ アプゲショッセン

4 あいつはコネで仕事を見つけた。

Er hat die Stelle mit Vitamin B gekriegt.
エア ハット ディー シュテッレ ミット ビタミーン ベー ゲクリークト

5 あいつはおべっかを使って上司に取り入ってる。

Er schmiert seinem Chef Honig um den Bart.
エア シュミールト ゼイネム シェフ ホーニッヒ ウム デン バルト

6 あいつらマジでお前のこと見てたぞ。

Sie haben dich ohne Scheiß angeschaut.
ジー ハーベン ディッヒ オーネ シャイス アンゲシャウト

7 あいつはいつも最新のテレビゲームに夢中だ。

Er ist immer geil auf die neuesten Computerspiele.
エア イスト インマー ガイル アウフ ディー ノイエステン コンピューターシュピーレ

8 あいつはムショに3年暮らした。

Er hat drei Jahre im Knast verbracht.
エア ハット トライ ヤーレ イム クナスト フェルブラハト

9 あんなド田舎の村に住むなんて想像できないよ。

Ich kann mir gar nicht vorstellen, in so einem Kaff zu wohnen.
イッヒ カン ミア ガー ニヒト フォアシュテーレン イン ゾー アイネム カッフ ツー ヴォーネン

10 僕の伯父さん、やっとSMS*を始めたよ

(*SMS：Short Message Service 簡単な携帯メール)

Mein Onkel hat endlich angefangen zu simsen.
マイン オンケル ハット エンドリッヒ アンゲファンゲン ツー シムゼン

11 仕事のため彼はいつも出歩かなくてはならなかった。

Beruflich war er immer auf Achse.
ベルーフリッヒ ワー エア インマー アウフ アクセ

12 彼に興味がないって、もう何度も言ってるんだけど。

Ich habe dir schon X-Mal gesagt, dass ich an ihn nicht interessiert bin.
イッヒ ハーベ ディア ショーン イクスマル ゲザクト ダス イッヒ アン イン ニヒト インテレシールト ビン

人に関する言葉

性格・行動・態度

1 ダニエルはかっこいい。

Daniel ist ein cooler Typ.
ダニエル イスト アイン クーラー テュップ

2 あいつはいい奴だ。

Er hat ein Herz wie Butter.
エア ハット アイン ヘルツ ヴィー ブッター

3 見ろよ、かわいい娘がいるぜ。

Schau, da ist eine Zuckerpuppe!
シャウ ダー イスト アイネ ツッカープッペ

4 僕の弟は泣いてばかりいる。弱虫だ。

Mein Bruder weint immer. Er ist ein Weichei.
マイン　ブルーダー　ヴァイント　インマー　エア イスト アイン　ヴァイヒアイ

5 レオは若造で、何の経験もないんだ。

Leo ist ein junges Gemüse. Er hat noch keine Erfahrung.
レオ　イスト　アイン　ユンゲス　ゲミューゼ　エア ハット ノッホ カイネ　エアファールング

6 クラウスはクールな奴だ、要するに本物の男さ。

Klaus war ein Hartei, ein echter Mann, eben.
クラウス　ワー　アイン　ハルトアイ　アイン　エヒター　マン　エーベン

7 ハインツ？　あいつは典型的な北ドイツ野郎だ。

Heinz? Er ist ein typischer Fischkopf!
ハインツ　エア イスト アイン　テューピッシャー　フィッシュコプフ

8 あの男はすごく感じが悪い。

Der Kerl ist mir gar nicht sympathisch.
デア　ケール　イスト　ミア　ガー　ニヒト　シンパーティッシュ

9 ヴェルナーとステファンは犬猿の仲だ。

Werner und Stefan können gar nicht miteinander.
ヴェルナー　ウント　シュテファン　クェンネン　ガー　ニヒト　ミットアインアンダー
Sie sind wie Hund und Katze.
ジー　ジント　ヴィー　フント　ウント　カッツェ

10 彼らは水と油のように基本的に違うんだ。

Sie sind grundverschieden wie Feuer und Wasser.
ジー　ジント　グルドフェルシーデン　ヴィー フォイアー ウント　ワッサー

11 あいつはロバみたいに頑固だ。

Er ist stur wie ein Esel.
エア イスト シュトゥール ヴィー アイン エーゼル

12 自称インテリがいっぱいだ。

Da sind viele Möchtegern-Intellektuelle.
ダー　ジント　フィーレ　モェヒテゲルン　インテレクトゥエッレ

13 食わず嫌いしてないで、試してみろよ。

Sei kein Frosch! Probier es mal!
ザイ　カイン　フロッシュ　プロビール　エス　マル

14 そんなこと誰も気にしないよ。

Kein Schwanz kümmert sich darum.
カイン　シュヴァンツ　キュンメルト　ジッヒ　ダールム

15 フランツは専門バカだよ。ITのことは何でもわかるけど、コーヒーを入れることさえできないのさ。

Franz ist ein Fachidiot. Er weiß alles über Informatik,
フランツ　イスト　アイン　ファッハイディオート　エア　ヴァイス　アーレス　ユーバー　インフォルマティーク

kann aber keinen Kaffee kochen.
カン　アーバー　カイネン　カフェー　コッヘン

体に関する言葉

1 足がめちゃくちゃ重い。

Meine Füße sind schwer wie Blei.
マイネ　フューセ　ジント　シュヴェア　ヴィー　ブライ

2 今日は12時間仕事して、もう疲れ果てたよ。

Ich habe heute 12 Stunden gearbeitet. Ich bin nun fix
イッヒ　ハーベ　ホイテ　ツヴェルフ　シュトゥンデン　ゲアルバイテット　イッヒ　ビン　ヌン　フィックス

und fertig!
ウント　フェルティッヒ

3 便所に行きたいんだ。

Ich muss aufs Klo.
イッヒ　ムス　アウフス　クロー

4 便所に行きたいんだ。

Ich muss auf den Topf.
イッヒ　ムス　アウフ　デン　トプフ

5 ちょっとしょんべんしてくる。

Ich gehe schnell pissen.
イッヒ　ゲーエ　シュネル　ピッセン

6 おまえ屁こいた？

Hast du gefurzt?
ハスト　ドゥー　ゲフルツ

7 意地悪はいいかげんにしろよ。さもないと耳の後ろに一発お見舞いするぜ。

Jetzt sei nicht so frech. Sonst gebe ich dir eins hinter die Löffel!
ジェット ザイ ニヒト ソー フレッヒ　ゾンスト　ゲーベ イッヒ ディア アインズ ヒンター ディー ロェフェル

男と女、キス 他

1 ねえ、ダーリン、今日は外で食事しない？
— 君がそうしたいなら、もちろんＯＫさ。

Wollen wir heute auswärts essen, mein Schatz?
ヴォーレン ヴィア ホイテ　アウスヴェルツ エッセン　マイン　シャッツ
- Ja, wenn du willst, Schätzchen.
ヤー　ヴェン ドゥー ヴィルスト　シェッツヒェン

2 あいつはどの女の子もナンパする。

Er macht jedes Mädchen an.
エア　マハ　イェーデス　メドヒェン　アン

3 若いカップルはずっとキスし合ってた。

Das junge Pärchen hat die ganze Zeit geknutscht.
ダス　ユンゲ　ペールヒェン　ハット ディー ガンツェ ツアイト ゲクニュチュト

4 子供は僕にチュッとキスした。

Das Kind hat mir einen Schmatz gegeben.
ダス　キント ハット ミア　アイネン　シュマッツ　ゲゲーベン

5 来て、ハグして！

Komm, Knuddeln mich!
コム　クヌッデルン　ミッヒ

6 あの男の子、セクシーなお尻してるわ。

Der Junge hat einen knackigen Po.
デア　ユンゲ　ハット　アイネン　クナッキゲン　ポー

7 ルドルフがゲイだって知ってた？

Hast du gewusst, dass Rudolf schwul ist?
ハスト　ドゥ　ゲヴスト　ダス　ルドルフ　シュヴール　イスト

8 彼はホモだ。

Er ist vom anderen Ufer.
エア　イスト　フォン　アンデレン　ウーファー

ほめる、けなす

物・事をほめる、けなす

1 タランティーノの最新作は最高だよ。

Der neue Film von Tarantino ist ein echter Reißer.
デア　ノイエ　フィルム　フォン　タランティーノ　イスト　アイン　エヒター　ライサー

2 彼の最新作は大失敗だと思う。

Ich halte seinen neuen Film für einen großen Käse.
イッヒ　ハルテ　ザイネン　ノイエン　フィルム　フュール　アイネン　グローセン　ケーゼ

3 彼の新曲は大失敗だった。

Sein neuer Song war ein Flop.
ザイン　ノイアー　ソング　ワー　アイン　フロップ

4 昨日のパーティは最高だったよ。君が一緒に来られなくて残念だった。

Die Party gestern war klasse! Schade, dass du nicht mitgekommen bist.
ディー　パーティ　ゲシュターン　ワー　クラッセ　シャーデ　ダス　ドゥー　ニヒト　ミットゲコンメン　ビスト

5 昨日のパーティは最低だったよ。行かなきゃよかった。

Die Party gestern war krass. Ich hätte nicht gehen sollen.
ディー　パーティ　ゲシュターン　ワー　クラス　イッヒ　ヘッテ　ゲシュターンニヒト　ゲーエン　ゾーレン

6 そんなこと、どうだっていいよ。

Das ist mir scheißegal!
ダス イスト ミア シャイスエガール

7 そんなのに興味ないね。

Das reißt mich nicht vom Stuhl!
ダス ライスト ミッヒ ニヒト フォン シュトゥール

8 大切なことだよ！

Es geht um Wurst!
エス ゲート ウム ヴルスト

人をけなす

1 あいつはちょっと頭が弱い。

Er ist nicht ganz dicht.
エア イスト ニヒト ガンツ ディヒト

2 あいつは頭がおかしい。

Er hat einen Vogel.
エア ハット アイネン フォーゲル

3 あいつはバカみたいに振るまってる。

Er benimmt sich wie ein Depp.
エア ベニムト ジッヒ ヴィー アイン デップ

4 あいつはドケチだ。

Er ist ein richtiger Geizhals.
エア イスト アイン リヒティガー ガイツハルズ

5 あいつは盗みをする。

Er hat lange Finger.
エア ハット ランゲ フィンガー

6 あいつはのろまだ。いつもすごく時間がかかるんだ。

Er ist eine Schlafmütze. Er braucht immer viel Zeit.
エア イスト アイネ シュラーフミュッツェ エア ブラウフト インマー フィール ツァイト

7 ヨハンはずる賢い奴さ。

Johann ist ein Schlitzohr.
ヨハン　イスト　アイン　シュリッツオーア

8 彼の奥さんはすごいガミガミ女だ。

Seine Frau ist ein richtiger Drachen.
ザイネ　フラウ　イスト　アイン　リヒティガー　ドラッヒェン

9 すげえ神経に障る女。

Sie ist eine Nervensäge.
ジー　イスト　アイネ　ネルヴェンゼーゲ

10 バカ女！

Eine dumme Kuh!
アイネ　ドゥンメ　クー

11 バカ女！

Dumme Gans!
ドゥンメ　ガンズ

12 まぬけめ！

So ein Trottel!
ゾー　アイン　トロッテル

13 また食ってんのか？　ほんとに大食漢だな。

Du isst schon wieder? Du bist ein Freßsack!
ドゥー　イスト　ショーン　ヴィーダー　ドゥー　ビスト　アイン　フレースサック

14 ほっといてくれよ、アホ！

Lass mich in Ruhe, du, Penner!
ラス　ミッヒ　イン　ルーエ　ドゥー　ペンナー

若者言葉・スラング

377

〈付録〉

質問の仕方と答え方

■ 基本的な疑問文と回答の例

● あなたは学生ですか？
Sind Sie Student?
ジント ジー シュトゥデント

— はい、私は学生です。
Ja, ich bin Student.
ヤー イッヒ ビン シュトゥデント

— いいえ、私は学生ではありません。
Nein, ich bin kein Student.
ナイン イッヒ ビン カイン シュトゥデント

● この男性を知っていますか？
Kennen Sie diesen Mann?
ケンネン ジー ディーゼン マン

— はい、知っています。
Ja, ich kenne ihn.
ヤー イッヒ ケンネ イン

— いいえ、知りません。
Nein, ich kenne ihn nicht.
ナイン イッヒ ケンネ イン ニヒト

● この男性をご存知ないですか？
Kennen Sie diesen Mann nicht?
ケンネン ジー ディーゼン マン ニヒト

— いや、知っていますよ。
Doch, ich kenne ihn.
ドッホ イッヒ ケンネ イン

― はい、知りません。
Nein, ich kenne ihn nicht.
ナイン　イッヒ　ケンネ　イン　ニヒト

● 私の言ったことがわかりましたか？
Haben Sie mich verstanden?
ハーベン　ジー　ミッヒ　フェルシュタンデン

― はい、わかりました。
Ja, ich habe Sie verstanden.
ヤー　イッヒ　ハーベ　ジー　フェルシュタンデン

― いいえ、わかりませんでした。
Nein, ich habe Sie nicht verstanden.
ナイン　イッヒ　ハーベ　ジー　ニヒト　フェルシュタンデン

● 私の言ったことがわかりませんでしたか？
Haben Sie mich nicht verstanden?
ハーベン　ジー　ミッヒ　ニヒト　フェルシュタンデン

― いいえ、わかりました。
Doch, ich habe Sie verstanden.
ドッホ　イッヒ　ハーベ　ジー　フェルシュタンデン

― はい、わかりませんでした。
Nein, ich habe Sie nicht verstanden.
ナイン　イッヒ　ハーベ　ジー　ニヒト　フェルシュタンデン

● まだお金ある？
Hast du noch Geld?
ハスト　ドゥ　ノッホ　ゲルド

― うん、まだあるよ。
Ja, ich habe noch Geld.
ヤー　イッヒ　ハーベ　ノッホ　ゲルド

― いや、もうないんだ。
Nein, ich habe kein Geld mehr.
ナイン　イッヒ　ハーベ　カイン　ゲルド　メーア

● ボールペンを持ってるかい？

Hast du einen Kugelschreiber?
ハスト ドゥ アイネン クーゲルシュライバー

— うん、持ってるよ。

Ja, ich habe einen Kugelschreiber.
ヤー イッヒ ハーベ アイネン クーゲルシュライバー

— いいや、持ってないよ。

Nein, ich habe keinen Kugelschreiber.
ナイン イッヒ ハーベ カイネン クーゲルシュライバー

● ボールペンを持ってないのかい？

Hast du keinen Kugelschreiber?
ハスト ドゥ カイネン クーゲルシュライバー

— いや、持ってるよ。

Doch, ich habe einen Kugelschreiber.
ドッホ イッヒ ハーベ アイネン クーゲルシュライバー

— うん、持ってないよ。

Nein, ich habe keinen Kugelschreiber.
ナイン イッヒ ハーベ カイネン クーゲルシュライバー

● エドモンドがまだ何か言ったかい？

Hat Edmund noch etwas gesagt?
ハット エドムンド ノッホ エトワス ゲザクト

— ああ、まだ何か言ってたよ。

Ja, er hat noch etwas gesagt.
ヤー エア ハット ノッホ エトワス ゲザクト

— いいや、もう何も言わなかったよ。

Nein, er hat nichts mehr gesagt.
ナイン エア ハット ニヒツ メーア ゲザクト

● 誰か家にいましたか？

War jemand zu Hause?
ワー イェーマント ツー ハウゼ

— はい、誰かが家にいました。

Ja, es war jemand zu Hause.
ヤー エス ワー イェーマント ツー ハウゼ

— いいえ、家には誰もいませんでした。
Nein, es war niemand zu Hause.
ナイン　エス　ワー　ニーマント　ツー　ハウゼ

● 誰かにたずねましたか？
Haben Sie jemanden gefragt?
ハーベン　ジー　イェーマンデン　ゲフラークト

— はい、弟にたずねました。
Ja, ich habe meinen Bruder gefragt.
ヤー゜イッヒ　ハーベ　マイネン　ブルーダー　ゲフラークト

— いいえ、誰にもたずねませんでした。
Nein, ich habe niemanden gefragt.
ナイン　イッヒ　ハーベ　ニーマンデン　ゲフラークト

■ 疑問代名詞を使った疑問文と回答の例

Was?（何を？）
ワス

● 何を飲みましょうか？

Was wollen wir trinken?
ワス ヴォーレン ヴィア トリンケン

— 私は紅茶が飲みたいのですが、あなたは何にしますか？

Ich möchte einen Tee trinken. Und Ihnen?
イッヒ モェヒテ アイネン テー トリンケン ウント イーネン

● 何て言ったの？

Was hast du gesagt?
ワス ハスト ドゥ ゲザクト

— 家に帰らなくちゃいけないって言ったんだ。

Ich habe gesagt, dass ich nach Hause gehen muss.
イッヒ ハーベ ゲザクト ダス イッヒ ナッハ ハウゼ ゲーエン ムス

● 今日のお昼は何だろう？

Was gibt es heute mittag?
ワス ギプト エス ホイテ ミッタク

— またグラッシュ*だよ。　（*ハンガリー料理のシチュー）

Es gibt wieder Gulasch.
エス ギプト ヴィーダー グラッシュ

● バックの中に何をお持ちですか？

Was haben Sie in der Tasche?
ワス ハーベン ジー イン デア タッシェ

— 財布とパスポートとハンカチです。

Meinen Geldbeutel, meinen Pass und ein Taschentuch.
マイネン ゲルドボイテル マイネン パス ウント アイン タッシェントゥーフ

Wer? (誰が？)
ヴェア

● 家のカギを忘れたのは誰ですか？

Wer hat den Haustürschlüssel vergessen?
ヴェア ハット デン ハウストユールシュルッセル フェルゲッセン

— 私の息子が忘れました。

Mein Sohn hat ihn vergessen.
マイン ゾーン ハット イン フェルゲッセン

● 誰が私に電話をかけたのですか？

Wer hat mich angerufen?
ヴェア ハット ミッヒ アンゲルーフェン

— あなたの上司です。

Ihr Chef hat Sie angerufen.
イーァ シェフ ハット ジー アンゲルーフェン

● 誰を訪ねたのですか？

Wen haben Sie besucht?
ヴェン ハーベン ジー ベズーフト

— 叔母を訪ねました。

Ich habe meine Tante besucht.
イッヒ ハーベ マイネ タンテ ベズーフト

● 誰と話をしたのですか？

Mit wem haben Sie gesprochen?
ミット ヴェム ハーベン ジー ゲシュプロッヘン

— ウェーバー氏と話をしました。

Ich habe mit Herrn Weber gesprochen.
イッヒ ハーベ ミット ヘルン ヴェーバー ゲシュプロッヘン

● 誰のところに住む予定ですか？

Bei wem werden Sie wohnen?
バイ ヴェム ヴェルデン ジー ヴォーネン

― 伯父のところに住む予定です。

Ich werde bei menem Onkel wohnen.
イッヒ ヴェルデ バイ マイネム オンケル ヴォーネン

Welche? (どれ？)
ヴェルヒェ

● どの本を読まれました？

Welches Buch haben Sie gelesen?
ヴェルヒェス ブーフ ハーベン ジー ゲレーゼン

― トーマス・マンの『ベニスに死す』を読みました。

Ich habe den Tod in Venedig von Thomas Mann gelesen.
イッヒ ハーベ デン トート イン ヴェネディッヒ フォン トーマス マン ゲレーゼン

● どの街に行ったことがありますか？

Welche Städte haben Sie schon besucht?
ヴェルヒェ シュテッテ ハーベン ジー ショーン ベズーフト

― ベルリンにリューベック、そしてハンブルグに行ったことがあります。

Ich habe Berlin, Lübeck und Hamburg besucht.
イッヒ ハーベ ベルリーン リューベック ウント ハンブルク ベズーフト

● どの街が一番お好きですか？

Welche Stadt gefällt Ihnen am besten?
ヴェルヒェ シュタット ゲフェルト イーネン アム ベステン

― リューベックが一番好きです。

Am besten gefällt mir Lübeck.
アム ベステン ゲフェルト ミア リューベック

● 子供のころ好きだった映画は何ですか？

Welche Filme haben Sie als Kind am liebsten angeschaut?
ヴェルヒェ フィルメ ハーベン ジー アルス キント アム リープステン アンゲシャウト

― アニメ映画が一番好きでした。

Am liebsten habe ich Zeichentrickfilme angeschaut.
アム リープステン ハーベ イッヒ ツァイヒェントリックフィルメ アンゲシャウト

● 他にどの町にいらっしゃったことがありますか？

In welchen Städten waren Sie sonst noch?
イン ヴェルヒェン シュテッテン ワーレン ジー ゾンスト ノッホ

— 他にはハンノーバーとカッセルに行ったことがあります。

Ich war noch in Hannover und Kassel.
イッヒ ワー ノッホ イン ハンノーバー ウント カッセル

Wo? (どこ？)
ヴォー

● ここはいったいどこでしょう？

Wo sind wir überhaupt?
ヴォー ジント ヴィア ユーバーハウプト

— ちょうど駅の裏です。

Wir sind gerade hinter dem Bahnhof.
ヴィア シント ゲラーデ ヒンター デム バーンホフ

● 以前はどこにお住まいでしたか？

Wo haben Sie früher gewohnt?
ヴォー ハーベン ジー フリューアー ゲヴォーント

— 以前はチューリヒに住んでいました。

Früher habe ich in Zürich gewohnt.
フリューアー ハーベ イッヒ イン チューリッヒ ゲヴォーント

● あなたはどこから来たのですか？

Wo kommen Sie her?
ヴォー コンメン ジー ヘア

— サルツブルグからです。

Ich komme aus Salzburg.
イッヒ コンメ アウス ザルツブルク

● 君はどこから来たの？

Woher kommst du?
ヴォーヘア コムスト ドゥ

385

― ミラノからだよ。

Ich komme aus Mailand.
イッヒ　コンメ　アウス　マイラント

Wohin? (どこへ?)
ヴォーヒン

● 夏はどこに行かれますか?

Wohin fahren Sie im Sommer?
ヴォーヒン　ファーレン　ジー　イム　ゾンマー

― イタリアに行きます。

Wir fahren nach Italien.
ヴィア　ファーレン　ナッハ　イターリエン

● どこに行くの?

Wohin gehst du?
ヴォーヒン　ゲースト　ドゥ

― 図書館に行くんだ。

Ich gehe in die Bibliotek.
イッヒ　ゲーエ　イン　ディー　ビブリオテーク

● ビンをどこに置きましたか?

Wohin haben Sie die Flaschen gestellt?
ヴォーヒン　ハーベン　ジー　ディー　フラッシェン　ゲシュテルト

― 棚の上に置きました。

Ich habe sie auf das Regal gestellt.
イッヒ　ハーベ　ジー　アウフ　ダス　レガール　ゲシュテルト

Wie? (どういうふうに?)
ヴィー

● お母さんの具合はどうですか?

Wie geht es deiner Mutter?
ヴィー　ゲート　エス　ダイナー　ムッター

— ありがとう、元気だよ。
   Danke, es geht ihr gut.
   ダンケ　エス　ゲート　イァ　ゲート

● どのくらいあちらに滞在されますか？
   Wie lange bleiben Sie dort?
   ヴィー　ランゲ　ブライベン　ジー　ドート

— 2週間滞在します。
   Wir bleiben für zwei Wochen.
   ヴィア　ブライベン　フュール　ツヴァイ　ヴォッヘン

● 何で行かれますか？
   Wie fahren Sie hin?
   ヴィー　ファーレン　ジー　ヒン

— 車で行きます。
   Wir fahren mit dem Auto.
   ヴィア　ファーレン　ミット　デム　アウト

● 何時間かかりますか？
   Wie lange dauert die Fahrt?
   ヴィー　ランゲ　ダウエルト　ディー　ファールト

— 約4時間かかります。
   Sie dauert etwa vier Stunden.
   ジー　ダウエルト　エトワ　フィーア　シュトゥンデン

● この音楽をどう思われますか？
   Wie finden Sie die Musik?
   ヴィー　フィンデン　ジー　ディー　ムジーク

— とても美しいと思います。
   Ich finde, sie ist wunderscön.
   イッヒ　フィンデ　ジー　イスト　ヴンダーシェーン

Wieviel? (どのくらい？)
ヴィーフィール

● 風呂付きの部屋はいくらですか？

Wieviel kostet ein Zimmer mit Bad?
ヴィーフィール コステット アイン ツィンマー ミット バート

— 100 ユーロです。

Es kostet 100 Euro.
エス コステット アインフンデルト オイロ

● 1クラスに学生は何人くらいいますか？

Wieviel Studenten sind in einer Klasse?
ヴィーフィール シュトゥデンテン ジント イン アイナー クラッセ

— 多くて14人です。

Es sind maximal 14 Studenten.
エス ジント マキシマル フィルツェーン シュトゥデンテン

Wann? (いつ？)
ヴァン

● いつ行かれます？

Wann fahren Sie hin?
ヴァン ファーレン ジー ヒン

— 明日の早朝に行きます。

Ich fahre morgen früh.
イッヒ ファーレ モルゲン フリュー

● いつまであちらにいらっしゃいたいですか？

Bis wann wollen Sie dort bleiben?
ビス ヴァン ヴォーレン ジー ドート ブライベン

— 来年までいたいと思っています。

Wir wollen dort bis nächstes Jahr bleiben.
ヴィア ヴォーレン ドート ビス ネヒステス ヤー ブライベン

Warum? (なぜ？)
ヴァルム

● 彼はなぜ仕事をやめたのですか？

Warum hat er seine Stellung gekündigt?
ヴァルム　ハット エア　ザイネ　シュテールンク ゲキュンディクト

— もっと良い仕事を見つけたからです。

Weil er eine bessere Stelle gefunden hat.
ヴァイル エア アイネ　　ベッセレ　シュテッレ　ゲフンデン　　ハット

Wessen? (誰の？)
ヴェッセン

● これは誰の帽子ですか？

Wessen Hut ist das?
ヴェッセン フート イスト ダス

— 僕の弟の帽子です。

Das ist der Hut meines Bruders.
ダス イスト デア フート　マイネス　ブルーダース

● **Wo ist mein Buch?**
　ヴォー イスト マイン ブーフ

（私の本はどこですか？）

— **Es ist auf dem Tisch.**
　エス イスト アウフ デム ティッシュ

（机の上です。）

— **Es ist unter dem Tisch.**
　エス イスト ウンター デム ティッシュ

（机の下です。）

— **Es ist neben seinem Buch.**
　エス イスト ネーベン ザイネム ブーフ

（彼の本の脇です。）

— **Es ist zwischen seinem und ihrem Buch.**
　エス イスト ツヴィッシャン ザイネム ウント イーレム ブーフ

（彼の本と彼女の本の間です。）

— **Es ist hinter dem Bücherregal.**
　エス イスト ヒンター デム ビュッヒャーレガール

（本棚の後ろです。）

— **Es ist in der Tasche.**
　エス イスト イン デア タッシェ

（バックの中です。）

● **Wohin hast du mein Buch gestellt?**
ヴォーヒン ハスト ドゥ マイン ブーフ ゲシュテルト
(私の本をどこに置いたの?)

— **Ich habe es auf den Tisch gestellt.**
イッヒ ハーベ エス アウフ デン ティッシュ ゲシュテルト
(机の上に置いたよ。)

— **Ich habe es unter den Tisch gestellt.**
イッヒ ハーベ エス ウンター デン ティッシュ ゲシュテルト
(机の下に置いたよ。)

— **Ich habe es neben sein Buch gestellt.**
イッヒ ハーベ エス ネーベン ザイン ブーフ ゲシュテルト
(彼の本の脇に置いたよ。)

— **Ich habe es zwischen sein und ihr Buch gestellt.**
イッヒ ハーベ エス ツヴィッシャン ザイン ウント イーァ ブーフ ゲシュテルト
(彼の本と彼女の本の間に置いたよ。)

— **Ich habe es hinter das Bücherregal gestellt.**
イッヒ ハーベ エス ヒンター ダス ビュッヒャーレガル ゲシュタルト
(本棚の後ろに置いたよ。)

— **Ich habe es in die Tasche gesteckt.**
イッヒ ハーベ エス イン ディー タッシェ ゲシュテックト
(バックの中に入れたよ。)

● **Wo sitzt Bernhard?**
ヴォー ジッット ベルンハート

(ベルンハートはどこに座っている？)

— **Er sitzt mir gegenüber.**
エア ジッット ミア ゲーゲンユーバー

(私の向かいに座っています。)

— **Er sitzt hinter seiner Freundin.**
エア ジッット ヒンター ザイナー フロインディン

(彼はGFの後ろに座っています。)

— **Er sitzt vor seinem Neffen.**
エア ジッット フォア ザイネム ネッフェン

(彼は甥の前に座っています。)

— **Er sitzt neben seinen Eltern.**
エア ジッット ネーベン ザイネン エルターン

(彼は両親の隣に座っています。)

— **Er sitzt zwischen seinen Schwestern.**
エア ジッット ツヴィッシャン ザイネン シュヴェスターン

(彼は姉と妹の間に座っています。)

— **Er sitzt bei seinen Freunden.**
エア ジッット バイ ザイネン フロインデン

(彼は友達と一緒に座っています。)

— **Er sitzt am Fenster.**
エア ジッット アム フェンスター

(彼は窓のそばに座っています。)

— **Er sitzt auf einer Bank.**
エア ジッット アウフ アイナー バンク

(彼はベンチに座っています。)

● **Wohin setzt sich Bernhard?**
ヴォーヒン ゼッツト ジッヒ ベルンハート
(ベルンハートはどこに座っている？)

— **Er setzt sich mir gegenüber.**
エア ゼッツト ジッヒ ミア ゲーゲンユーバー
(私の向かいに座っています。)

— **Er setzt sich hinter seine Freundin.**
エア ゼッツト ジッヒ ヒンター ザイネ フロインディン
(彼は GF の後ろに座っています。)

— **Er setzt sich vor seinen Neffen.**
エア ゼッツト ジッヒ フォア ザイネン ネッフェン
(彼は甥の前に座っています。)

— **Er setzt sich neben seine Eltern.**
エア ゼッツト ジッヒ ネーベン ザイネ エルターン
(彼は両親の隣に座っています。)

— **Er setzt sich zwischen seine Schwestern.**
エア ゼッツト ジッヒ ツヴィッシャン ザイネ シュヴェスターン
(彼は姉と妹の間に座っています。)

— **Er setzt sich zu seinen Freunden.**
エア ゼッツト ジッヒ ツー ザイネン フロインデン
(彼は友達のところに座っています。)

— **Er setzt sich ans Fenster.**
エア ゼッツト ジッヒ アンス フェンスター
(彼は窓のそばに座っています。)

— **Er setzt sich auf eine Bank.**
エア ゼッツト ジッヒ アウフ アイネ バンク
(彼はベンチに座っています。)

動詞の sagen と sprechen

sagen（言う）と sprechen（話す）を使った慣用的な表現です。

■ sagen

・彼女は彼の耳に何かささやいた。
Sie hat ihm etwas ins Ohr gesagt.
ジー ハット イム エトワス インス オール ゲザクト

・彼女の顔はすべてを物語っていた。
Ihr Gesicht sagte alles.
イーア ゲジヒト ザクテ アーレス

・彼に何か言ったかい？
Hast du etwas zu ihm gesagt?
ハスト ドゥ エトワス ツー イム ゲザクト

・それは一度は言われなくてはならないことだった。
Das musste einmal gesagt werden.
ダス ムステ アインマル ゲザクト ヴェルデン

・人々は何て言うだろう？
Was werden die Leute dazu sagen?
ワス ヴェルデン ディー ロイテ ダーツー ザーゲン

・それについて何と言えばいいのだろう？
Was soll man dazu sagen?
ワス ゾル マン ダーツー ザーゲン

・それについて彼は何も言わなかった。
Davon hat er nichts gesagt.
ダーフォン ハット エア ニヒツ ゲザークト

・そうは言いたくないです。
Das will ich nicht sagen.
ダス ヴィル イッヒ ニヒト ザーゲン

・まさか！　冗談でしょう！
Was Sie nicht sagen!
ワス　ジー　ニヒト　ザーゲン

・口で言うのは簡単だ。
Das ist leicht gesagt.
ダス イスト ライヒト ゲザクト

・僕はおそらく10時に着くよ。
Ich bin, sagen wir, gegen 10 Uhr dort.
ビン　ザーゲン ヴィア　ゲーゲン　ツェーン ウール ドート

・何がおっしゃりたいのですか？
Was wollen Sie damit sagen?
ワス　ヴォーレン　ジー ダーミット ザーゲン

・それはあなたの考えです。私は別の意見ですから。
Das sagen Sie, ich bin anderer Meinung.
ダス　ザーゲン　ジー　イッヒ ビン　アンダラー　マイヌング

・君はどう感じる？
Was sagt dein Gefühl?
ワス　ザクト　ダイン　ゲフュール

・彼は同じことを二度言わせない。
Er lässt sich das nicht zweimal sagen.
エア レスト ジッヒ ダス ニヒト ツヴァイマル ザーゲン

・彼はこの件で何も言う必要はない。
Er hat hier nichts zu sagen.
エア ハット ヒア　　ニヒツ　ツー　ザーゲン

395

- あなたは私に何も言う必要はありません。
  Sie haben mir gar nichts zu sagen.
  ジー ハーベン ミア ガー ニヒツ ツー ザーゲン

- この名前に思い当たる節はあるかい？
  Sagt dir dieser Name etwas?
  ザクト ディア ディーザー ナーメ エトワス

- 正直言って、彼と仕事をするのは難しい。
  Ehrlich gesagt, ich habe Mühe, mit ihm zu arbeiten.
  エーリッヒ ゲザクト イッヒ ハーベ ミューエ ミット イム ツー アルバイテン

■ sprechen

- 彼は大声で話す。
  Er spricht laut.
  エア シュプリヒト ラウト

- 彼女は小声で話す。
  Sie spricht leise.
  ジー シュプリヒト ライゼ

- あなたの話し方は不明瞭です。
  Sie sprechen undeutlich.
  ジー シュプレッヘン ウンドイトリッヒ

- 私は明瞭に話します。
  Ich spreche deutlich.
  イッヒ シュプレッヘ ドイトリッヒ

- 彼はゆっくり話す。
  Er spricht langsam.
  エア シュプリヒト ラングサム

・彼女は早く話す。
Sie spricht schnell.
ジー シュプリヒト シュネル

・彼は低い声で話す。
Er spricht tief.
エア シュプリヒト ティーフ

・彼女は高い声で話す。
Sie spricht hoch.
ジー シュプリヒト ホッホ

・あなたはよどみなくドイツ語を話します。
Sie sprechen fließend Deutsch.
ジー シュプレッヒェン フリーセント ドイチュ

・彼は外国語で話す。
Er spricht in einer Fremdsprache.
エア シュプリヒト イン アイナー フレムドシュプラッヘ

・彼は神経質になってどもりながら話した。
Aus Nervosität sprach er stockend.
アウス ネルヴォージテート シュプラッハ エア シュトッケンド

・彼はきれいなドイツ語を話す。
Er spricht gutes Deutsch.
エア シュプリヒト グーテス ドイチュ

・彼女は鼻声で話す。
Sie spricht durch die Nase.
ジー シュプリヒト ドゥルヒ ディー ナーゼ

・彼女は彼を弁護する。
Sie spricht für ihn.
ジー シュプリヒト フュール イン

397

・彼女は訳のわからないことを言っている。
Sie spricht in Rätseln.
ジー シュプリヒト イン レッツエルン

・君に話したいことがあるんだ。
Ich muss mit dir sprechen!
イッヒ ムス ミット ディア シュプレッヘン

・彼女は時々、ひとりごとを言う。
Sie spricht manchmal mit sich selbst.
ジー シュプリヒト マンハマル ミット ジッヒ ゼルプスト

・それについては話すのをやめておこう。
Wir sprechen nicht darüber.
ヴィア シュプレッヘン ニヒト ダーリューバー

・それについては話したくない。
Davon wollen wir nicht sprechen.
ダーフォン ヴォーレン ヴィア ニヒト シュプレッヘン

・君はどう思うんだい、言えよ！
Sprich, was denkst du darüber?
シュプリッヒ ワス デンクスト ドゥ ダリューバー

・あの子供はもう大人のような話し方をする。
Das Kind spricht schon wie ein Erwachsener.
ダス キント シュプリヒト ショーン ヴィー アイン エアヴァッハゼナー

・あの子供はもう話せる。
Das Kind kann schon sprechen.
ダス キント カン ショーン シュプレッヘン

・標準ドイツ語で話していただけませんか？
Würden Sie bitte Hochdeutsch sprechen?
ヴュルデン ジー ビッテ ホッホドイチュ シュプレッヘン

●著者紹介●
岩井　千佳子（いわい・ちかこ）

早稲田大学教育学部卒。出版社勤務を経て、渡欧。イタリア、オーストリア、スイスに13年余り滞在。現地企業に勤める傍ら、ドイツ語・フランス語を学ぶ。現在は、通訳、翻訳のほか、出版企画、Web制作に従事。
著書：『フランス語のスラング表現』
（明日香出版社）

Angelika Vogel（アンゲリカ・フォーゲル）

ミュンヘン大学コミュニケーション学科卒。ミュンヘン生まれでミュンヘン育ち。フリージャーナリストとしてドイツのテレビ番組の制作に従事。趣味は旅行、山歩き、写真など。

本書の内容に関するお問い合わせ
明日香出版社　編集部
☎(03)5395-7651

CD BOOK　ドイツ語会話フレーズブック

2006年 2 月28日　初版発行	著者　岩井千佳子
2017年12月30日　第 9 刷発行	アンゲリカ・フォーゲル
	発行者　石野栄一

明日香出版社

〒112-0005　東京都文京区水道2-11-5
電話(03)5395-7650(代　表)
(03)5395-7654(ＦＡＸ)
振替00150-6-183481
http://www.asuka-g.co.jp

■スタッフ■　**編集**　小林勝／久松圭祐／古川創一／藤田知子／田中裕也／生内志穂
　　　　　　営業　渡辺久夫／浜田充弘／奥本達哉／平戸基之／野口優／横尾一樹／
　　　　　　　　　　関山美保子／藤本さやか　**財務**　早川朋子

印刷　株式会社研文社	乱丁本・落丁本はお取り替えいたします
製本　根本製本株式会社	©Chikako Iwai, Angelika Vogel　2006　Printed in Japan
ISBN4-7569-0955-8 C2084	編集担当　石塚幸子

CD BOOK フランス語会話フレーズブック

フランス好きの著者と、日本在住のフランス人がまとめた、本当に使えるフランス語会話フレーズ集！基本的な日常会話フレーズだけでなく、読んでいるだけでためになるフランス情報ガイド的な要素も盛り込みました。CD3枚付き！（日本語→フランス語収録）

井上　大輔
エリック・フィオー
井上　真理子
本体価格
2800円+税
B6変型〈416〉
08.01 発行
978-4-7569-1153-7

CD BOOK ドイツ語会話フレーズブック

日常生活で役立つドイツ語の会話フレーズを2900収録。状況別に、よく使う会話表現を掲載。海外赴任・留学・旅行・出張で役立つ表現も掲載。カードに添える言葉、若者言葉なども紹介しています。

岩井　千佳子
アンゲリカ・
フォーゲル
本体価格
2900円+税
B6変型〈400〉
06.02 発行
4-7569-0955-8

CD BOOK イタリア語会話フレーズブック

日常生活で役立つイタリア語の会話フレーズを2900収録。状況別・場面別に、よく使う会話表現を掲載。海外赴任・留学・旅行・出張で役立つ表現も掲載。あらゆるシーンに対応できる、会話表現集の決定版！

ビアンカ・ユキ
ジョルジョ・
ゴリエリ
本体価格
2800円+税
B6変型〈360〉
07.03 発行
978-4-7569-1050-9

CD BOOK スペイン語会話フレーズブック

日常生活で役立つスペイン語の会話フレーズを2900収録。状況別に、よく使う会話表現を掲載。スペイン語は南米の国々でも使われています。海外赴任・留学・旅行・出張で役立つ表現も掲載。あらゆるシーンに対応できる会話表現集の決定版！

林　昌子
本体価格
2900円+税
B6変型〈408〉
06.05 発行
4-7569-0980-9

CD BOOK ポルトガル語会話フレーズブック

日常生活で役立つ会話フレーズを約2900収録。状況別に、よく使う会話表現を掲載。海外赴任・留学・旅行・出張で役立つ表現も掲載。本書では、ブラジルのポルトガル語とヨーロッパのポルトガル語の両方の表現を掲載しています。

カレイラ松崎順子
フレデリコ・カレイラ
本体価格
2900円+税
B6変型〈336〉
06.12 発行
4-7569-1032-7

CD BOOK ロシア語会話フレーズブック

日常生活で役立つロシア語の会話フレーズを2900収録。状況別・場面別に、よく使う会話表現を掲載。海外赴任・留学・旅行・出張で役立つ表現も掲載。手紙の書き方なども紹介しています。

岩切　良信
本体価格
3000円+税
B6変型〈352〉
05.08 発行
4-7569-0905-1